美国教育史研究丛书
张斌贤　主编

研究型大学的崛起与科研体制

王凤玉　编著

THE RISE OF RESEARCH UNIVERSITIES AND THEIR RESEARCH SYSTEMS

河北大学出版社
·保定·

出 版 人：朱文富
选题策划：何 东
责任编辑：徐延风
助理编辑：李天雪
装帧设计：赵 谦 王占梅
责任校对：杜启昌
责任印制：常 凯

图书在版编目（CIP）数据

研究型大学的崛起与科研体制 / 王凤玉编著. -- 保定：河北大学出版社，2022.1
(美国教育史研究丛书 / 张斌贤主编)
ISBN 978-7-5666-1959-4

Ⅰ. ①研… Ⅱ. ①王… Ⅲ. ①高等学校－学校管理－研究－美国②高等学校－科研管理－研究－美国 Ⅳ. ①G649.712

中国版本图书馆 CIP 数据核字（2021）第 242755 号

YANJIUXING DAXUE DE JUEQI
YU KEYAN TIZHI

出版发行：河北大学出版社
地址：河北省保定市七一东路2666号 邮编：071000
电话：0312-5073003 0312-5073029
网址：www.hbdxcbs.com
邮箱：hbdxcbs818@163.com
印 刷：保定市正大印刷有限公司
幅面尺寸：170 mm × 240 mm
字 数：220 千字
印 张：18.25
版 次：2022年1月第1版
印 次：2022年1月第1次印刷
书 号：ISBN 978-7-5666-1959-4
定 价：65.00 元

总　　序

每当为团队成果草拟总序的时候，总是既兴奋又忐忑。兴奋是因为眼见近几年的耕耘即将迎来收获，忐忑则是由于这些收获的果子还有待学界进行“质检”。

1998 年 12 月至 1999 年 10 月，我曾作为富布赖特研究学者在哈佛大学教育研究生院访学。访学期间，我花了很多时间思考今后的学术工作，并确定以美国教育史作为今后长期稳定的研究方向。转眼之间已历二十余载。

二十多年来，我和我的同事、历届外国教育史专业方向的硕士研究生和博士研究生所组成的外国教育史团队一直致力于美国教育史的学习、研究和教学，其目的既为弥补以往外国教育史学科研究之不足，同时也在于通过这块“试验田”，探索更新外国教育史研究的方法、路径。

这二十多年的学术工作历程大致可以划分为两个阶段。2000 年至 2008 年为第一阶段。“京师高等教育论丛”（8 种，北京师范大学出版社，2008 年）反映了这个阶段的主要工作成果。在这个阶段，因为是初步涉猎美国教育史领域，无论是对美国教育史本身，还是对国内外研究状况，都缺乏足够和充分的了解，因此基本上是沿用过去比较熟悉的“套路”，大多选择国内学界涉及较少、较为宏大的主题开展研究，如李子江的《学术自由在美国的变迁与发展》、和震的《美国大学自治制度的形成与发展》、黄宇红的《知识演化进程中的美国大学》，等等。客观地说，在当时国内美国教育史研究基础还相对薄弱的情况下，这些研究还是很有价值的。2009 年至今为第二阶段。经过数年的积累和反思，我逐渐意识到，要想进一步深化美国教育史研究，要想真正形成一些具有新意的研究成果，必须要改变已有的研究方式，尤其是要自觉地摆脱教育学科沿袭已久对"宏大叙事"的选题偏好和以追求系统性和完整性为目的的"教科书"式的研究路径，变以往"大题小做"或"大题大做"为"小题大做"。这也就意味着要进一步聚焦主题、提炼问题，真正开展针对问题的研究。从 2009 年前后开始，无论是我还是我的学生，都尽量避免触及时间范围较大或边界不易确定的"宏大"选题，而选择更加具体、更为专门的专题开展研究。2015 年前后出版的"美国教育变革研究丛书"（11 种，浙江教育出版社）是这种转变的初步尝试。陈瑶的《美国教育学科构建的开端》、康绍芳的《美国教育学界精英群体的兴起》、李朝阳的《美国城市学校制度的建构》、祝贺的《美国公共学校种族隔离的终结》及马文琴的《美国学校公民教育的转向》等著作，都针对某一个具体和专门的主题，并努力将研究主题聚焦在一个较小的时间范围内，以求对主题进行深度剖析。

在前期工作的基础上，近几年来，我们团队更加注重以下几个方面的工作。第一，进一步"压缩"选题，不断聚焦研究主题。第二，进一步强调文献综述的意义，更为自觉地把即将开展的研究建于前人相关的研究基础之上。第三，进一步注重吸收和借鉴相关学科的理论和方法，在教育与其他社会活动的"交汇"处寻找研究问题。呈现在读者面前的"美国教育史研究丛书"所收录的 10 种著作实际上反映了上述三个方面的工作。崔高鹏的《〈1862 年美国赠地学院法案〉研究》、高玲的《学校变革与美国教师职业演化》、吴婵的《美国公立中学与大学关系的变迁（1870—1918）》、杜光强的《全国教育协会与美国中学课程革新》、李曙光的《教育测量与美国学校变革》、曹春平的《美国传统教育观念的变革》是第一方面的工作成果。陈露茜的《意识形态冲突与美国公共教育》和王凤玉的《研究型大学的崛起与科研体制》是第二方面的工作成果。第三方面的工作成果则是张斌贤的《教育与美国社会改革（1890—1920）》和祝贺的《教育与美国儿童福利改善》。

在未来的岁月里，北京师范大学外国教育史教学科研团队还将继续开展美国教育史研究，更加自觉和系统地借鉴相关学科的理论和方法，不仅在研究主题的选择上求新，而且在研究方法和路径上“求变”。希望通过我们持续不断的努力，促进美国教育史研究乃至外国教育史学科的不断自我革新，同时也希望得到教育学界同人的大力支持。

丛书出版之际，首先要感谢河北大学出版社社长朱文富教授。朱社长从事外国教育史（尤其是日本教育史）教学研究多年，深知基础学科研究对教育学科建设的意义，也更加理解此类图书出版的价值，对丛书出版给予了大力支持。我们还要感谢河北大学出版社的各位编辑，他们的辛勤劳动为本书增色不少。

張斌賢

2021 年 3 月 21 日

目　　录

第三编 书评

导　　言

中国自改革开放以来，40 多年间取得了举世瞩目的经济成就。在经济突飞猛进的同时，中国的科学、文化和教育事业也成就显著。高等教育领域如何建设世界一流大学和高等教育强国，已经成为学界关注度较高的研究课题和魂牵梦绕的现实追求。这与中国社会各界对高等教育，特别是高水平的大学教育系统的重要社会功能的认识不断提高有关。

中国高等教育在历经 20 世纪六七十年代的中辍之后，于 20 世纪 70 年代末得以在相关条件尚不十分完备的情况下及时恢复正式招生、重回正轨，此举足以说明政府和民间对高等教育的高度重视。此后经过二十多年的持续发展，中国高等教育的规模稳步扩大，实现了高等教育大众化的目标，如今已经跻身高等教育大国的前列，并对高等教育的社会属性、社会功能及其发展规律有了更为深刻的认识。人们普遍认识到，大学是一个国家或民族文明发展的重要标志，其办学水平和社会声望既是国家综合实力的集中体现，也是其文化影响力的依托和再生的源泉。如果某一国家的大学能够以其学术贡献和综合实力吸引全世界的学子或精英人才衷心向往前来留学就读，这个国家的实力和文化影响力即不言自明。现代大学普遍追求开拓创新，通常以自身的办学水平和学术声誉吸引优秀人才和富有潜质的生源，以聚纳荟萃社会各路精英、培养造就高级人才、开发新知、创造发明的社会专门机构的身份，在社会生活中发挥思想启迪、引领导向、提升国民素质、从事知识生产和造就优秀人才的无以替代的作用。当今世界，大学尤其是研究型大学，在一定意义上已经成为国家和民族命运所系，事关国家政治、经济、文化等事业长远发展大计的先锋机构和重要的支持系统。因此，世界各国都高度重视本国高等教育事业的建设，以各种形式倾力扶植大学的成长和发展。

中国在高等教育的办学规模得到比较充分和稳健的发展之后，又于20世纪90年代末提出了创办“世界一流大学”的宏伟目标。此后，“世界一流大学”“世界高水平大学”“研究型大学”之类的被赋予特定内涵和本土意义的专业词语频繁见诸报纸杂志和其他各种媒体，成为左右中国高等教育发展和大学建设定向的具体目标和先行理念，政策导向和经费投入的力度也随之加强，实践路径的摸索探讨也随之展开，相关课题的学术性和策略性的研究一时间成为显学，所发表的相关主题的论文和出版的著作也数量可观。遍览这些文献著述来看，尽管选题殊异、行文各有特色，但从题旨和字里行间都或隐或显地可以看出沉埋在作者心底的那种强烈的社会关怀意识和难以释怀的情结，那就是渴望中国的高等教育切实提高办学质量，并尽早实现中国的大学荣登世界一流的梦想。受本土研究群体的这种先行逻辑设定和主观期盼的影响，基于比较教育视角对美国高等教育的研究探讨，都或多或少涉及美国研究型大学群体何以能够在为期不长的历史时段内，异军突起，超越欧洲，后来居上，从世界高等教育的边缘逐步走向了中心。这无疑成为世界高等教育史上的从未有过的待解之谜，也为中国的世界一流大学建设提供具有启示和借鉴的研究课题，值得关注和投入时间精力。

假如余英时先生所言的“后发外生型”现代化国家及其发展路径在一定程度上符合中国社会的历史和现实，那么在发展中国的高等教育、建设本土的世界一流大学的过程中，明智的策略选择就应该向高等教育比较成熟发达的国家学习，以先进为榜样，深究其成功之道，吸取先行者既往的经验教训，以避免暗中摸索、再走弯路，以期提高成功概率和发展速度。如果正视中国高等教育“后发外生型”的历史事实，承认高等教育发展和大学成长有其共同规律可循，就必须深入探讨高等教育高度发达的美国的大学走向成功、实现后来居上的跨越式发展的规律和奥秘。基于这般考虑和特殊的选题背景，中国学界，特别是高等教育领域的从业者对美国高等教育和研究型大学的关注程度及研究兴致日益高涨，持续不衰。一方面积极吸纳、引进国外关于这一课题的研究成果；另一方面也开展了一系列相关课题的独立研究。这些研究成果虽然还未将所关注的问题和疑难的成因阐述清楚，但至少已对美国研究型大学的崛起之谜给出了初步的解释，并从中总结概括出一些对中国的世界一流大学建设颇有新意的启示和经验借鉴。就学术研究的历史继承性而言，这些初解和启示性的研究成果也可以为后续此类研究提升研究层次和不断走向深化、构筑基础、确定新的逻辑起点提供参照和借鉴。

本书按所收录的文献的题旨和性质共分为三编：第一编以《研究型大学崛起的因素分析》为题，有6篇论文入选；第二编以《研究型大学的科研机制研究》为题，收录了8篇论文；第三编为《书评》，收录了2篇论文。

由贾永堂、徐娟合作的《19世纪末20世纪初美国高水平研究型大学群体性崛起的机制分析——基于社会进化论的视角》一文，正如其副标题所特别强调和限定的那样，作者援引坚持新进化论立场的社会生物学理论的代表人物伯格有关一切社会现象均源于特定的社会生物学观点，从社会进化论的角度，首先对美国大学的群体分级、分布状况和研究型大学崛起过程做了初步的概括，进而对美国研究型大学群体性崛起的机制进行了深入细致的解析，认为美国的高水平研究型大学崛起是不断进化的结果，这种进化过程以《独立宣言》确立起来的社会基本价值观念和联邦宪法及其补充条款所规定的社会政治体制与社会结构为起点和环境条件，并从三个方面阐释了其具体的进化发展机制。文章特别强调美国社会对高水平研究型大学的群体性崛起不是做了什么而支持了它们的成长与发展，而是没有设置这样或那样的限制去妨碍它们的创造性成长和发展。

出自斯坦福大学戴维·拉伯雷教授手笔的《复杂结构造就的自主成长：美国高等教育崛起的原因》一文，从机构特征的角度对美国高等教育的成功原因进行了系统的分析探讨，认为美国大学之所以能够成功登上世界学术排行榜的顶端地位与美国高等教育令人吃惊的复杂结构有关，“但正是复杂孕育了美国大学的成功”。随后，该文从美国与欧洲对比的角度分八个方面对上述看法展开了深入全面的分析论述。尤为难能可贵的是，本文作者在行文过程中，特别是在结语部分，专门指出了美国大学存在的诸多问题和缺陷，诸如维护社会特权、过于看重文凭、私人目标先于社会公益等。

陈超的《从学术革命透视美国研究型大学崛起的内在力量》一文，基于外因通过内因而起作用的逻辑设定和外因复杂难控而“不可能被移植和复制”的现实考虑，从美国研究型大学崛起的内因角度就所谓“学术革命”这一特定因素的形成演变及其影响作用进行了有针对性的分析和概括，并在此基础上总结出对中国研究型大学建设有现实借鉴意义的一些启示，进而明确地指出了中国在研究型大学建设的既往实践过程中存在的一些共性问题和不足之处。

谷贤林的《学术内外因素与20世纪上半叶美国研究型大学的发展》一文，从“20世纪上半叶美国研究型大学的发展是高等教育内部因素共同作用的结果”这一总体思路出发，对作者所认为的内部因素和外部因素分别从五个方面进行了分析和论述。

朱冰莹和董维春的《大学知识生产“动力源”解读——对美国研究型大学科研崛起的分析》一文，通篇以美国研究型大学科学研究为讨论范围，从五个方面对主题展开论述，最后在总结全文要义的基础上，围绕“协同创新机制的建构”这一构想，提出了三个方面的相关启示，依次为：基础研究与应用研究的两全兼顾与适度适时的平衡；非正式制度与正式制度的匹配与衔接；政府、市场、学术力量三种势力的有效整合与协同。

王慧敏的《建立一所“真正的大学”——美国研究型大学路径选择的国立大学运动（1869—1899）》一文，对美国研究型大学初创时期进行了纵向的历史考察，重点介绍了该时段对美国研究型大学早期发展产生重要影响的几个相关事件，重点分析介绍了“国立大学运动”的形成、演变过程及其在美国高等教育发展史上的意义和作用，认为“尽管国立大学没有成功，却让美国人看清了时代对高等教育的新需求”。

美国学者 R. 阿特肯森和 W. 博兰皮得合撰的《科学研究与美国研究型大学》一文，分三个阶段追溯总结了美国研究型大学的历史发展和成长过程，着重分析了科学研究在美国研究型大学形成过程中的主导作用，探讨了美国研究型大学取得今日之辉煌成就的主要原因，并且指出了美国研究型大学当前面临的诸多挑战和有待解决的现实问题。

耿益群的《美国研究型大学跨学科研究中心与大学创新力的发展——基于制度创新视角的分析》一文，聚焦作为美国大学制度创新的一个具体体现的跨学科研究中心的建立和运行展开分析和论述。作者在辨析澄清跨学科制度的概念和概括描述跨学科研究中心建立过程的基础上，重点阐述了跨学科研究中心在研究型大学基本功能方面所表现或发挥出来的创新作用，并从四个方面对这种创新作用进行了详尽的分析。

郄海霞的《美国研究型大学对城市经济和产业的贡献》一文，从大学的经济功能的角度分析探讨了美国研究型大学在城市经济和产业发展过程中所发挥的积极作用，认为城市经济的发展和城市竞争力的提高都在一定程度上依赖于研究型大学的特殊作用，即大学对城市经济的影响主要是通过与产业界的互动来体现和实现的。作者强调，从城市的角度来说，不仅要认识到研究型大学所能带来的直接经济效益，也应意识到研究型大学所具有的潜在经济价值，并且指出，中国的研究型大学在与所在城市之间的积极有效的互动方面还存在许多亟待解决的问题。

李茂林的《大学群落的地域性经济贡献探究——以美国波士顿地区的8所研究型大学为例》一文，题旨和论述的中心仍然是大学经济功能及其有效发挥的问题，不过分析的对象及范围比较集中，一如该文副标题所示。该文以波士顿地区及区域内的大学作为世界上建立人力资本经济区最为成功的案例或样本，分析了大学群体对地区经济的积极影响和作用，并且认为，中国的北京、上海、南京、武汉和西安等高校比较集中的城市，“可以从波士顿地区8所研究型大学的做法中得到些许启示”。

王志强和闫温乐的《从“科学推动”到“技术商业化”——美国研究型大学-产业部门合作创新机制的形成》一文，围绕美国研究型大学科研路径由“科学推动”向“技术商业化”的转变过程，分析探讨了大学与产业部门合作所产生的两个方面的积极成果，即在促使大学“知识资本化”的同时也深刻地改变了大学的运作模式及其内部结构。

王凤玉和寇文淑的《研究型大学科技创新能力提升的政策变量——以美国科技政策为中心的考察》一文，以美国联邦科技政策五次大规模的政策调整为主线，考察美国研究型大学科技创新能力提升的发展历程，从政策变量的角度揭示美国研究型大学群体崛起、长盛不衰的促因，认为“科技政策适度、有效的引领是产生世界一流大学的重要动因”。

高云峰和陈希的《美国研究型大学与军事科研的互动发展》一文，论述了美国研究型大学参与军事科研的发展历程，以及这种特定取向的研究的主要特点，其中重点讨论了军事研究与美国研究型大学的互动和互济关系。

於荣的《冷战前期的美国军事机构与大学科学研究》一文，专门探讨了第二次世界大战结束后至 20 世纪 70 年代末即所谓“冷战时期”这一时段美国军事机构通过资助与国家安全有关的研究项目，对大学科学研究所产生的影响和双向互动关系，以及由此而引发的负面影响和实际问题。

本书还选择收录了两篇书评。一篇是北京师范大学教师教育研究中心周钧对美国学者罗杰·盖格所著的一本高等教育专门著作的评介，标题是《20 世纪初美国研究型大学发展的社会经济基础——评〈增进知识：美国研究型大学的发展〉》；另一篇是北京理工大学教育研究院杨东平先生奉献的书评，篇名为《大学之道及其危机——乔纳森·科尔的〈大学之道——美国名校的崛起、不可或缺的地位、必须保护的理由〉述评》。两篇书评都立意深刻、议论纵横，在评议文本要义和内容阐释分析的过程中，还表达了书评作者的一些相关独到而犀利的见解。

文献的积累和梳理是任何学术研究不可或缺的环节和初级工作，其意义和价值就在于“揆端推类，察往知来”。但愿本书对美国教育研究领域的从业者有所裨益和帮助。

研究型大学的崛起
与科研体制

第一编 研究型大学崛起的因素分析

19世纪末20世纪初美国高水平研究型大学群体性崛起的机制分析*

——基于社会进化论的视角

贾永堂　徐　娟

一、美国研究型大学群体崛起

菲利普·G. 阿特巴赫认为，当今世界高等教育已经形成了“边缘与中心”的格局。几种对世界顶尖大学的排名都表明，主要的研究导向的大学都处于极少数国家。① 上海交通大学高等教育研究院的世界一流大学研究中心自2003年开始发布世界大学学术排名（ARWU）。表1列举了近9年来美国大学在该中心发布的世界大学学术排名Top 100中的具体分布情况。近9年的数据表明，美国大学在世界大学Top 100排名中所占的比例是稳定的。在前100名中，美国大学占了一半以上。进一步分析还会发现，排名越是靠前，美国大学所占的比例就越高。在前50名中，美国大学所占的比例在70%左右；在前20名中，除2003

---

* 本文原载于《高等教育研究》2012年第5期。贾永堂，华中科技大学教育科学研究院教授，主要研究方向为高等教育政策与理论、高等教育史；徐娟，华中科技大学教育科学研究院博士研究生，主要研究方向为高等教育理论、高等教育政策。

① 菲利普·G. 阿特巴赫：《高等教育变革的国际趋势》，蒋凯主译，北京大学出版社，2009，第70页。

年为 75%以外，2004—2011 年的比例都高达 85%；在前 10 名中，美国大学一直稳占 8 席，只有英国的牛津大学和剑桥大学可以跻身其中。在其他排名系统中，如在《美国新闻与世界报道》及英国《泰晤士报》（高等教育副刊）对世界大学的排名中，美国大学也总是遥遥领先。由此可见，在“边缘与中心”的格局中，美国无疑已经成为世界高等教育的中心。人们可以对各种世界大学排行的评价标准评头论足，却无法否认美国高水平研究型大学群体在当代世界高等教育领域的绝对领先地位。

表 1　ARWU 中美国大学分布情况（2003—2011 年）

排名	项目	2003 年	2004 年	2005 年	2006 年	2007 年	2008 年	2009 年	2010 年	2011 年
Top 10	数量	8	8	8	8	8	8	8	8	8
	百分比	80%	80%	80%	80%	80%	80%	80%	80%	80%
Top 20	数量	15	17	17	17	17	17	17	17	17
	百分比	75%	85%	85%	85%	85%	85%	85%	85%	85%
Top 50	数量	35	36	37	37	37	36	36	35	34
	百分比	70%	72%	74%	74%	74%	72%	72%	70%	68%
Top 100	数量	56	50	53	54	54	53	55	55	53
	百分比	56%	50%	53%	54%	54%	53%	55%	55%	53%

资料来源：上海交通大学高等教育研究院世界一流大学研究中心：世界大学学术排名，http://www.shanghairanking.com/rankings/arwu/2021.

那么，美国高水平研究型大学在当代世界高等教育界的绝对领先地位究竟是何时及如何形成的呢？要回答这个问题，我们需要将时间追溯到 19 世纪末 20 世纪初，因为历史的奥秘只有通过考察历史进程才能得到揭示，美国高水平研究型大学群体性崛起的原因只有通过分析这批高水平研究型大学群体性崛起的历史才能得到解答。

美国现代大学是在与英国及欧洲大陆国家完全不同的背景下发展起来的。早期的北美殖民地人口稀少且极为分散，没有古老的城市，没有长期积淀的学术文化传统，资源奇缺。从 1636 年哈佛学院建立到 19 世纪上半叶，在以公理会、长老会和浸礼会为代表的各种各样竞争性宗教团体的热情支持下，美国先后建立了数百所小型学院。这种小型学院，除了提供为期 4 年的古典课程教学和最终的学士学位外，几乎不适合开展科学研究和专门化的人才培养活动。据考察，当时一所典型的学院只有不足 100 名学生和大约 5 名教师。例如，哈佛大学 1853 届毕业班只有 89 名学生，全校一共只有不到 400 名学生。学生只要被认为掌握了足够的拉丁文、希腊文和算术知识，就可以进入学院学习。[①] 这些学院的教育水平被公认为仅相当于欧洲的古典中学。直到 19 世纪中期，无论是在波士顿、纽约和费城这样的老殖民地区，还是在新近拓展的西部边疆地区，都没有真正的大学出现。不过，尽管这些小型学院的质量很低，却在一般美国人的意识中牢固地树立了高等教育的学院概念。其结果是，有志于学术的人，大量前往欧洲，尤其是德国，接受新式科研训练。到 19 世纪末，大约有一万人去过欧洲，他们在那里熟悉了新的治学方式并获得了学位，然后一批批回到美国。

1876 年约翰·霍普金斯大学的创立，使授予博士学位和开展研究生教育成为一所学院提升为大学的标志，学者们第一次能够在自己的专业领域把教学和研究创造性地结合起来，这标志着美国高等教育由学院时代进入大学时代。霍普金斯大学刚一成立便成为各大学竞相效仿的对象。它的成功和榜样作用，使哈佛、哥伦比亚、宾夕法尼亚、普林斯顿和耶鲁等老牌大学吃了苦头，有名望的教授纷纷离它们而去，加入了霍普金斯大学，其他地方的著名教授在调换工作时，也不再选

---

① 罗杰·L. 盖格：《增进知识：美国研究型大学的发展（1900—1940）》，王海芳、魏书亮译，河北大学出版社，2008，第 3 页。

择它们。① 这就促使这些老牌大学彻底蜕变，将自己逐步改造成为现代大学。始终具有创新特质的哈佛大学于 1870 年开始彻底改造旧学院，通过引进选修制，发展研究生院，经过一段时期后脱胎换骨成为新的一流大学；一贯坚持保守主义的耶鲁大学在注重本科教学和自由教育的传统办学理念指引下大力发展研究生教育，也实现了成功转型。同时，霍普金斯大学还为芝加哥、克拉克和斯坦福等新的研究型大学的创立开辟了道路。芝加哥大学在建立 30 年之后便成为美国一流大学中的领袖；建校于 1868 年的加利福尼亚大学伯克利分校在 20 世纪 30 年代以杰出和均衡的学科建设跻身美国研究型大学之列；斯坦福大学、康奈尔大学和威斯康星大学等也在某种意义上一步到位地达到很高的起点，很快进入世界最高水平大学的行列。这一时期，美国研究型大学数量不断增多，规模不断扩大。1900 年美国大学联合会（AAU）成立，标志着一种新的高等教育组织形式——研究型大学在美国正式出现。美国高水平研究型大学群体自 19 世纪末 20 世纪初纷纷崛起之后一直保持着强劲的发展势头。

美国高等教育系统的非凡性在于：它能够不断产生新的成功机构，其中大多数能够长盛不衰；处于这个系统顶端的是一批形成路径、特色各异的高水平大学。而其他国家的高等教育系统尽管可能拥有一两所高水平大学，如英国的牛津大学和剑桥大学，德国的柏林大学和海德堡大学等，但基本上没有形成群体，其兴盛也缺乏持久性。相比而言，美国高水平研究型大学群体的多样化形态特征非常明显，在这个群体中，既有老牌大学，也有新建大学；既有小型学院，也有巨型航母型大学；既有州立大学，又有私立学校。这批研究型大学群体的崛

① 伯顿·R. 克拉克：《高等教育新论——多学科的研究》，王承绪等译，浙江教育出版社，2006，第 237 页。

起过程，也是世界高等教育中心由德国转移到美国的过程。① 用历史的眼光来看，这样一个群星闪耀的高水平大学崛起的过程能够出现在美国高等教育发展史上绝非偶然，它是各种必然因素综合作用的结果。本文将主要探讨 19 世纪末 20 世纪初美国研究型大学群体是如何成功崛起的，隐藏在其现象背后的深层逻辑是什么。需要强调的是，本文是对美国研究型大学群体崛起的现象逻辑的阐释，而不是对某个成功大学发展模式的归纳。

二、美国研究型大学群体性崛起的机制分析

新进化论中社会生物学理论的代表人物伯格，一直试图用生物学理论来解释人类社会行为的差异性。他认为，人是自己积极主动创造的社会的产物，一切社会现象均源于特定的社会生物学机制，亲属系统、种族划分、肤色和阶级等社会现象是由包容性适应、互惠性和强制等三个社会生物学机制所形成的。其中，包容性适应机制在基因层次起作用，它最大化了有机体的适应能力；互惠性使个体之间相互竞争，从而提高了有机体基因的适应性，也称为互惠的利他主义；强制使一些有机体得以牺牲他者而提高自身的适应性。② 从进化论的视角看，今天美国的高水平研究型大学是不断进化的结果。由《独立宣言》所确立的社会根本价值，由联邦宪法及其补充条款所规定的根本制度、所确立的美国社会结构，为高水平研究型大学的生长与发展提供了广阔的空间；在特定社会结构中形成的制度环境驱动下形成了每所大学必须不断创新的竞争压力和动力，这种创新主要通过组织结构与形态

① Joseph Ben-David, *Centers of Learning: Britain, France, Germany, United States* (New York: Mc Graw-hill Book Company, 1977), p. 108.

② Jonathan H. Turner, *The Structure of Sociological Theory* (Beijing: Peking University Press, 2007), pp. 99-103.

的变化体现出来；新的组织结构形态引发新的组织行为并创生新的组织功能。组织结构形态的进化与组织功能进化之间的相互推动，使美国研究型大学最终成功跨越自催化门槛，进入进化的更为内在化阶段。

（一）美国社会结构的开放性，为研究型大学的生长与发展提供了广阔的空间

为什么不同的国家会走上不同的发展道路，并体现出不同的发展水平？对这一问题的回答将引出社会结构这一概念。正如认知心理学所揭示的人的认知发展特点与发展水平决定其认知图式一样，国家社会的发展也取决于特定的社会结构。在不同国家的发展中，由于政治、经济和文化的内容特性不同，以及彼此间相互适应、相互作用的方式不同，形成了不同的社会结构。社会结构犹如一个桶，可以往里装入各式各样的社会实践，它虽然不是社会实践本身，却决定了社会实践所能达到的容量。近代科学的成长已经证明了这一深刻哲理：不同的社会结构对科学技术的容量是不同的，到了容量的极限之际，科学技术的发展便被束缚了。① 大学的发展与此同理：一国大学的发展所能达到的高度最终取决于该国社会所具有的对学术教育的容量。如果一国政治、经济与文化结构同新兴大学组织的理念与制度处于对立状态，该社会就可能对新兴大学组织的发展进行遏制。社会结构对大学及其创造性的容量限制是多方面的，它不仅会阻碍新理念的诞生，也会阻碍新制度的建立。美国社会结构的可贵之处在于，不仅与东方传统国家相比，即便与欧洲早发现代国家相比，它都具有更大的容量。美国一开始就是由不同种族、不同宗教、不同背景的人组成的，它继承了欧洲的文化，在一个得天独厚的、相对来说没有什么历史包袱的环境里发展起来。与其他国家相比，美国国家制度的独特设计、《独立宣

---

① 刘青峰：《让科学的光芒照亮自己——近代科学为什么没有在中国产生》，四川人民出版社，1984，第 159 页。

言》之根本理念的表述，以及联邦宪法规定的根本性制度安排构成的社会结构具有极大的容量，不仅来自不同文化背景的人能在美国取得巨大成功，各种合理的制度在美国能够得到更好地推行，世界上许多先进思想家的政治理想也能在美国变成现实。

这种高度开放的社会结构自然能充分包容高水平大学的群体性生长和发展。这种社会结构对大学发展的影响通过两方面体现出来。一是对新的大学理念、大学制度和办学实践的积极支持。二是较少限制新理念、新制度和新实践的生长与发展。相比而言，后面一种影响体现得更充分一些，也更值得关注一些。无论是来自德国的重视学术研究的思想，还是来自英国的传统本科学院模式，抑或出自美国本土的学系这种基层学术组织方式，在美国社会中都能生根发芽并迅速壮大。在某种意义上，我们甚至可以说，19 世纪末 20 世纪初美国高水平研究型大学之所以能够实现群体性崛起，不是因为美国社会做了什么而支持了它们的生长与发展，而是因为美国社会没有设置这样那样的限制从而没有妨碍它们的创造性生长与发展。

（二）制度环境创造了刺激竞争的压力和动力，成为诱发每所研究型大学不断创新的强制机制

制度环境对于研究型大学群体的重要性，如同麦克海勒克在描述昆虫和人类的宏观社会时所说的：之所以只有昆虫和人类有宏观社会，主要是因为二者都具有创造宏观社会的设计能力。① 一国若能设计出最有利于竞争的制度环境，提供鼓励大学不断创新的动态诱因机制，那它造就卓越大学的能力将是非凡的。这种诱致每所大学不断创新、抢先行动等形成优势的动力机制，比为大学提供丰富资源、政策保护等优越的静态条件更有价值。因为创新总是被迫的，只有当感到面临生

---

① Jonathan H. Turner, *The Structure of Sociological Theory* (Beijing: Peking University Press, 2007), p. 108.

存危机和压力时，创新才会出现。[①] 从这个角度讲，动力机制也是一种强制机制。

1. 高度分权的宏观管理体制和强调竞争的调控机制

基于独特的社会结构，在高等教育的发展上，美国形成了高度分权的高等教育宏观管理体制和强调竞争的调控机制。与其他国家相比，在美国研究型大学的形成与发展中起主导作用的不是全国性规划与协调行动，而是地方和州的创造性。美国高等教育是由分散的相互之间毫无联系的行政当局控制的，直至今日，也没有建立正式的全国性高等教育组织。在联邦政府中，没有任何下设的机构来管理大学，也没有任何常设委员会、理事会或特别委员会进行资源的协调工作。美国的联邦教育部只负责收集统计资料和出台几类针对公立高校与职业教育的资助方案，它不敢打扰州教育行政长官，更不必说大学校长了。正因为没有一种行政力量把所有院校控制或捆绑在一起，美国高校很容易受市场力量的影响，各院校都能发挥首创精神。只要不与州一级法律和高等教育发展战略相冲突，各院校都能为适应各方面的需求做出及时调整，包括适应政界或公众舆论、适应学生入学申请、适应毕业生就业市场和科技界、产业界的发展需求。

19 世纪上半叶，美国出现了建立学院的高潮。一些小社区和宗教团体都各行其是地建立学院，由此形成了遍布全国的小型学院系统。也正是在这个过程中，美国民间资助高等教育的模式逐步制度化了。不过，这也使早期学院面临巨大的生存竞争压力，一批批分散的小型学院不断建立，又不断停办。1800 年至 1860 年，在由各州批准建立的五百多所小型学院中，最终只有四分之一的学院生存下来。[②] 正是通过

---

① 约瑟夫·熊彼特：《经济周期循环论》，叶华译，中国长安出版社，2009，第 118 页。

② 约翰·范德格拉夫：《学术权力——七国高等教育管理体制比较》，王承绪等译，浙江教育出版社，2001，第 107 页。

这种达尔文式的适者生存、不适者淘汰的竞争，美国高等教育的市场机制逐步走向成熟。

在这种机制的推动下，研究型大学赖以形成的资源基础逐步壮大起来。在19世纪末20世纪初的这段时间里，美国社会出现了一批白手起家的成功企业家，如卡内基、洛克菲勒和福特等，他们都拥有巨额财富。而这个时期美国联邦政府的科技政策主要倾向于支持应用研究，这以1862年《莫里尔法案》的颁布为标志。随着政府将大量的经费用于实用性研究，主要从事基础研究的研究型大学必须寻求政府以外的资助，即私有资本的支持。恰好在这个时期，这些已经在经济领域取得巨大成功的企业家对社会地位极为渴望，在他们看来，学术学位是一种地位和荣誉，支持或直接创办可以授予学术学位的大学同样可以成为彰显社会地位的荣誉与标志。[①] 这样的需求使得他们愿意资助成立可以授予学术学位的大学，如约翰·霍普金斯大学、斯坦福大学和芝加哥大学，以及洛克菲勒医学院和华盛顿卡内基研究所都是在私有资本的资助下成立的。经过一段时期的发展，美国逐渐形成了两个极为重要的基金会：洛克菲勒基金会和卡内基基金会，它们专门为研究型大学的基础研究提供经费支持。[②] 这就形成了基于私有资本的科研资助体系。据统计，1899—1929年，捐赠收入在美国研究型大学收入中所占的比重基本上保持在40%左右。资源配置模式决定竞争机制，由市场来配置资源使美国研究型大学与市场或私有资本之间的关系远甚于政府。至此，强调竞争的调控机制基本形成。

2. 研究型大学群体的多样性形塑系统性适应力

多样性既是美国研究型大学群体崛起的特征，也是这个群体崛起

---

① Laurence R. Veysey, *The Emergence of the American University* (Chicago: University of Chicago Press, 1965), p. 266.

② 周钧：《20世纪初美国研究型大学发展的社会经济基础——评〈增进知识：美国研究型大学的发展〉》，《高等教育研究》2006年第9期。

的原因。美国研究型大学群体在 19 世纪末 20 世纪初多样化特征凸显，这是它成功构建系统性适应力的一个重要前提。在进化论的语义中，多样性是复杂化的同义词，一个群落越复杂，其结构就越稳定，功能就越高级，也越容易形成竞争。美国研究型大学群体的多样性使其连接成一个环环相扣的组织系统，形成了系统化的竞争优势和适应能力，其他国家的大学要想赶超，不仅困难重重，而且难以模仿或复制它的模式。

伯格把文化作为基因的对应物，他认为自然选择所产生的基因总是试图将自己置身于更强的生存机器中来最大化其适应性，这就使基因的生存机器变得多元。① 学术自由文化和精英主义理念是美国研究型大学的两个关键“基因”。美国研究型大学学术自由文化源自古希腊的哲学思想。到中世纪时，这一理念在中世纪大学，特别是在巴黎大学的自治实践中得以传承，这也为后来在此基础上衍生出来的牛津大学、剑桥大学和柏林大学奠定了学术自由的基础。

对美国研究型大学的建立产生直接影响的主要是德国的柏林大学和英国的剑桥大学。在柏林大学的影响下，1876 年美国第一所以研究生教育和科学研究为主旨的新型大学——约翰·霍普金斯大学建立，将柏林大学——大学应当是自由从事科学研究的场所——这一理念传承过来的是该校第一任校长丹尼尔·科伊特·吉尔曼。创建于 1892 年的芝加哥大学是受霍普金斯大学影响建立起来的新型大学，在这个传承过程中发挥关键作用的主要是威廉·哈珀和赫钦斯。芝加哥大学的理念传递到加州理工学院是通过海耳实现的，他的出现使加州理工学院的命运发生了转变：在学校办学理念由偏实用主义转为重学术水平的过程中，大学的学术声望得到了快速提升。1865 年建立的康奈尔大

---

① Jonathan H. Turner, *The Structure of Sociological Theory* (Beijing: Peking University Press, 2007), pp. 102-103.

学也在很大程度上传承了柏林大学的学术自由理念。

1636 年创建的哈佛学院是以英国剑桥大学伊曼纽尔学院为模板建立起来的，最初的一批创校者是当时在剑桥大学不得志而迁移到北美大陆的教师。这样，剑桥大学自由、闲逸的风格便传到了哈佛学院。在哈佛学院的影响下，一批殖民地学院陆续建立起来。1701 年的耶鲁大学（纽黑文学院），1740 年的宾夕法尼亚大学（费城学院），1746 年的普林斯顿大学（新泽西学院），1754 年的哥伦比亚大学（国王学院），都是以哈佛大学为样板建立的。随后建立的斯坦福大学也受到哈佛大学的影响，正是哈佛大学校长埃利奥特建议斯坦福夫妇创建一所真正的大学。加州大学伯克利分校则受耶鲁大学的影响形成了重学术的传统。威斯康星大学和麻省理工学院建校之初更多地受到实用主义思想的影响，但当它们想进入研究型大学这个群体中时，不得不选择理性主义，传承学术自由文化。由此，美国研究型大学形成了一个多样化特征凸显的群体，劳伦斯·维塞称之为美国“19 世纪 90 年代初的学术繁荣”①。

3. 卓越的私立大学掀起院校之间的激烈竞争

在 19 世纪末 20 世纪初的美国，随着新大学的建立和已有大学的改造和扩充，大学之间在声望、一流学者和优秀学生等方面的竞争日益加剧。如果说衡量企业成功与否的标志是赢利水平，那么衡量大学是否获得成功的主要标志就是赢得声望。在克拉克·科尔看来，声望既是马太效应的基础，又是首创精神的首要成分。声望可以通过自由竞争产生，也可以由中央政府指定。但是，由国家完全垄断或少数几家卖主垄断的格局最终会大大限制其他大学的发展。② 相反，权力下放有

---

① Laurence R. Veysey, *The Emergence of the American University* (Chicago: University of Chicago Press, 1965), p. 264.

② 伯顿·克拉克：《探究的场所——现代大学的科研和研究生教育》，王承绪译，浙江教育出版社，2001，第 247 页。

利于大学赢得声望上的竞争。这段时期，美国大学之间的体育比赛迅速增多，这可以看作是一种以仪式的象征形式出现的声望竞争。

斯坦福与芝加哥大学的建立，掀起了对教师的竞争高潮。教授们频繁地从一所大学流向另一所大学。1876 年霍普金斯大学建立时的 6 名教授中有 2 名来自其他大学；1892 年芝加哥大学开学时有 120 名教师，其中 5 名来自耶鲁大学，15 名来自克拉克大学；哥伦比亚大学则通过巴纳德和塞斯劳等人的努力挖人，建立起了自己强大的教师队伍。[①] 对一流学者的争夺促成了一批明星教授的出现。在美国文化中，明星教授和杰出的企业经理人一样，都被看成是具有特殊才华、能提升机构业绩与声誉的非凡人物。学术明星体制将教授分为三六九等，并且明码标价，要想得到一流的教授和学术荣耀，就必须按价支付薪酬与津贴。[②] 这种学术魅力的制度化表明，美国研究型大学在设法保留传统权威模式和个人魅力的权威作用。

另一种竞争是对优秀学生的竞争。美国高等教育中一个不为人注意但尤为重要的特性是学生在获得本科学位后进入研究生院时的高度流动性。如果说，各大学研究生院和各系的研究生部是根据声望在进行竞争，那么学生，特别是最有才华的学生，则据此决定到哪里去申请、接受谁提供的入学机会。与法国和日本等国相比，美国高等教育系统的竞争性，使得最优秀的学生往往能够集中到最好的大学中。最终，竞争启动了一种激活效应，使大学不能依赖固定的得到保证的配额。在竞争的环境中，任何一所大学稍不留神就会被甩在后面。大学被竞争激活而去创造最好的学术条件因而也创造了最好的学术。

美国高等教育系统中顶层院校之间激烈竞争态势的形成在一定程

① 罗杰·L. 盖格：《增进知识：美国研究型大学的发展（1900—1940）》，王海芳、魏书亮译，河北大学出版社，2008，第 11 页。

② 戴维·拉伯雷：《复杂结构造就的自主成长：美国高等教育崛起的原因》，周勇译，《北京大学教育评论》2010 年第 3 期。

度上源于十所左右卓越的私立大学，它们拥有灵活的预算，可以自由支配捐赠基金和赠予收入。其他很多国家也有一些私立大学，但没有任何一个国家的私立大学在本国的高等教育体系中能够享有美国私立大学那样的卓越地位。[①] 由于州立大学的很大一部分财政收入来自州政府，并且是通过州立法机构的法案获得的，因此它们的管理更受制于州立法机构的政见和行政体制。私立大学也有部分收入来自联邦政府，但联邦政府并不要求在大学的管理机构中有代表性。美国私立大学的董事通常是对经济、政治和道德秩序具有强烈信念的人，他们一般将自己视为大学利益的捍卫者和服务者，而不是让大学服务于他们的利益。结果，私立大学往往比哪怕最有名气的州立大学都具有更大程度上的自主权，而这又激发了公私立卓越大学之间激烈的资源竞争。

4. 市场竞争机制的互惠性

本·戴维和兹洛佐沃认为，竞争的教育机构比没有竞争的教育机构能更好地促进科学研究和科研训练。这种互惠性就如同当一个国家形成艺术家云集、科学家较劲或运动竞技人才汇集的环境时，往往形成该国在特定时空中的辉煌文化。20 世纪 60 年代的澳大利亚及随后 20 世纪 80 年代的瑞典在网球运动上全球无敌，原因是一群年轻而富有潜力的选手彼此相互挑战并带动了两国网球运动的高速进化。[②] 高水平大学之间的竞争及高水平大学与其他高校之间的竞争会产生两种结果：一方面产生极度的集中，使强者更强；另一方面也加剧了院校之间的分化，并形成了从边缘到中心的系统。霍普金斯大学创立后美国新老大学之间的你追我赶，最能体现竞争所带来的互惠性。在霍普金斯大学的研究生教育制度取得重大成就以后，美国的传统大学纷纷效仿和

① 爱德华·希尔斯：《学术的秩序：当代大学论文集》，李家永译，商务印书馆，2007，第 137 页。

② 迈克尔·波特：《国家竞争优势》，李明轩、邱如美译，华夏出版社，2008，第 113 页。

快速跟进，哈佛大学、耶鲁大学和普林斯顿大学在学习了霍普金斯大学的经验后迅速对各自学校进行了改革，并很快超越了霍普金斯大学。这段时间美国还按照新的原则建立和改造了一批新型研究型大学，如芝加哥大学、克拉克大学和哥伦比亚大学。此时，研究生教育制度已非霍普金斯大学的优势。霍普金斯大学在与老牌大学和新兴研究型大学的竞争中逐步处于劣势。哈佛大学校长曾公开宣称："我要作证指出，本校研究所在 1870 年及 1871 年设立初期，体质极为脆弱，无法茁壮成长。直到约翰斯·霍普金斯大学的出现及带给我们的榜样作用，才迫使我们的教授不得不强化力量，使其发展出研究所水平的教学，并在文理两大领域中做出高深的学术研究。本大学的经验如此，其他大学也如此。"① 到 1900 年时，霍普金斯大学的"美国哲学博士制造厂"的头衔已让位给了哈佛大学。

我们大致可以认为，在美国高等教育系统中，没有指定的权威性机构，大学排行榜榜首的位置总在变换，不同的高水平大学轮番引领，带动了大学群体的高速进化。相反地，如果一国的高等教育系统仅有一两所优秀大学独占鳌头，对发展大学的竞争力则有害而无益。比如在 19 世纪的德国，欲以大学作为国家重建的主要力量，其高等教育接受了国家所给予的充裕资源，在肩负国家所赋予的以精神的力量弥补物质上的损失的使命中扮演一个核心的角色，一时培养了柏林大学、莱比锡大学和海德堡大学这样的"超级明星大学"②。但是，由于缺乏相对完善的激励竞争的机制，多数德国大学逐渐平庸化，少数几所大学虽然在制度环境保护下获得了一定的垄断地位，最终因为缺乏创新的原动力，在辉煌了一段时期之后也逐步丧失了在国际高等教育界的

① 刘欣、程新奎：《美国研究型大学的形成及启示》，《山西财经大学学报（高等教育版）》2006 年第 3 期。

② 陈洪捷：《德国古典大学观及其对中国的影响》，北京大学出版社，2006，第 29—32 页。

领先优势。

竞争带来的不只是研究型大学个体的进化。正是在竞争的环境中，出现了某些共同利益，形成了某些共同惯例，最终增强了美国研究型大学的整体竞争力。美国博士的国际声誉就是这种共同利益。在19世纪末20世纪初美国的博士生教育已经发展了近半个世纪后，美国学生还大规模地前往欧洲接受博士生教育。这表明，美国大学不仅没有得到欧洲大学的认可，甚至也没有得到美国人自己的认可。在很大程度上是为了与欧洲大学竞争，14所美国大学建立了美国大学联合会。在美国大学联合会的推动下，美国大学在博士生培养上逐步形成了一些共同的惯例，如在申请者成为正式博士学位候选人之前，采用广泛的笔试和口试，坚持在博士论文中采用有独创性的研究等。

总之，是竞争促进了美国研究型大学的共同进步，在增强发展动力并使美国研究型大学各具特色的同时，使美国得以长期占据世界高等教育的绝对霸主地位。客观而言，美国最高层次教育阶段的竞争不仅远甚于其他国家的高等教育，也远甚于本国的基础教育。美国高校所面对的竞争对手不仅包括本国乃至国外的高校，甚至还包括其他机构。在19世纪末20世纪初，中产阶级已经成为研究型大学最主要的支持者，那个时代的中产者主要是商人，他们并不需要那些能颁发能力证书的训练，所以大学必须靠创新的学习和研究课程，以及成功地推销它们能够提供的服务来证明自己的价值。这种竞争极大地推动了高等教育系统顶端的发展。正是各高校之间竞争性的相互影响，加强分化出作为联结科研、教学与学习活动的有效场所的研究型大学，发展了研究生院和专门化系科联姻的持久结合，这种形式在大众化高等教育的背景中产生了精英教育的成果。① 从本质上说，竞争能够提供一种

① 伯顿・克拉克：《探究的场所——现代大学的科研和研究生教育》，王承绪译，浙江教育出版社，2001，第135页。

内在反馈机制，使人们能够区分哪种模式更富有成效。正是在竞争的市场上，学校之间各种人员频繁流动，成功的实践和获胜的方法被广泛仿效。

（三）美国研究型大学的组织结构逐渐发生变化，引发新的组织行为并创生新的功能，最终成功穿越自催化门槛

1. 制度环境的压力和动力促使研究型大学创新其组织结构与形态

在制度环境的压力下，美国研究型大学组织结构与形态发生了变化，突出体现在两个方面：一是治理结构与治理模式的创新——董事会的创设；二是基层学术组织模式的创新——传统本科生院的改造与研究生院、专业学院及系的建立。

美国早期殖民地学院继承了英国大学的举办形式，却创新了其内部组织管理模式。在学院中，管理人员不是学术人员，也不是政府部门人员，而是作为创办者的校外人士。由此建立的控制机构是董事会。在董事会中，董事们代表公众利益，选拔校长，招聘教师。因此，这种组织是自上而下地建立起来的。这种由地方团体创办、由校外人士控制的治理模式完全不同于欧洲大学。在欧洲大学里，教师或学生组成行会，按照社团原则进行组织管理，并与国家或教会相抗衡。而美国高校一方面要满足和迎合当地潜在或实际的捐助人的需要；另一方面又要保证主要的追求和自由免受来自经常是强有力的且往往是十分热心的固执的捐助人的影响。[①] 在这种长期的斗争中，董事会这种新型的治理结构与治理模式逐渐成为美国高校中独特的结构形态。

研究生院的建立与传统本科生院的改造相伴随。留欧学生大量回到美国后，带回了欧洲的学术观念和治学方式。他们对欧洲大学尤其

① 乔治·凯勒：《大学战略与规划——美国高等教育管理革命》，别敦荣主译，中国海洋大学出版社，2005，第7页。

是德国大学充满赞扬，而蔑视传统学院。[1] 而早在 19 世纪 30 年代，公众就曾提出建立新的大学模式的动议。著名学者和富于进取精神的校长们坚持认为必须设计出一个不同于传统学院的大学，以提高美国文化教育的地位，消解年轻人执意前往欧洲学习体现出的文化殖民主义。最初，很多学院试图在传统学院中增设新的科学学科，并把学院划分成代表各专业的系。但这种对传统学院的改造并未取得成功，美国学院的四年制学士学位并未获得与欧洲大学学位一样的地位。由于简单修补传统学院的办法行不通，才有了 1876 年后的两层组织形式的大学。最初的试验是由霍普金斯大学和克拉克大学开展的，它们试图建立一所不包括本科生的大学。但这种方法也行不通，不仅因为本科生能够带来收入，能够提供研究生生源，更因为公众已经认可了传统学院这种高等教育机构。在其他选择因被证明为失败而先后被取消之后，部分美国高校逐步选择了传统本科生院加上研究生院的两层组织形式。

专业学院是美国研究型大学在基层学术组织建设上的另外一种创造。它始于 19 世纪 60 年代的赠地学院，不过其向研究生教育层次的提升大致与当时的人文学科和学术学科的研究生院同时起步，在某种意义上它也是 1900 年左右美国大学发展的内在趋势的一种必然产物。按照 19 世纪上半叶已经形成的德国大学传统，即使在医生、律师和教会人员的训练中，也应该强调基础科学和人文学科训练。这种传统基于如下假定：大学教育必须是创造性的且必须建立在原创性研究的基础之上，学生在实践上的不足可以通过大学之外的训练得到弥补。这显然是不合时宜的。尤其是在 19 世纪下半叶，被称为应用的或偏重问题的科学已经取得了引人瞩目的成就，社会要求大学将这些新学科纳入学术领域，开展专业训练，培养应用型人才。多数德国大学拒绝对此

---

① Lester F. Goodchild and Harold S. Wechsler, *The History of Higher Education* (New York: Simon & Schuster Custom Publishing, 1997), p. 274.

做出积极回应，它们宁可保守地限制自己的任务，而将这种新型工作留给其他机构。但这种态度在美国被颠倒过来。美国大学强调，大学培养的是智力实践专业的人才，甚至最偏重研究的学院，也要把拓展专业科学知识视作自己的义务，这种义务鼓励与专业工作有关的准学科研究，以及训练能够从研究工作中获益的实践工作者。在这一方面，霍普金斯大学的临床医学研究提供了一个成功范例。它不强调基础研究与临床研究之间令人反感的区别，而是尝试创建了大学附属医院，并在医院中开展医学实验和医学训练。工程、农业和教育领域也采用了这一模式。结果，美国研究型大学在大力发展学术学科的同时并没有抛弃应用研究和实践训练，而是坚持提供彻底的实践训练。美国社会在接受研究生院的同时也逐渐接受了专业学院这一培养学生从事特殊的专业实践的训练场所。①

美国大学最低一级的标准单位是系。美国大学以系而不是讲座为基础，也许来自自上而下的组织形式。欧洲国家尤其是德国的行会形式，给予大学基层学术组织中的讲座教授以很大的权力，这种形式在美国大学中从来没有立足之地。1825 年，系在哈佛学院出现，1900 年系在全美大学中已经占据牢固地位，成为适应专业化需要、划分更大结构的基本单位。同讲座及其研究所相比较，系的权力比较分散：首先是在正教授中分配，其次是在副教授和助理教授中分配。系主任是一个非个人化的职位，在有些问题上，系主任甚至必须同全体教学人员商讨。因此，系首先是一个社团式机构，即一个围绕某一学科的共同利益而组织起来的相对统一的机构，采用系级机构使美国研究型大学消除了一名教授可以完全主宰一个完整领域的失范状态。从实践上看，系这种组织形态不仅能够更好地保障科研工作，而且可以活跃本

---

① 约瑟夫·本·戴维：《科学家在社会中的角色》，赵佳苓译，四川人民出版社，1988，第 276—282 页。

科生教学。

2. 新的组织结构诱发新的组织行为并创生新的功能

美国研究型大学组织结构的创新，诱发了一系列新的组织行为，使大学产生了新的功能。

其一，知识生产方式的革命。对一个环环相扣的群落而言，内部结构和功能是耦合的。只要群落结构和层次足够复杂，它们完全可以产生一些新的个体行为和高级功能。[①] 到 19 世纪 90 年代，创新知识的认知理性首先在新建大学中逐步成为一种主导型价值，并开始影响大学的运作和组织行为。随后，这种倾向被那些位于东部的最富有也最有影响力的传统大学所模仿。在这个过程中，美国研究型大学率先实现了知识生产方式的革命。此前的传统知识生产方式，在本质上是一种纯学术研究，只强调科学知识的认知功能，其目的是为人类拓展准确无误的知识。19 世纪初建立的柏林大学是这种知识生产方式的典型代表。在知识生产动力上，传统知识生产方式由探索未知与探求真理的好奇心和想象力驱动，由研究者个人兴趣和风格决定。在组织形式上，传统知识生产方式以高度分化的知识门类为基础。它有三个显著特点：知识生产主要以知识的内部演进为线索，强调遵循知识的内在逻辑，科学家的兴趣是知识生产的主要动力；知识生产的专业化分工主要按照对象的特点展开，因此知识生产主要体现为学科知识的生产；主要是以传统学院这种学术组织建制为依托开展科学知识生产活动。相比而言，现代知识生产方式更强调知识的社会经济功能，其目标是用科学知识生产经济效益；研究者对经费的竞争，优先于对作为科学驱动力的学术兴趣的强调。从组织形态上看，在现代知识生产方式中，科研工作者以高度职业化的形式分布在知识生产的不同位置上，根据

---

① 金观涛：《系统的哲学》，新星出版社，2005，第 31 页。

市场原则，围绕产品或服务进行多学科的研究。① 大学知识生产方式的革命，带来了知识的创新。

其二，校长负责制的兴起。早期美国高校的校长鲜有学者出身，通常是法官、商人、编辑、前州长或参议员和牧师。他们作为学校这个集体法人的代表向商界和教会学习如何经营学校，从而塑造了美国高校的管理传统。19 世纪中后期美国工业的发展造就了一批新贵家族，如铁路投资商霍普金斯与斯坦福、石油大王洛克菲勒等，他们逐步认识到高等教育事业是一项值得追求的事业。这批人不仅创办了一批大学，而且成就了一批新兴学术管理领袖，如霍普金斯大学的吉尔曼、哈佛大学的埃利奥特、密歇根大学的安吉尔、斯坦福大学的乔丹、康奈尔大学的怀特、威斯康星大学的范海斯等。如同工业帝国的缔造者一样，他们集独裁者、政治家和企业家的品质于一身，果敢无畏，培育了现代大学。他们中尤其值得称道的是哈珀，他仿效洛克菲勒创办了芝加哥大学。正是从这时开始，校长负责制盛行起来。从埃利奥特在哈佛大学的统治（1869—1909）开始，吉尔曼在霍普金斯大学（1876—1901）、乔丹在斯坦福大学（1891—1913）和哈珀在芝加哥大学（1892—1906）先后开始了他们成功的大学创业生涯。这些人都是学界权威，也是能干的领导者，能够在不断变化的局势中确定自己的理念和调整大学的组织。他们还四处活动，到处筹集经费，招聘人才，广泛宣传本校的优势地位。正是在他们的领导下，这些大学纷纷实现了快速崛起。

其三，教师专业化。大学教师专业化始于其作为一个专业研究者的角色的形成。在整个 19 世纪，大学内外的研究活动迅速增长，但大学教师作为一个专业研究者的角色却始终没有得到确认。在多数德国人看来，科学成就是一个有特殊天才的人的基本优秀品质最深刻的表

---

① 约翰·齐曼：《真科学》，曾国屏等译，上海科技教育出版社，2002，第 92 页。

达，研究工作因而应被视作自愿的、不求报偿的活动。换句话说，直接付给报酬的研究工作不能算是研究。它适合 19 世纪早期业余者占主导地位的科学状况。但到 19 世纪末，科学研究已经不再是一种业余活动，将科学研究与教师的职业责任结合起来已经成为科学和大学发展的内在需要。美国大学很快就对这种需要做出了积极回应。大学教师作为一个专职研究者的角色得以确立的一个重要成果，是专业共同体的形成。那些由大学教师所发起和组织的专业科学协会及其活动对科学的发展做出了重大贡献。对组织化的研究工作的认可，使美国大学更容易用标准化的方法设计出日益复杂和精致的组织化研究形式。结果，美国大学的研究工作很快就超过了欧洲同类机构。到 20 世纪 30 年代，甚至在此之前，欧洲的科学家在很多领域已经不再能有效地与美国同行竞争了。

大学教师专业化的另外一个重要方面是教学工作的专业化。数十年来，围绕埃利奥特的自由选修制的争论始终集中在学生能够学什么和应该学什么上，但实际上，选修制对美国高等教育的重要性在于它使教授能够教什么：选修制不仅使得新的学科被教授，而且也解除了对传统学科的束缚，使之向一种更专业和更高级的形式发展。当这种情况出现时，大学的教育目标已经难以察觉地从传播已有知识转向传播专业知识。[①] 这就导致了教师工作方式的专业化——专业人员取代业余者成为大学教师的主力军。随着在范围相对狭窄的专门化领域内从事范围有限但联系密切或类似问题的教学研究工作者人数的不断增加，效率成为必需。专家们的成果愈丰富，专业化就愈变得势在必行。

教师的专业化首先将美国国内的优秀学者吸引到研究型大学群体中来。据统计，1906 年，在美国的 1000 名著名科学家中，有 367 名分

---

① 罗杰・L. 盖格：《增进知识：美国研究型大学的发展（1900—1940）》，王海芳、魏书亮译，河北大学出版社，2008，第 11 页。

布在这些研究型大学中。[①] 一批优秀学者的到来又增强了研究型大学群体的吸引力。20 世纪初，研究型大学已经成为吸纳优秀人才的重要场所。耶鲁大学的汉斯曼教授曾指出，教育是一个关联品（associative good），大学对教师的吸引力也取决于其他教师的质量。[②] 因此，在吸纳了大批国内的优秀学者后，美国研究型大学进而成了吸引世界范围内优秀学者的磁场。最典型的例子是爱因斯坦的到来。法国科学家郎之万在得知爱因斯坦去美国后说："这是一件大事，它的重要性就如同梵蒂冈从罗马搬到新大陆一样。当代物理学之父迁到了美国，现代美国成为世界物理学的中心了。"[③] 除爱因斯坦外，德拜、费米和弗兰克这些物理学家移民美国后先后荣获诺贝尔奖。根据罗杰·盖格的统计，从 1933 年至 1940 年，美国先后从欧洲引进了 22 位著名物理学家。他们的到来使得美国的物理学学科屹立于世界之首。[④]

这些新的组织行为创生出新的组织功能。进化论中生态学理论的代表人物霍利提出了关键功能的概念。他认为，对一个群落而言特别重要的是关键功能，"如果关键功能不能在某种程度上发挥作用，系统将会脆弱而无序"，特定的关键功能对于适应和生存是必要的。[⑤] 美国研究型大学群体创生的新的关键功能是生产知识，并使知识发挥最大的社会功效，成为这个"群落"适应和生存的基础，也是它区别于其他类型大学的本质。

---

① 罗杰·L. 盖格：《增进知识：美国研究型大学的发展（1900—1940）》，王海芳、魏书亮译，河北大学出版社，2008，第 7 页。

② 张维迎：《大学的逻辑》，北京大学出版社，2004，第 8 页。

③ 中央电视台《大国的崛起》节目组：《美国》，中国民主法制出版社，2006，第 178 页。

④ 周钧：《20 世纪初美国研究型大学发展的社会经济基础——评〈增进知识：美国研究型大学的发展〉》，《高等教育研究》2006 年第 9 期。

⑤ Jonathan H. Turner, *The Structure of Sociological Theory* (Beijing: Peking University Press, 2007), p. 86.

以霍普金斯大学为例，该校建校初期，致力于提供一种能与德国大学相媲美的高水准教学，这种高水准教学蕴含着对研究的强调。霍普金斯大学比同时代的其他美国大学更积极地鼓励教师进行科学研究。正是通过这种实践，霍普金斯大学扩大了美国高等教育可能的范围，也扩展了教育家的眼界，并最终拓展了美国大学的关键功能：重基础研究，不断拓展学术学科，最大限度地发挥知识的社会功能。加州大学伯克利分校的哲学、动植物学、考古学，芝加哥大学的社会学、政治学、语言学，哥伦比亚大学的历史学、地质学、政治学，康奈尔大学的语言学、哲学、物理化学，哈佛大学的历史学、语言学、法学，霍普金斯大学的数学、化学、语言学，宾夕法尼亚大学的天文学、动物学、哲学，威斯康星大学的哲学、经济学，耶鲁大学的心理学、法学等学科，纷纷在那个时期创办了相关领域的杂志和专业协会，成为该领域中新知识增长的源泉。

相应地，研究型大学的规模也在不断扩大。据统计，在 20 世纪的最初 40 年里，研究型大学的招生规模增加了 4 倍多，其中博士学位授予数量增长了近 7 倍。学生的增加，对支持一个足够大的师资队伍及覆盖所有学科和专业来说是必要的。大学人数的增加不仅意味着对先前被排除在外的阶层的接纳，而且对于创新大学的组织管理、发挥大学的研究潜力极为重要。

3. 美国研究型大学跨越自催化门槛，进入进化的更为内在化阶段

美国研究型大学从传统学院中孕育、发展直至取代传统学院，大致可分为三个阶段：研究型大学因素萌芽阶段、萌芽结合（即研究型大学因素相互结合和壮大）阶段、取代传统学院确立研究型大学制度阶段。在第一阶段，萌芽寄生在传统学院躯壳内，不能剥离出来。如哈佛和耶鲁等大学在 19 世纪 60 年代前所创新的知识生产与人才培养方式，都是在传统学院中完成的。第二阶段是萌芽结合阶段，这里的萌芽结合特指萌芽之间开始形成一种相互调节的潜在结构。随着萌芽的

不断生长，它们就会相互结合，相互加强。在第三阶段，研究型大学的理念、制度与实践形态因素逐步走向成熟并最终结合成一种新的大学形态。

考察美国研究型大学群体性崛起的历史进程，我们会发现，美国研究型大学的发展过程，是一个从组织结构与形态的进化，然后到精神文化与制度创新的过程。在进化之初，初始动力来自外部环境压力，新大学逐步走出传统活动领域，生存活动处于更广阔的社会环境中，其组织形态慢慢发生变化，进一步引导精神能力的发展，由此穿越自催化的门槛，跨入进化的更为内在化的阶段。正是组织功能的进化，使美国研究型大学最终成功跨越自催化门槛，进入进化的更为内在化阶段。此后，美国研究型大学在精神和制度的进化上更多地依赖内在的力量而不再取决于对环境的直接反应。从自然科学在19世纪50年代美国高校中的逐步立足，到实用主义思想在19世纪60年代的逐步制度化，再到以研究为基础的研究生教育在19世纪70年代后逐步成为大学的永恒成分，我们可以看到，美国研究型大学的发展进步越来越内在化。每一种倾向一旦出现，都会按照其内在的逻辑和动能向前发展。这些倾向之间存在着实际的内在关联，一旦处于适当情景，就会有力地强化其他几种倾向。① 简而言之，在环境的推动和自身的不断努力下，美国研究型大学的进化获得了自己的动力马达。

三、美国研究型大学群体崛起的启示

在当今知识经济时代，各国逐渐意识到只有坚持科技进步和知识创新才能在激烈的国际竞争中占据有利地位，而加快高等教育的发展、

---

① 罗杰·L.盖格：《增进知识：美国研究型大学的发展（1900—1940）》，王海芳、魏书亮译，河北大学出版社，2008，第8页。

创建高水平研究型大学则成为各国提升人力资源水平和科技创新能力的关键举措。20世纪末21世纪初，我国政府发出了创建世界一流大学的号召，并正式启动了以建设世界一流大学为主旨的“985工程”。学术界对此也倾注了极大的研究热情，相关研究成果纷纷涌现。人们集中关注的是这些举措究竟在多大程度上推动了中国现有顶级大学群体在世界顶级大学排行榜中的位置提升？美国研究型大学群体性崛起的经验带给我们的启示是：一国大学发展所能达到的高度一方面取决于该国政治、经济与文化结构的容量；另一方面取决于该国教育体制是否具有推动高水平研究型大学不断创新的动力和压力机制，前者为高水平研究型大学的脱颖而出提供了可能，后者则将这种可能变成了现实。从进化论的视角，我们可以这样看待美国高水平研究型大学的崛起：基于特定的社会结构，在竞争机制的推动下，美国研究型大学不断进化，逐步形成了新的组织形态和功能。这些大学组织一旦进化出某种新的功能，其组织的发展便逐步依赖内在的动能而更少依赖对环境的直接反应，大学的创新能力便成为一种内在力量的生长与迸发。因此，从本质上说，美国高水平研究型大学群体性崛起的过程，是一批研究型大学在特定环境中自然生长并逐步脱颖而出的过程，而不是美国联邦政府重点建设的结果。在制度环境中，资源配置模式极为重要，它决定能否形成竞争机制。在资源配置中弱化政府垄断，引入市场竞争机制，是激发大学创新潜能的根本所在。

参考文献

[1] 罗杰·L. 盖格. 增进知识：美国研究型大学的发展（1900-1940）[M]. 王海芳，魏书亮，译. 保定：河北大学出版社，2008.

[2] 克拉克. 探究的场所：现代大学的科研和研究生教育 [M]. 王承绪，译. 杭州：浙江教育出版社，2001.

[3] 熊彼特. 经济周期循环论 [M]. 叶华，编译. 北京：中国长

安出版社，2009.

[4] TURNER J H. The structure of sociological theory[M]. 7th ed. Beijing:Peking University Press,2007.

[5] VEYSEY L R. The emergence of the American university[M]. Chicago:University of Chicago Press,1965.

复杂结构造就的自主成长：美国高等教育崛起的原因*

戴维·拉伯雷

本文涉及美国高等教育的独特本质，意在揭示到底是什么力量使得它如此成功。19世纪中期，美国高等教育视野狭隘，仿佛一堆破旧的碎布，毫无学术声誉可言；但到20世纪后半叶，它却变得富可敌国，学术质量更是在世界范围内赢得至高赞誉。为什么会发生这么大的转变？

今天学界常对成功的故事表示怀疑，而且理由充分，大部分学者不愿相信胜利或理想实现一类的事。美国教育史一度被视为凯歌频奏，从中可以看到美国方式的不断成功。但从1960年代开始，情况急转直下，此后我们喜欢讲述失败的教育改革：所谓品质优良的教育制度，不过是块遮羞布，教育其实在不断加深社会不平等。然而本文探讨的却是一个成功的教育故事——虽然这里的成功内涵非常狭隘，仅指学术地位。由这一点出发，本文的目标是分析美国高等教育的结构性特征，正是它，使得美国大学可以获得大量投资，同时创造巨额财富，生产无数广被引用的成果，在世界大学排行榜上位列顶端，成为其他国家竞相模仿的榜样大学。

---

* 本文原载于《北京大学教育评论》2010年第3期。戴维·拉伯雷（David F. Labaree），斯坦福大学教育学院教授。周勇，译，华东师范大学课程与教学研究所教授。

由上可见，就分析路径而言，本文显然是将视野放在高等教育体系的形式上，而不是去考察它的学术实质。在本文中，受到关注的是学术层级体系中的地位，而不是大学的知识生产或传播功能。需要进一步声明的是，虽然本文的关注点是美国大学的学术地位，但却无意指出，相比于它的国际竞争对手，美国大学体系提供了更好的教育，创造了更多的人力资本和社会公平。事实上，我曾在其他地方论证过，美国高等教育存在许多弊端：与其说它是求知的场所，还不如说它是社会流动的促进机制；它更善于颁发文凭，而不是传授有用的技能；它表面上捍卫教育平等，实际上却在制造教育不平等；它日益倾向于私有化，而不是一项公益事业（Labaree，1988，1997）。对那些进入顶尖名校的学生来说，美国高等教育体系的确处于不错的运行状态，但他们的良好感觉在很大程度上却是建立在一种截然相反的事实之上。这一事实是，对那些在社区学院上学的学生来说，美国高等教育简直太糟糕了。这就是美国高等教育：一端是成功，另一端则是时常被掩盖的失败。

对于美国高等教育的结构而非其实际社会影响，我仍想补充一点，由于篇幅有限，本文只能描绘美国高等教育迅速崛起的条件，归纳其结构特征和历史积累——正是这些缔造了庞大复杂的美国高等教育——而无法详细叙述它的成功故事。见多识广的人或许会觉得，本文提到的事实并不陌生，但我把这些事实放在一起，却是为了从新的角度对美国大学的成功故事展开解读。

那么，到底是什么使得美国大学成功登上世界学术排行榜的顶端地位？对于这个问题，最简单的回答乃是美国高等教育那令人吃惊的复杂结构——复杂（complexity）常被视为一大缺点，但正是复杂孕育了美国大学的成功。因为结构太过复杂，只有自己清楚自己，所以必须确立自主权。美国大学就本质而言，易接受外界影响，但却很难加以控制。对于生存环境里的刺激，它善于做出反应；但与此同时，它也很会保持自己的独立。大部分国家的高等教育都受控于国家权力，但美国大学却可以摆脱不利的国家控制，以半独立的企业法人（semi-independent entrepreneurs）姿态，到市场上寻求发展。美国大学能这样，是因为它为自己准备好了另一条路，当它不愿走这条路时，还可以通过另一种渠道获得赞助人、经费资源，所以它有自主的余地，谁也控制不了它。

美国大学在本科学院提供大众教育，与此同时，它还可以在研究生院提供精英教育或高深学术，并通过职业课程或应用研究提供实用知识。集平民主义、精英主义与实用主义于一身，可以使美国大学获得广泛的政治社会基础，经费来源也因此变得多元化。不仅如此，美国大学还采取多元化的管理体制，既有现代官僚机构，也有中世纪的传统和学术领袖的人格魅力。因为体制复杂，人们很难搞清美国大学是什么样的机构，甚至看上去没有管理；但恰恰这样，美国大学不会成为纯粹理性化的科层机构，或被任何单一的机制束缚住。事实也证明，正是这种大杂烩的混乱体制特征，让美国大学尤其擅长适应环境——依靠它，美国大学得以保持相对自主的姿态，同时养成了在激烈的竞争环境中追求成功所必需的企业家精神。

一、辉煌的成功故事及其根源

无疑，美国大学的根源来自欧洲，而欧洲大学自诞生以来，似乎一直在书写一种伟大的机构传奇。2001 年，克拉克·科尔曾指出："1520 年以前建立的欧洲机构中，大概有 85 所机构直到现在仍保持其当初的形式，功能也没什么变化，它们的历史像是从未中断过。这些机构包括天主教堂、马恩岛、冰岛及不列颠岛议会、瑞士州政府和 70 所大学。"（Kerr，2001：115）在历史长达五百年的 85 所欧洲机构中，大学占了 70 所。如科尔所言：

> 君主统治、封建的主仆关系及行业垄断今天都已消失，但这70所大学仍位于相同地点，建筑风格也一样，教授与学生做的事情也大致相同，管理方式也没多大变化，欧洲的这些大学显然拥有自己的特征，从而可以长期保持稳定。

就长期保持稳定的结构而言，美国大学无法与欧洲大学竞争，但美国大学在短时期内便可以取得骄人战绩。近年来，上海交通大学曾根据学术引用率、诺贝尔奖等指标，推出了世界大学500强的排行榜，其中有170所大学来自美国，而且排名越是靠前，美国大学的出现频率就越高。在前100强中，美国大学占了54所；前50强中，有36所是美国大学；前20强中，美国大学有17所；排名前10的大学中，除剑桥和牛津外，其余8所全是美国大学（Institute of Higher Education，2008)。人们大可挑评价标准的刺，但却无法否认美国大学的杰出表现，尽管美国大学诞生的时间比欧洲大学晚多了。在《世界新闻周刊》2006年发布的排行榜上，前20名大学也是有17所来自美国。G因子排行榜（标准是Google公司统计的大学网址链接数）上，同样是17所美国大学占据了前20名（University Metrics，2006)。在《泰晤士报》2009年发布的排行榜上，前20名中有13所是美国大学，前10名有6所。

为什么美国大学在过去一百年里可以取得如此惊人的成就？有一种说法认为，这是因为20世纪美国在世界经济、军事与文化领域的支配地位。财富与实力在美国高等教育的成长过程中的确发挥了重要作用，借此美国大学可以获得大量经费，并使得全世界的学术天才大批涌入美国。另一种说法认为，英语作为世界第一语言，使得美国大学能够在世界范围内产生影响，吸引世界级的学术精英。此外，还有人指出，20世纪的两次世界大战令欧洲大学备受摧残；其间，美国大学却从政府那里获得了大量的经费支持，用以发展与军事相关的科学研究。在接下来的冷战时期，美国政府更是加大了对大学的科研投资力度。所有这一切显著提高了美国大学的竞争优势。如果没有这些因素，美国大学或许不能取得今天的成就。

但本文不会去考察这些影响强大的背景因素，而是要分析美国高等教育体系的结构元素，正是这些结构元素，使得美国高等教育体系能够以最有效的方式充分利用外界提供的财富、权力、语言统治、科研投资及得天独厚的地理优势。这里，我不会否认国家权力的重要性，相反，我将关注一些不怎么明显但在美国大学的崛起过程中同样发挥重要作用的国家权力。到20世纪中期，所有这些结构元素开始产生效应，美国高等教育到这时已变为成分复杂的巨大体系。广阔的政治社会支持、多元的经费来源、机构自主和灵活的管理机制，将这些条件集于一身的美国大学从此能够充分利用摆在它面前的每一次历史机遇。

二、在政治与市场之间保持平衡

为了理解美国大学的成功，须先留意大西洋两岸自由民主社会的内在张力，这股张力位于推崇平等的民主政治和能够容忍不平等的自由市场之间。自由民主社会的内在张力使得高等教育也要在两极之间寻求发展，并因此集机会均等与排他主义于一身：一方面它向大众敞开，另一方面它又设置精英门槛。无论在欧洲还是在美国，这种紧张都是高等教育的核心政治问题，而且化解紧张的机制也极其相似。那么大学该如何处理民主政治与市场取向之间的矛盾？答案是分层制度(stratification)。通过分层，我们建构了金字塔型的高等教育体系，在它的底端，所有人都可以进去，但在顶部，则只有少部分人有资格进入。正是这种既讲究平等又保护特权的体系让每个人都有机会通过接受高等教育获得成功，与此同时，不想太出类拔萃的人同样也可以接受高等教育。在这个体系中，所有大学都是平等的法人，但却功能各异。有些大学谁都可以上，它们是起码的社会福利；而有些大学则设置最严格的入学要求，它们通往的是真正的成功。

尽管分层是西方高等教育化解民主与市场矛盾的基本途径，但欧洲大学与美国大学在分层程度上仍存在显著差异，由此将会引出本文的核心观点：美国大学与欧洲大学的本质区别在于，与欧洲大学相比，美国大学更偏向市场，所以美国大学的分层或分化程度明显高于欧洲大学。在市场取向更强烈的美国高等教育领域，位于顶部的大学和位于底端的大学存在非常大的差距。如此也就不难理解，与其他国家的大学相比，为什么美国大学对于市场变化具有更加灵敏的反应能力，并因此更有热情和办法去追求高等教育的领先地位。

接下来，我将首先探讨美国高等教育如何围绕市场组织自己，把自己变成极具企业家精神的自治机构（entrepreneurial autonomy）。然后我会分析美国高等教育怎样在市场取向的作用下演变成分化明显的体系。之后我将转向政治，考察美国大学如何兼顾政治目的，赢取政治支持，以便巩固自己的基础和独立。此外，我还会把中世纪大学拉进来作比较，从中将会看到，这两种大学都依靠游走于国家及其政治对手之间获得了可观的自治空间。最后我将探讨美国大学如何通过协调多重权威（authority）来塑造自己的独特治理模式，使自己能够泰然面对外界的控制力量。

三、美国高等教育的市场取向

从世界史的角度看，市场很晚才出现，但它恰好是在美国历史的开端处形成的。这里不妨加以比较。托洛茨基（Leen Trotsky）曾指出，俄国跳过了自由资本主义的发展阶段，直接从封建社会进入共产主义社会；而哈茨提出美国充分利用其诞生晚的优势，一出生便是自由社会，完全没有封建社会阶段（Hartz，1955：3）。马丁·特罗从这一点出发，对美国高等教育的早期发展及其迅速扩张做过诸多考察（Trow，1988，1999，2001），本文的分析在很大程度上正是以特罗的分析为基础。特罗发现，在革命之前，美国殖民地有 9 所大学，英国有 2 所；到内战时期，美国大学的数量猛增到 250 所；1880 年，英国只有 4 所大学，而仅在美国俄亥俄州就有 37 所大学。“1910 年，美国大学的数量已接近 1000 所，学生达到 300 万。同一时期，法国只有 16 所大学，在校学生大约为 4 万，仅相当于美国大学教员的数量。”（Trow，1988：15）

特罗认为，市场环境从一开始便让美国大学形成了独特的组织与治理模式。与欧洲大学不同，早期美国大学乃是非营利的社团联合体（corporate non-profit entities），它从州政府获得许可，但州政府并未给予多少支持。19 世纪中期，各州纷纷创办大学，美国高等教育进入快速成长阶段，不过这些大学仅从州政府那里得到一部分经费。整个 20 世纪，州政府投资在高等教育总收入中也只占 20%—30%（NCES，1993，fig. 20）。州政府投资在公立大学财政中所占比率最高的阶段是 20 世纪中期，此后州政府投资的比率便一直下降，到 20 世纪末，公立大学的收入只有 36%来自州政府投资，来自联邦政府和当地政府的投资分别占 11%和 4%（NCES，2002，fig. 18）。

进入 21 世纪，州政府投资在公立研究型大学的收入中所占比率更是少得可怜，只有 10%。言外之意，公立研究型大学的绝大多数收入来自市场，包括科研投资、专利、销售、服务、捐赠、赞助和学费。这些收入几乎都不在州政府的控制范围内，而大学要想获得这些收入，显然必须组建有效的机构模式，允许甚至正式授权机构领导者能够以企业家的思维与行动方式开拓教育市场。为了生存与发展，大学必须善于从在校生那里取得学费、从毕业生那里获得捐赠，同时开辟其他财源，诸如寻找科研经费、销售专利或提供有偿服务，而这自然意味着要和其他大学展开竞争。18 至 19 世纪，市场收入主要来自学费。今天虽然各种非政府渠道的收入增长显著，但学费对于大学依然非常重要。

甚至可以说，美国大学的特点之一就在于它对学费的依赖，私立大学更是如此。公立大学同样得靠学费，否则便难以克服政府投资不足造成的经费短缺，更不要说发展政府投资项目之外的事业了。从建立到20世纪中叶，一些州（最著名的是加利福尼亚州）的公立大学实施免费教育，但进入20世纪后半叶，免费教育便消失了。纳税人的抗议和其他更棘手的财政支出使得州政府捉襟见肘，无力负担日益增长的高等教育开销。整个20世纪，学费在高等教育总收入中所占比率大概是20%—25%。20世纪末，私立大学的总收入有28%来自学费，公立大学的比率是19%（NCES，1993，fig. 20；NCES，2002，fig. 18 and 19）。

相比之下，欧洲大学的财政长期以来明显依靠甚至全部来自政府投资，尤其是在北欧地区，大部分大学不能收取任何学费，直到20世纪90年代，情况才发生改变。这与美国大学相比可谓是天壤之别。靠市场赚钱，意味着美国大学一直处于竞争激烈的环境中，因此必须成为思维敏捷的行动者。它们必须努力吸引、留住学生，知晓竞争对手的一举一动。只要消费者及社会条件一发生变化，它们就得迅速做出调整。它们必须善于赢得投资、捐赠及其他收入。这一切促使美国大学必须形成适宜的管理、组织和课程模式。

就美国大学的管理模式而言，其核心特征在于组建了独立的董事会（independent board of trustees）。如马丁·特罗所说，控制董事会的既不是州政府官员，也不是大学学者，而是一群善于沟通、关系广泛、能为大学保驾护航的圈外人（laypersons）。他们来往穿梭于大学与政府之间。当教授的影响力不利于内部和谐时，他们同样可以起到平衡作用。至于在市场上追求各种实际利益，他们更是不可或缺的中介。挑选、任命校长亦是由董事会负责，而在美国高等教育体系中，校长绝对是一位举足轻重的人物。董事会与校长之间的权力对比会随大学的地位、教授的权力增长直接发生变化，但即使是在私立大学，校长也能拥有一定的自主权，这一点在欧洲大学很难想象，因为那里通常是教授们的天下。

赢得董事会支持的强力校长将扮演 CEO 的角色，他像是在领导一家市场取向的教育公司（educational enterprise），会根据市场形成合适的组织结构。美国大学因此在组织结构上差异明显，无论地位高低，每一所大学都会努力满足消费者的偏好，争取市场份额。这意味着，学生选择将受到重视，大学会设计包罗万象的教育项目，同时尽量减少课程要求，供学生自由选择。此外，美国大学还重视专业教育（specialized education），其主要任务不是去生产高深知识，而是涉及面尽可能宽的分科教育，以满足社会就业的需要。最后，市场取向的美国高等教育还发明了一套非常灵活的学分制度，其特别之处在于不是根据学习总量来评价学习成绩，而是规定学满多少学时就可以获得一定的学分。学分像可以流通的货币一般，允许学生自由购买课程，只要达到规定学分便可毕业。不仅如此，学分使转学也变得容易起来。

总之，市场取向使得美国高等教育常常可以不依靠政府，因此能够保持自主。美国大学更依赖的对象是消费者。也正因为这一点，美国高等教育体系会出现显著的分化。接下来将进一步探讨这一高度分化的高等教育体系是如何形成的。

四、结果：高度分化的体系

高度分化源自市场化高等教育的特殊动力机制。每家教育企业都会为争夺市场地位与对手展开较量，如此才可以吸引学生、提高收入，进而长期保持发展局面。这是因为政府不会限制创办或扩张高等教育，大学发现自己处于买方市场（buyer's market）。买家也许只想学这门课，而非别的什么课，大学因此热衷于区分市场需求，并根据不同的需求设计五花八门的学院建制与课程项目。

当然，高等教育购买者有一个共同目标：获得社会上升必需的文凭。这意味着消费者绝不满足于上一所不一样的大学，他们想上的是一所更好的大学——文凭更硬，有更多进入高薪行业的机会，与其他毕业生追逐同样的目标时可以占据优势位置。对于消费者的这种特殊要求，美国已经设计出金字塔型的高等教育制度，位于底端的大学向所有人敞开，但只有少部分人才有资格进入顶级大学。这些顶级大学颁发的文凭可以满足消费者的特殊要求。

灵活的市场机制导致高等教育的分化。面对多变的教育市场，机构领导者需要明确以下四点成功规则。规则一：要看大学资历。今天，位于金字塔顶端的都是老牌大学，这一点绝非巧合。美国前 20 名大学中，有 19 所建于 1900 之前，7 所建于 1776 年之前（U. S. News，2006）。在大批的竞争者如潮水般涌入高等教育领域之前，这些老牌的大学便已确立了声名显赫的地位。它们培养出了国家领导人，与最富裕的家族建立关系的渠道也被它们封锁了。它们拥有巨额捐赠，雇用了最优秀的教授。新兴的大学在这些方面都是从零开始，怎么可能有实力和老牌大学展开竞争。

规则二：奖励属于位居顶端者。这句话的意思是指顶端下面的大学都想爬上去，与此同时，位于顶端的大学则会设法击退竞争者，以保住自己的优势地位。如规则一所述，顶端已被老牌大学占据，下面的大学很难爬上去，但下面的大学大可以尝试。顶级大学手握巨大的权力、财富和荣耀，教员、学生、管理者及它们的校友都将从中获得利益。所以即使成功之路漫长，但加入顶级行列带来的好处实在是太大了，以至于谁都想加入。何况也确实有一些后来居上者，例如霍普金斯大学、芝加哥大学、斯坦福大学，它们的成功故事也给梦想加入顶级行列的大学带去了希望。

规则三：模仿需要付出代价。20 世纪当位居前列的美国大学纷纷加入创办研究型大学的运动时，研究型大学逐渐成为所有大学的办学追求。要想引领潮流，就必须建构完整的本科、研究生和专业教育体系，提高入学要求，招募学术成果卓著的教授，还得创作校歌，兴建橄榄球馆和哥特式的建筑。总之，研究型大学该有的东西，都应置办齐全。从顶级大学的实力来看，底端大学的机械性模仿显然不会产生理想效果。当然，对底端大学来说，也只能模仿了再说，或许它奏效呢。即便最后排名仍没上去，但至少对自己的学校到底有多少赞助者重新做了一次评估。

规则四：顶级大学保持优势地位的正确办法是创建新的学院，而不是让已有的学院扩大招生。周期性的教育消费增长自然会造成大学扩张。最初的应对办法是扩大已有学院的招生量。哈佛大学直到 1900 年仍采取这种老办法，当时它已成为美国规模最大的高等学府（Geiger，2004：270）。但之后哈佛便不这样做了。为了保持优势，哈佛已有的学院再也不愿贸然扩大招生，它们担心这样会毁了好不容易积累起来的卓越形象。所以哈佛情愿创办新的学院来实现扩张理想。新学院建立了，但却在哈佛处于下层地位，这既是因为学院是新办的，也是因为招生要求不高，比较容易进去。

以上四点规则主导了美国高等教育的历史进程，并造成了当前高度分化的体系。从顶端到底端，这个体系大致分为四个等级（tiers），资格最老的大学位于顶端，新成立的大学位于底端。例外难免会有，但总的来说，资历仍是最重要的等级界定标准。老牌的常春藤名校均建立于殖民地时期，紧随其后的是 19 世纪早期和中期成立的一系列旗舰州立大学。这些大学和后来出现的几所大学发展成了精英研究型大学的中坚力量，并因此同样得以跻身美国高等教育的第一等级。

第二等级的大学源于 19 世纪中晚期形成的赠地学院（land grant colleges）。创建赠地学院，是为了满足已有大学未能顾及的实际需要，向更多的学生提供升学机会，所开设的课程多为农业、工程领域的实用知识。为了和那些旗舰州立大学区别开来，赠地学院通常会在校名中加上 State 一词，例如 Michigan State 表示密歇根州的赠地学院，从而不会被误认是 Michigan（即密歇根大学，University of Michigan）。但在满足市场需要的过程中，赠地学院很快就发展成了综合性大学，到 20 世纪，又进一步演变成研究型大学，尽管其声誉不如第一等级的研究型大学卓著。

第三等级的大学源自 19 世纪末为培养教师而成立的师范学校（normal schools）。第三等级的大学最初仅提供职业课程，但就像此前诞生的赠地学院那样，此类学校也在市场需求的驱动下，迅速向第一等级的办学模式转变，以便满足学生愿望，提供更有价值、可以拓宽就业出路的文凭。师范学校就这样先是变成师范学院，然后变成综合性的州立大学，最后到 1960 年代，演变成地区性的州立大学。

第四等级的大学源自 20 世纪初期成立的初等学院（junior colleges），今天它们组成了体系庞大的美国社区学院。和赠地学院、师范学校一样，当初创办此类学院也是为了给底层学生提供升学机会；但与赠地学院、师范学校不同，此类学院没有从州政府那里获得发展成大学的许可，所以大多只开设两学年的课程。不过，此类学校学费低廉，而且可以转学，因此许多学生也会选择，然后再努力转学去等级高的大学。

上述等级分化足以表明美国高等教育体系的复杂性，但我们仍遗漏了另外两类大学，分别是教会大学和文理学院（liberal arts colleges）。那么该如何界定它们的位置呢？首先值得注意的是，这两类大学都有自己的市场，可谓自成体系，而且内部也有等级划分。以教会大学为例，位于顶端的乃是天主教大学，诸如圣母大学、乔治城大学等。当然，今天的教会大学已越来越像那些非教会的私立大学，因为市场压力会迫使教会大学向竞争者看齐。至于文理学院，美国《新闻周刊》也曾为之发布专门的排名。可见，这两类大学在一定程度上同样可以印证前文讨论的高度分化特征。

其次值得注意的是，文理学院常被看成是大学研究生院的摇篮，同时也让本科教育多了一种选择。此类学院以“自由或通识”教育（liberal education）著称于世，在等级分化明显的美国高等教育界致力于追求学术荣耀，并因此瞧不起职业教育。尽管文理学院自成体系，但它也可以通过成为顶级大学研究生院的预备学院，在整个美国高等教育界确立自己的特殊地位。文理学院的声誉因此远高于社区学院。社区学院只提供两年的职业课程，入学要求非常低，要想接受四年的本科教育，就必须转学。文理学院的入学要求则非常高，许多人因此被拒之门外。如果被录取，不仅可以接受学术质量优异的四年本科教育，而且能够进入最好的研究生院深造。

写到这里该做些归纳。在市场的推动下，美国高等教育体系陆续衍生出四类等级不同的大学。顶级大学最具社会优势，但底端的社区学院却为实现教育机会均等做出了最杰出的贡献。言外之意，四类大学各具特色，但前三类大学也有一点共同之处，即都是以研究型大学作为自己的办学理想。研究型大学的确已成为所有大学的追求目标，尽管大部分大学的辛苦努力只是在做表面文章，远没有成为真正的研究型大学。

五、美国高等教育的广泛支持与政治基础

如果说根深蒂固的市场化取向是美国大学之所以不同于欧洲大学的一大主要因素，那么另一大主要因素则是美国大学拥有广泛的政治支撑。克拉克·科尔曾指出，美国大学其实是三种高等教育模式的融合体，其中两种来自国外，一种是本土发明，它们分别是英国的本科学院、德国的研究型大学和美国的赠地学院（Kerr，2001：7-14）。对此，我的看法是，美国大学的成功不只在于采纳了这三种模式，而是

因为无论就美国高等教育体系而言，还是从个别案例来看，美国大学都能做到将这三种相互矛盾的办学理想有机地融合在一起，即发挥每一种模式的长处以增强大学的整体实力，同时弥补其中任何一种模式可能产生的缺陷。

上述三种模式从两个层面塑造了美国高等教育。第一个层面体现于美国高等教育体系的等级性。等级低的大学将办学重点界定为发展大众化的本科教育，顶级大学的核心使命则是发展学术研究和研究生教育，中间等级的大学致力于实用教育和应用研究。可见，整体来看，美国高等教育体系的确做到了将三种模式有机地融合在一起，所以美国高等教育结构合理，功能完整。另一个层面的有机融合表现为研究型大学也能根据需要与市场发展本科教育和赠地学院的应用研究及实用教育。

在美国高等教育体系中，平民主义的学院吸纳了大量的本科生。而从财政上支撑大学研究生教育的正是本科生。本科生交费上学，博士生通过担任助教获得本科生的经费支持。毕业后，本科生也比大部分博士生挣得多，他们构成了大学捐赠者的主力军。除经费外，本科生的贡献还表现在政治上。本科生来自不同社区，大学即因此拥有广泛的政治基础。本科生及校友堪称联系大学与社会的桥梁。如果没有本科教育，大学也许就会远离社会。为了充分发挥本科生的社区联系，大学还积极开展各种体育项目，大学的徽标（logo）及大学推崇的颜色也因此成为当地文化的组成部分。

出于上述考虑，美国大学很善于吸引本科生，并让他们觉得宾至如归。美国大学鼓励或至少允许本科生投身于丰富的社会生活，举行各种体育与文化娱乐活动，创造舒适的校园生活方式，甚至为此不愿开设学术难度过高的课程。对美国大学来说，为本科生提供健身房、餐厅和名不副实的学业成绩，都是必须付出的成本，如此才能支撑大学这一庞大体系的正常运作与发展。虽然这样做也许会留下降低学术质量的隐患，但它也是美国大学充满活力的重要因素之一。

研究型大学体现的是精英主义，其核心使命是追求第一流的学术声誉。这意味着必须雇佣最有创造力的研究人员和顶级的学者，吸引最具天赋的毕业生，创造最先进的科研条件。只有这样，才可以为追求学术声誉奠定坚实基础，而在各种大学排行榜中，这一块也是分量最重的指标。许多大学上不去，就因为在这些方面处于劣势。

但这些资源均非常昂贵，科研经费及专利销售可以解决不少花费，但它们远不够支付科研人员的高额薪酬及减少他们的教学负担和为研究生提供高额资助所产生的费用，何况科研经费与专利价值时常会缩水。本科生的学费可以填补缩水造成的缺口，只是需要防止出现另一大问题，这便是如果一直拿本科生的学费填补缺口，而没有改善本科教育和增强体育实力，势必会让本科生觉得大学不是他们的，而是别人的，从而失去广泛的政治基础。这里不妨看看德国大学的命运，德国早在19世纪中期便创办了研究型大学，堪称为世界确立了榜样，但由于过分追求高深学问，忽视平民主义的办学模式，到20世纪后期，德国研究型大学的学术地位迅速下滑，这都是因为缺少足够的政治支持与公共经费。2008年，在世界前50名大学中，竟连一所德国大学都找不到（Institute of Higher Education，2008）。

赠地学院在美国大学拓宽政治基础的过程中发挥了重要作用。这一由美国自己发明的大学模式堪称美国高等教育体系不可或缺的补丁。它使美国大学变成有用的大学，能为解决社会的实际问题做出贡献，促进经济增长，成为真正的社会所需要的大学。美国大学因此可以在社会立足，赢得社会的赞助和政治支持。因为它，美国大学可以对公众说，“我们不只为你们的孩子提供一流的学术，我们还提供非常实用的职业教育；此外，我们还将致力于开展应用研究，解决本地实际的重大问题，促进工业与农业的发展，同时改善当地的生态环境”。总之，将平民主义、精英主义和实用主义融为一体，使得美国大学拥有广泛的政治基础，而这正是它获得成功的秘密之一。

六、中世纪大学：机构自治的典范

现在该考察一下美国大学的欧洲祖先，其目的是做些比较，进一步理解美国大学。先来看涂尔干《教育思想的演进》一书中的欧洲大学史研究。涂尔干曾指出，欧洲大学最先形成于中世纪，当时的状况极其有利于大学的生存与发展。如我们看到的那样，其中的 70 所大学一直延续到今天。这意味着它们一定选择了正确的道路。在涂尔干看来，欧洲大学当初之所以能够成功，很大程度是因为它们在中世纪的两极世界做出了恰当的自我定位。中世纪存在两大权力中心，即教会与国家，它们控制着当时的财富与公共秩序。大学没有在一棵树上吊死，而是在两极的中间地带行事。

一方面，大学利用教会势力使自己免于国王、地方封建主的不利干涉；另一方面，大学又能利用国王和封建主的力量来维持其在梵蒂冈及主管教区的独立自主。此外，中世纪大学还会依靠国家对抗封建主，或向教皇求助以反对地区主教。中世纪大学就这样逐渐积累自己的法人权力（corporate powers），成为在教会与国家之间保持自主的教师行业协会（guild of teachers），而不会固守任何一方以至陷入穷途末路。他们不会让外人加入本行业，必要时也会发动罢工。通过身居相互竞争的两极权力的中间地带，借一方力量来对抗另一方，欧洲大学很少受到外界干涉，从而形成了自己的机构建制与传统。由于起点良好，到现代国家出现时，欧洲大学仍可以继续发展，其价值对社会来说依然不可或缺。

接下来看看威廉·克拉克（William Clark，2006）在《学术领袖魅力与研究型大学的起源》一书中的描述。在该书中，克拉克考察了德国大学从中世纪到现代的演变历程。他从韦伯的三大权威类型

（Weber，1978：215-216）出发，认为中世纪德国大学依靠的是传统权威，行会中德高望重的老教师依照惯例制定招生、课程及毕业标准。进入现代早期，由于受到现代国家的理性化立法机制的影响，大学开始发生变化，纷纷采纳国家的科层体制，以应对国家的经济及政治需求，理性化的大学管理架构因此得以形成。

克拉克花了很大篇幅叙述国家权力如何重构传统的大学模式，使教授、课程、学生及学位统统转向为实现国家的功利主义目标服务。克拉克发现，在新教改革激烈的国家，例如德国，国家力量非常强大，教会无法像中世纪那样继续与之抗衡。需要强调的是，克拉克还指出，现代大学机制日益理性化的同时，依然注重发挥学术领袖魅力作用，也就是突出科学家的地位，努力追求一流的学术声誉，进而证明大学乃是研究高深学问的场所。

七、市场与国家之间的自主空间

涂尔干与克拉克的历史考察为进一步认识美国大学提供了两个参照点。第一，中世纪大学有很强的自主性，因为它游走于教会与国家之间。在天主教国家，如法国，这种自治延续了更长时间，直到出现绝对的君主专制和现代民族国家，教会才失去其对国家的优势。而在新教国家，如德国，教会势力明显不够强大，当初国家权力进驻大学时可谓畅通无阻。在美国，据我所知，没有势力如此强大的国家，同时国家的对手也不是教会，而是市场。实力相对较弱的国家与强大的市场为美国大学确立自主地位提供了可观的空间。

简单地说，在美国大学的发展过程中，市场为其提供了强大并且有效的力量，以对抗国家的不利干涉，这就像中世纪大学从教会那里得到诸多依靠与保护。进入现代以来，欧洲大学日益失去自主，这自然是因为教会权力式微，大学越来越受控于国家，德国大学最早经历这一变化，随即蔓延至整个欧洲，从此欧洲大学只能在单一的国家权力的支配下寻求发展。

欧洲大学得以幸存下来，但其自主及蓬勃的创造力却受到遏制。因为有国家投资，它们在经济上有了保障，无须像美国大学那样，为获得经费而低声下气地乞求学生、赞助人和捐赠者给予资助。依靠政府恩赐，欧洲大学还享有诸多法律赋予的特权。这些条件使得欧洲大学可以长期过上好日子，但它们也因此失去了许多宝贵的锻炼机会，代价堪称惨重。一旦国家财政紧缩，欧洲大学便会陷入饥饿状态，眼睁睁地看着经费渠道多元的美国大学在国家投资减少时仍可以拥有巨额财富。

对欧洲大学来说，它们只能按照教育部制定的方向发展，这与美国大学的情况可谓天壤之别。在美国，政府拨款的比重不大使得政府只能在有限的范围干涉大学。多数时候，推动美国大学前进的乃是教员、管理者及董事会长期以来在适应市场要求的过程中形成的"企业家直觉"（entrepreneurial instincts）。无论是学生提出的特殊教育需求和社会出现的崭新机遇，还是工业、政治及军事领域企图最大限度地借助于大学的科研力量，美国大学都可以迅速做出反应。

最近十几年来，由于强烈感受到国外竞争对手的压力，国家与此同时也想卸下沉重的高等教育财政开支，欧洲大学日益意识到要改革，正在朝市场取向演变。1999 年，30 个国家的教育部部长共同签署博洛尼亚宣言，正是为了通过将这种改革加以制度化，来推进欧洲大学的市场化进程。宣言在欧洲范围内制定了统一的本科和研究生教育，同时推出一套学位标准，在全欧洲范围内相互承认学分。宣言实施后，学费开始上升，为获得科研经费而展开的竞争也已拉开，大学的市场化取向日益显著。虽然有这些变化，但与美国大学相比，在欧洲，国家对大学的控制力仍然强大，在一些关键的市场化节点上，比如大幅增加学费，欧洲大学仍处于顾虑重重的状态中。

八、多元权力模式之间的自主空间

第二个参照点是，克拉克也许夸大了欧洲大学由传统模式向理性化机制转变的剧烈程度。在我看来，现代大学并未采取单一的理性化权力模式，而是三种模式都有，这一点尤其在美国现代大学中体现得明显。美国大学获得成功的关键因素之一在于它能将三种权力模式灵活地整合在复杂的大学机构里，而且以一种有趣的方式让它们可以相互支撑（例如在市场中，传统、理性化及学术魅力这三种权力模式都发挥了良好作用），因此能够防止由于大学的单一化和集权化而酿成其中一方压倒其他各方的不利局面。这一多元权力模式为保持大学的内在活力提供了保障，这就像市场与国家同时存在，大学才可以左右逢源。

如克拉克所言，理性化的权力模式重建了中世纪大学；而在现代大学中，其影响也是随处可见，诸如清晰的科层管理架构、商业化的预算机制、专业的经理人队伍和以品行为本的学生入学、教员招聘及晋升评价体系。任何一所现代大学都具有这些理性化的权力元素，但美国大学把它提到了更高的层面，因为美国大学更依赖市场，它们必须以高标准来满足市场需要。就此而言，是市场将美国大学理性化了，这与市场使公司经营理性化如出一辙。调整学费及教员薪酬时，美国大学必须根据自己在美国高等教育体系中所处的等级，理性地分析它们现有的或想占取多少市场份额。此外，美国大学还组建了有效的科研管理与市场开拓机构，苦心经营委托人和捐赠者提供项目与经费，以便实现收益最大化。

不过，在上述理性化机制的背后，美国大学仍有其传统的基础，即中世纪大学的行业协会管理模式。在招募教员、晋升、授予终生教职、审批课程时，美国大学仍然看重传统的大学决策模式。我们仍会从学生中挑选学徒教师，以晦涩难解的课题（arcane subjects）来考验他们，继续将中世纪发明的三种学位授予他们；当初发明这些学位，是为了表明教师协会对学生的接纳程度。毕业典礼更是按中世纪的程序举行，戴学位帽，穿牧师袍。这些元素在其他地区的现代大学也很盛行，然而美国大学异常热衷于坚持这些传统规矩，甚至以夸张的方式执行传统的学术权威。19 世纪末，美国大学突然兴起仿古热潮，哥特式建筑、中世纪四方院，还有橄榄球、校友日和母校。这些都是凸显大学学术权威的传统方式。传统就这样成为流行商品，风靡美国高等教育界，而美国恰好又是一个历史遗产稀缺的国家。

接下来将探讨另一种权力模式，即学术魅力。在克拉克的著作中最吸引人之处是描述现代大学对学术魅力的狂热追求。与稳定、功能持久的现代科层制度相比，学术魅力通常被看作不稳定、原始的权威形式，其突出特征是个人崇拜。但学术上的个人魅力却可以在研究型大学中发挥关键作用。韦伯认为，以个人魅力为基础的权威“集中于具有圣洁品质、英雄主义行为和卓越人格的个体身上，还包括此类个体揭示、制定的规范与秩序”（Weber，1978：215）。这种权威放在现代大学教授的杰出代表身上显然也很合适，戴维·洛奇及马尔科姆·布拉德伯里对此做过精彩刻画（Lodge，1979，1995；Bradbury，1985，2000）。而在克拉克看来，研究型大学十分推崇理想化的学者，大学以作者姓名为单位编制图书馆的书目系统和学术引用规则，即是推崇途径之一。通过各种学术奖励、讲座教授席位、同行评议制和引文索引等方式来凸显学术影响力，更强化了大学对学术魅力的向往。为学术天才提供荣耀位置，为在研究领域取得杰出成就的教授塑像，这些同样可以证明大学推崇以学术魅力为基础的权力模式。

韦伯认为现代性不仅冷酷无情，而且不可避免，理性化的力量开启了世界的祛魅进程，它将消解传统权威和领袖魅力的作用。有趣的是，大学虽然是现代机构之一，但现代大学却在设法保留传统权威模式和个人魅力的权威作用，甚至将它制度化，正因为这样，中世纪的传统与个体的学术魅力仍然在现代大学中扮演着重要的权威营造作用。而在这一点上，美国大学同样比欧洲大学有更突出的表现。实际上，学术明星体制（academic star system）非常适合市场化取向的美国大学，和大学分为不同等级一样，学术明星体制也将教授分为三六九等，并且明码标价，要想得到一流的教授和学术荣耀，就必须按价支付薪酬与津贴。在美国文化中，明星教授和杰出的企业经理人一样，都被看成具有特殊才华、能提升机构业绩与声誉的非凡人物。

由上可见，现代大学集合了三种权力模式，但美国大学在实施它们时表现出来的巨大热情远胜于竞争对手，所以这三种模式在美国大学中的影响更为清楚深刻，美国大学也因此显得更令人困惑。对于大学是什么、该如何管理大学等问题，美国大学提供了矛盾的回答。不过，正因为保持这种看似复杂、矛盾的结构，美国大学得以充满活力。总之，美国研究型大学拥有独特的“三位一体”结构（trinity）：父亲是传统，儿子是理性，神灵（holy ghost）则是学术魅力。

结语

本文是从机构特征的角度分析美国高等教育的成功原因，而这里的成功仅指在世界大学排名中的支配地位，以及经费、人力资源和学术吸引力方面的卓越表现。我们考察了美国高等教育体系内部多元和谐的构成元素，正是这一结构特征，使得美国大学在 20 世纪中期能够充分把握美国财富与权力急速增长带来的发展良机。

这世界没有无缘无故的成功。美国高等教育的复杂结构，其对机构自治的重视，其对市场的依赖，对不同政治目标的接纳，以及采取多元权力模式组成的治理机制，这些元素融合在一起，当然会产生一系列的教育与社会问题。对此，本文虽没有展开探讨，但也有所涉及。

这一复杂结构导致美国高等教育呈现严重的分化格局，它维护社会特权、提供上升机会，上大学的意义也因此常常表现为出人头地而非接受教育。美国高等教育体系能够缔造成就辉煌的研究型大学，但其代价却是社区学院及地方州立大学得不到优秀生源。这一复杂结构可以保护美国大学免于外界干涉，限制国家权力，然而美国大学为此却得看主顾的脸色行事。

高度分化及依赖市场会使得学生过于看重获取被社会广为承认的文凭，而不是掌握真正对社会有益的知识，尤其在本科阶段，这一倾向更为明显。此外，美国高等教育还非常不称职，因为那么多的公共及私人经费都被大学用来成就私人目标（private ambition），而不是促进社会公益（public good）。虽然存在诸多弊端，但美国高等教育的复杂结构同时也为大学创造了可观的自主空间、稳定的经费来源和广泛的政治支持。正是这些结构性的优势使得美国大学能够胜任竞争，迅速适应环境，进而在全球教育市场中扩张势力。

参考文献

［1］ALTBACH P G，GUMPORT P J，JOHNSTONE D B. In defense of American higher education［M］. Baltimore：Johns Hopkins University Press，2001.

［2］BRADBURY. To the hermitage［M］. New York：Overlook Press，2000.

［3］BRADBURY. The history man［M］. London：Penguin，1985.

［4］BRINT S，KARABEL J. The diverted dream：community colleges and the promise of educational opportunity in America，1900-1985［M］. New York：Oxford University Press，1989.

［5］CLARK B R. On higher education：selected writings，1956-2006［M］. Baltimore：Johns Hopkins University Press，2008.

[6] CLARK B R. The higher education system: academic organization in cross-national perspective[M]. Berkeley: University of California Press, 1983.

[7] CLARK W. Academic charisma and the origins of the research university[M]. Chicago: University of Chicago Press, 2006.

[8] DURKHEIM E. The evolution of educational thought: lectures on the formation and development of secondary education in France[M]. Boston: Routledge and Kegan Paul, 2013.

[9] HARTZ L. The liberal tradition in America[M]. New York: Harcourt, Brace & world, 1955.

[10] Institute of Higher Education and Shanghai Jiao Tong University. Academic Ranking of World Universities-2008[EB/OL]. (2008-08-15) [2009-05-29]. http://www. arwu. org/rank2008/EN2008. htm.

[11] Kerr C. The uses of the university[M]. 5th ed. Cambridge: Harvard University Press, 2001.

[12] LABAREE D F. Mutual subversion: a short history of the liberal and the professional in American higher education[J]. History of Education Quarterly, 2006, 46(Spring): 1-15.

[13] LABAREE D F. Education, markets, and the public good[M]. London: Routledge, 2006.

[14] LABAREE D F. How to succeed in school without really learning: the credentials race in American education[M]. New Haven: Yale University Press, 1997.

[15] LABAREE D F. The making of an American high school: the credentials market and the central high school of Philadelphia, 1838-1939 [M]. New Haven: Yale University Press, 1988.

[16] LODGE D. Small world[M]. London: Penguin, 1995.

[17] LODGE D. Changing places[M]. London:Penguin,1979.

[18] Microsoft Corporation. Encarta 2000 new world almanac[M]. Washington,D. C. :U. S. Colleges and Universities,1998.

[19] National Center for Education Statistics. Digest of education statistics,2001[R]. Washington,D. C. :U. S. Government Printing Office,2002.

[20] National Center for Education Statistics. 120 years of American education:a statistical portrait[R]. Washington, D. C. : U. S. Government Printing Office,1993.

[21] Newsweek International Edition. The Complete list:The Top 100 Global Universities[EB/OL]. (2006-08-13)[2006-09-05]. http://www.msnbc.msn.com/id/14321230/site/newsweek/.

[22] PEDERSEN O. The first universities: stadium generale and the origins of university education in Europe[M]. Cambridge,UK:Cambridge University Press,1997.

[23] Peterson's Guide to Four-Year Colleges. The Best 368 Colleges: Party Schools[EB/OL]. (2008-07-29)[2009-05-29]. http://www.princeton-review.com/schoollist.aspx type=r&id=737&RDN=1.

[24] REINALDA B, KULESZA E. The bologna process: harmonizing Europe's higher education[M]. Opladen: Barbara Budrich Publishers,2006.

[25] RIESMAN D. The academic procession. constraint and variety in American education[M]. Garden City,NY:Doubleday,1958.

[26] Times Higher Education Supplement. World University Rankings 2008[EB/OL]. (2008-10-09)[2009-05-29]. http://www.times higher education.co.uk/hybrid.asp? typeCode=243&pubCode=1.

[27] TROW M. From mass higher education to universal access:

the American advantage[J]. Minerva,1999,37:303-328.

[28] TROW M. American higher education: past, present, and future[J]. Educational Researcher,1988,7(3):13-23.

[29] TURNER R. Sponsored and contest mobility and the school system[J]. American Sociological Review,1960,25(October):855-867.

[30] University Metrics. Global university rankings [EB/OL]. (2006-11-15)[2009-05-29]. http://universitymetrics. com/gfactor2006top300.

[31] U. S. News and World Report. America's Best Colleges [EB/OL]. (2006-05-01) [2006-07-31]. http: //www. usnews. com/usnews/edu/college/rankings/brief/natudoc/tierl/tlnatudoc_brief. php.

[32] WEBER M. Economy and society[M]. Berkeley:University of California Press,1978.

从学术革命透视美国研究型大学崛起的内在力量*

陈　超

自 20 世纪中叶以来，美国研究型大学已经取代欧洲的大学成为世界大学的中心。从历史来看，美国研究型大学的崛起是与外部因素密不可分的，如第二次世界大战期间联邦科研经济的刺激、战后恢复重建和扩大入学的历史机遇、美国新经济时代的到来等，都为美国研究型大学的迅速崛起提供了难得的外部机遇和条件。但是，这些外部因素产生于美国特定的社会背景，不可能被移植和复制。依赖于外部偶发和随机力量也不可能是研究型大学崛起的稳健和常规道路。那么，美国研究型大学崛起的内部机制是什么？哪些内在力量在发挥作用？本文尝试对此进行初步探讨，以便为我国的研究型大学建设提供参考和借鉴。

一、学术革命的起源和发展

学术革命是指发生在高等教育领域的结构性、功能性和制度性的变革，包括大学的理念、目标和使命、结构和功能等各个方面的深层

---

* 本文原载于《清华大学教育研究》2012 年第 4 期。陈超，南开大学高等教育研究所副教授，主要研究方向为高等教育政策。

次变革。这种变革能够从根本上改变大学的性格特征，对世界各国的高等教育发挥示范性和方向性的作用。

(一) 第一次学术革命

关于第一次学术革命的起源有两种看法，第一种看法认为学术革命起源于19世纪初的德国。如王雁等人指出："从整个大学的发展史来看，毋庸置疑，19世纪初的洪堡改革引发了自中世纪以来的第一次学术革命，也就是'研究'进入大学。"[①] 第二种看法是以詹克斯、里斯曼、鲁道夫等为代表的美国学者的看法。詹克斯和里斯曼在《学术革命》一书中完全从美国大学和学院的历史、立场来分析学术革命的历程和维度。[②] 鲁道夫则认为，18世纪哈佛大学的课程改革留下了"革命的遗产"。[③] 不管第一次学术革命起源于何时何地，美国都是重要的参与者、继承者、受益者和创新者。19世纪，有一万多名美国学生在德国大学学习过，其中一半集中在柏林大学。在这些留德学生中，有一半以上是在德国大学的哲学院学习。这些留德学生回国后，有的直接参与创建了美国的研究型大学，如丹尼尔·吉尔曼帮助创立了美国第一所研究型大学约翰·霍普金斯大学并担任首任校长，安德鲁·怀特创建了康奈尔大学并担任首任校长，斯坦利·霍尔帮助创建了克拉克大学并担任首任校长。[④] 大部分留德学生成为美国研究型大学的教师，正如康奈尔大学原校长弗兰克·罗德斯指出的那样："许多美国新大学的教授本身就曾是这些德国研究生院的学生，这样，德国的学术影响

---

① 王雁、孔寒冰、王沛民：《两次学术革命与大学的两次转型》，《浙江大学学报（人文社会科学版）》2005年第3期。

② Christopher Jencks and David Riesman, *The Academic Revolution* (Chicago and London: University of Chicago Press, 1969), pp. 1-3.

③ Frederick Rudolph, *The American College and University: A History* (New York And Toronto: Random House, Inc. and Random House of Canada Limited, 1962), p. 23.

④ John S. Brubacher and Willis Rudy, *Higher Education in Transition: An American History: 1636-1956* (New York: Evanston Happer & Row, Publishers, 1958), pp. 172-173.

和它所创造的新知识就不知不觉地渗入到美国的课程当中。”[1] 可见，第一次学术革命对美国的冲击和影响几乎是无处不在的，它不仅表现在思想和理念的层面，而且深入到知识和课程领域。

（二）第二次学术革命

第二次学术革命是指19世纪六七十年代以“赠地运动”为起点的美国服务型大学的兴起并逐步取代德国成为世界大学的中心。从世界高等教育发展史来看，“赠地运动”对世界高等教育的影响不亚于“研究”进入大学对高等教育的影响，同样是革命性的。鲁道夫认为，赠地学院运动的意义主要有：它在合理性上吻合了杰克逊政府的脾气；它在很高的水平上发展了一批普通学院或大学；它成为美国社会和经济流动性的巨大推动力量；它将联邦政府和州政府牢固地联系起来，共同投入到支持高等教育的过程中；它第一次让美国人民获得了大众化的高等教育。此外，大量的赠地学院还有助于赠地理念获得社会声誉，以康奈尔大学为例，康奈尔的杰出不仅在于赠地理念中实践性的职业主义，还在于新大学运动中的科学、技术和学术精神。[2] 概而言之，赠地运动的影响主要有：首先，赠地运动新建了一批服务型大学，如德克萨斯农工大学、威斯康星大学（麦迪逊）、明尼苏达大学等。此外，布朗大学、达特茅斯学院、麻省理工学院、普渡大学、康奈尔大学等都获得了赠地基金的支持。这些大学将教学、科研和社会服务相结合，是当时世界上完全新型的大学类型，具有普遍的示范作用。其次，赠地运动直接改造了美国传统的大学和学院，促成了美国现代研究型大学的兴起，它通过开设农业和工艺方面的应用学科，以及进行应用研究与试验，将科学、技术和学术有机地结合起来，扭转了当时

---

① 弗兰克·罗德斯：《创造未来：美国大学的作用》，王晓阳等译，清华大学出版社，2007，第8页。

② Frederick Rudolph, *The American College and University: A History* (New York And Toronto: Random House, Inc. and Random House of Canada Limited, 1962), p. 265.

美国学院因过度偏重古典教育而陷于空疏无用的状态，将美国学院从19世纪70年代以前奄奄一息的状态中恢复过来并逐步转变为现代大学。因此，“赠地运动”是世界高等教育史上的第二次学术革命。

（三）第三次学术革命

第三次学术革命是指20世纪40年代以来美国高等教育的大众化及其带来的冲击和影响，即阿特巴赫所指的“高等教育大众化革命”[①]。詹克斯和里斯曼将高等教育大众化对社会分层的影响看作是一场学术革命，认为高等教育大众化使社会变得更加开放。[②] 大众化以后，大学不再是精英的殿堂，而是大众的学习场所；多校区大学、短期大学等新型大学机构正在兴起；妇女、少数族裔、退伍士兵纷纷进入大学校园，改变了大学生的构成；大学的管理不再是单一的管理，而是分化为学术管理、学生管理和商业管理等。亚瑟·柯亨认为：“30年（1945—1975）的高等教育大众化是高等教育的黄金时代，招生、财政、机构类型等所有的方面都扩大了……新的校园开放了，新的学生类型来到校园，新的课程被引入大学，所有的领域都加速了。”[③] 因此，高等教育的大众化不仅仅是一个事件或者一种现象，还是一种高等教育理念、结构、功能和管理的深刻变革。这场变革不仅改变了美国高等教育的进程和方向，而且改变了世界各国尤其是亚洲和非洲国家高等教育政策的方向。

（四）第四次学术革命

第四次学术革命是指20世纪80年代以后知识的资本化及美国创业

---

① 菲利普·阿特巴赫等：《全球高等教育趋势——追踪学术革命轨迹》，姜有国、喻恺译，上海交通大学出版社，2010，绪论第5—6页。

② Christopher Jencks and David Riesman, *The Academic Revolution* (Chicago and London: University of Chicago Press, 1969), pp. 90-140.

③ Arthur M. Cohen, *The Shaping of American Higher Education* (San Francisco: Jossey-Bass Publishers, 1998), p. 175.

型大学的兴起。以麻省理工学院、斯坦福大学为代表的一批研究型大学开始倡导大学的企业家精神并提出了创业型大学的理念和模式。在埃兹科维茨看来，美国大学经历了教学—研究—创业的线性发展过程，即从教学型院校发展到研究型大学再到创业型大学。他将这两次重要变化称为“第一次大学革命”和“第二次大学革命”。创业型大学是美国的“第二次大学革命”，其特征是将大学实验室的科学发现转化为产品，并拿到市场上出售。① 埃兹科维茨还概括了创业型大学的要素：（1）拥有团体研究的组织；（2）建立具有商业潜力的研究基础；（3）将研究作为知识产权转移出大学的组织机制；（4）具备在大学里组建公司的能力；（5）学术要素和商业要素整合成新的组织模式的能力，如大学——工业研究中心。前两个要素已然存在于研究型大学的模式之中，第三个是从研究型向创业型学术模式转变中的要素，而第四和第五个要素则是创业型大学的特征。② 斯劳特和莱斯利提出了更为激进的观点，他们认为学术创业主义或者创业活动过于委婉，不能完全表现利益动机向学术界的侵入，因而把研究型大学为了获得资源和资金而开展的一切市场活动或者符合市场特点的活动称为学术资本主义。③ 不管是知识的资本化，还是利益动机向学术界的侵入，第四次学术革命已然发生，并已经对传统的“学术型大学”发起挑战，并对 21 世纪世界高等教育的发展方向发挥着示范和引领作用。

---

① 亨利·埃兹科维茨：《创业型大学：美国的“第二次大学革命”》，周春彦编译，http://news.163.com/12/0222/06/7QRKFTP4OOO14AED.html，访问日期：2012 年 02 月 22 日。

② 王雁、孔寒冰、王沛民：《两次学术革命与大学的两次转型》，《浙江大学学报（人文社会科学版）》2005 年第 3 期。

③ 希拉·斯劳特、拉里·莱斯利：《学术资本主义：政治、政策和创业型大学》，梁骁、黎丽译，北京大学出版社，2008，第 8 页。

二、学术革命对美国学院和大学的影响

（一）学术革命促成了美国学院和大学哲学理念的革命

学术革命首先是教育观念和哲学理念的革命。从四次学术革命的经历来看，大学教育观念、哲学理念和逻辑思维的变革是学术革命的先导。这些理念或逻辑是对“大学是什么”及“怎么办大学”等问题的哲学思考和理论总结，并在这些理念下衍生出大学的使命和功能。卡贝尔认为，时至今日大学的使命和功能仍然面临着两难选择：大学是否应该包含研究还是仅仅教学，学生应该获得教学和教育还是仅仅培训他们，如何更好地服务社会。[①] 这些使命和功能的两难，实质上反映的是各种大学理念的冲突、争论和抉择。在 19 世纪之前，指导欧洲和北美大学的主要哲学理念有帕拉图以培训哲学家为目的的哲学院理念、培根的“科学之宫”和“所罗门之宫”理念、康德的自由社团理念和纽曼的绅士教育理念等。尽管这些古典大学理念在表述上千差万别，但都是围绕人才培养这个中心使命展开的，因而相对单纯。在古典大学理念的指导下，大学的主要使命是培训各种思辨人才或专业人才，如哲学家、科学家、牧师、医生、工程师等，教学几乎是大学的唯一功能。单纯的大学理念不具备冲突和变革的元素，因而在较长时间内维持了大学结构和功能的稳定。19 世纪以后，伴随柏林大学首次将“研究”“教学自由”和“学习自由”的理念引入大学，相对单一的大学理念融入了新的元素，研究成为大学的重要理念，并在后续的发展过程中取得主导和支配地位，从而引发了第一次学术革命。但是，德国大学所谓的研究更多地强调纯科学研究，远远脱离社会经济发展

① Alfonso B. Cabal, *The University as an Institution Today* (Paris: UNESCO Publishing, 1993), p. 29.

尤其是第一次工业革命的需要，因而它注定不可能成为引领大学发展方向的大学理念。与之相比，19 世纪大量美国学生到德国留学，将德国大学重视科学研究和学术自由的理念带回美国，并通过本土实用主义的改造，将德国的纯科学研究和美国社会经济的实际需要结合起来，从而更加全面地诠释了大学科研的真正价值和含义，并在此基础上引申出大学的社会服务功能，从而创造了现代意义上的研究型大学。正是从这个意义上说，美国是现代大学理念和研究型大学的真正缔造者。

（二）学术革命促成了美国学院和大学的管理革命

学术革命在改变着大学的本质和形态的同时，也在改变着大学的运行和管理。首先，学术革命促成了美国学院和大学管理理念的更新。在美国学院和大学中，契约管理是一种最基本的管理理念，正如康奈尔大学原校长罗德斯指出："900 多年来以来，大学效用的发挥一直依赖于一种社会契约……这种契约的管理者是董事会，它代表公众以受信托者和监管者的身份行使管理大学的权力。"① 董事会负责大学校长的任命、大学任务和目标的审批、项目监督、维持财政运转和维护校园秩序等。随着学术革命的不断发生和推进，美国学院和大学的事务变得越来越复杂。"美国的学院和大学，在从单一机构向复杂机构的转变过程中，不仅要用新型的学者来取代旧式的教授，而且需要一种新的执行官员、新的财政方法、新的管理领域，增长孕育着新的增长，如果不想陷入混乱的话，解决增长问题的办法就是有效地进行组织。"②为了有效地组织和管理大学，人本管理、全面质量管理、风险管理、科学管理、民主管理的思想逐渐被引入学院和大学，从而引发美国学院和大学管理理念的持续更新。其次，学术革命促成了美国学院和大

① 弗兰克·罗德斯：《创造未来：美国大学的作用》，王晓阳等译，清华大学出版社，2007，第 252 页。

② Frederick Rudolph, *The American College and University: A History* (New York And Toronto: Random House, Inc. and Random House of Canada Limited, 1962), p. 417.

学管理结构的分化。美国传统学院和大学的管理结构是非常单一的，即主要是董事会或治理委员会的管理，在业务上主要是教学管理。在学术革命的推动下，美国学院和大学的管理结构也随之发生了分化。校长从教师队伍中分离出来，成为董事会的代表。虽然大多数校长仍然继续教书，但他们绝大部分时间都用在筹款和处理学术社区的关系上。[①] 在校长为首的行政体制下，逐渐形成了一个管理阶层。按照柯亨的观点，这个阶层的兴起是在大学的转变时代（1870—1944）。在管理阶层形成的同时，教师的管理意识也开始觉醒，但是教师团体或者学术委员会的影响比较有限，它们更多的是顾问角色。最后，学术革命促成了美国学院和大学战略管理的兴起。20 世纪 50 年代以来，美国学院和大学纷纷启动了战略规划，战略管理逐渐成为美国大学管理的重要内容。在推动美国学院和大学战略管理的诸多因素中，学术革命无疑是决定性的内因之一。尤其是服务型大学和创业型大学的兴起，增加了大学的成本，加剧了大学目标的混乱和模糊，迫切需要加以规划和管理。巴德尔斯顿指出："今天，全美及世界其他地方的大学都有了其他共同的特征……它们面临着新的规划要求，并且需要明确的和理性的管理。"[②] 可见，学术革命和管理革命是紧密联系的。

（三）学术革命巩固和强化了美国学院和大学的研究功能

第一次学术革命诞生了研究型大学的理念，但是这种研究主要是纯科学研究，并没有摆脱古典哲学形而上和纯思辨的形式。美国留德学生将德国的大学理念带回国之后，通过创办新型的大学或者对本土的学院和大学进行改造，在学术型科研的基础上，增加了职业型、应用型科研的比重，推动了美国学院和大学向着现代大学转型。埃兹科

① Arthur M. Cohen, *The Shaping of American Higher Education* (San Francisco: Jossey-Bass Publishers, 1998), p. 85.

② Frederick E. Balderston, *Managing Today's University: Strategies for Viability Change and Excellence* (San Francisco: Jossey-Bass Publishers, 1995), p. 3.

维茨认为："将教学与研究结合起来的现代大学，出现在19世纪早期。从历史的角度看，大学和学院在19世纪晚期经历了一场革命性的变革，大学从原来主要是进行高等教育的机构，日益具有教学与科研两种社会功能。"① 发生在19世纪60年代的美国赠地运动，在推动这场革命性变革的过程中发挥了决定性的作用。它通过将科学研究、技术推广和社会经济发展联系起来，逐步塑造了有别于德国研究型大学的美国研究型大学。这种研究型大学建立在人才培养、科学研究和社会服务三大基础之上，较好地平衡了教学、科研、社会服务等方面的关系，代表了大学发展的新方向，因而很快赢得了社会声誉。到20世纪初，研究已经成为美国学院和大学的一项基本功能。盖格认为，1900年美国大学联合会（AAU）的成立意味着研究型大学成为美国高等教育体系中一个自觉的群体，尽管"研究型大学"这个提法仍然被认为是多余的，但是一所真正的大学已经开始包含高等学习、研究生教育和通过研究促进知识发展三个范畴。加利福尼亚大学、芝加哥大学、哥伦比亚大学、康奈尔大学、哈佛大学、约翰·霍普金斯大学、密歇根大学等16所大学是美国历史上第一批研究型大学，它们努力追求大学研究的量化指标，包括授予博士学位数量、图书馆藏书量及用于研究的资金数等。② 在两次世界大战之间及之后，伴随联邦科研经济的刺激，美国研究型大学迎来了发展的黄金时代。二战之后，美国的学院和大学迎来了"高等教育大众化革命"，它通过院校的分层定位，明确了各类型高等教育机构的地位和职能，一方面扩大了高等教育入学机会，实现了教育公平和民主；另一方面消除了大众化对研究型大学的压力，维护了研究型大学的精英地位和学术标准。进入20世纪晚期，创业型

---

① 亨利·埃兹科维茨等：《大学与全球知识经济》，夏道源等译，江西教育出版社，1999年，第2页。

② Roger L. Geiger, *To Advance Knowledge: The Growth of American Research Universities 1900-1940* (New York: Oxford University Press, 1986), Preface.

大学应运而生，其实质是大学利用自身的知识和能力生产新的知识并获得收益，大学的经济功能日益凸显并日益制度化。而这种经济功能归根结底取决于大学的知识生产能力，因此在这场革命中，大学的研究功能再一次得到强化。

三、思考和启示

（一）研究型大学建设必须重视内部积累和变革

从美国研究型大学崛起的经验来看，虽然外部因素尤其是联邦政府的干预发挥着举足轻重的作用，但是学院和大学的内部变革才是最持久和最强大的推动力量，包括公开选聘敢于创新、敢于任事并具有远见卓识的校长，吸收和保持高水平的师资力量，建设科学合理的学科机制，建立和完善激励制度，等等。近年来，我国大力推动世界一流大学和高水平研究型大学建设，取得了一些成绩。但是和西方发达国家相比，差距还非常明显。为何会出现这种事倍功半的效果呢？可能与我国建设研究型大学的指导思想和努力方向有关。我国研究型大学建设几乎都是外向型的，即主要是向外求索和学习，而忽视内部培育和挖掘。主要表现在：第一，西方尤其是美国的一流研究型大学被树立为学习目标，在急功近利的追赶过程中，常常忽略了对自身基础和潜能的关照和发掘。在已经预设了目标的前提下，建设工作大多是模仿和跟踪，很难成为高水平大学的缔造者和领跑者。事实上，无论是美国模式、德国模式、英国模式、法国模式，还是俄罗斯模式、中国模式、巴西模式、印度模式，都有其先进和合理的成分，都有成为世界大学中心的潜在可能。在成为世界大学中心的过程中，学习、传承甚至模仿都是必要的，但是开发和利用本土资源才是实现超越的根本之道。第二，单纯重视量化指标的实现，忽略文化和制度的建设。西方研究型大学的形成有其重要的文化和制度基础。譬如敢于创新、标榜个性、鼓励差异化、允许不同声音的存在、实用主义导向等，在这种文化之下诞生的学术理念和学术制度，如学术自由、非升即走、不发表就死亡、学术职业终身制、大学市场化等，更适合西方社会的土壤和社会经济的发展需要。但这些元素不一定适合其他国家的传统和国情，如何吸收改造这些元素的合理成分并挖掘和培育本土优秀的文化制度，是建设高水平研究型大学的关键。第三，偏重物质形式，忽视人的因素。近年来，我国在研究型大学建设上投入了大量的人力物力，物质基础有了较大的改善，这是很有必要的；但是，在投入过程中往往忽略了人的因素。美国研究型大学的崛起经验证明，研究型大学建设的关键在于人和制度，学术革命的实质是思想上、制度上和管理上的革命，最终要解决的是人的观念、管理和激励问题。因此，在今后的投入过程中，应该增加更多的资源和经费用于人的激励。

（二）大学理念的变革是研究型大学建设的先导

从历次学术革命的经历来看，哲学理念的变革是引发学术革命的先导性因素。第一次学术革命与自由主义哲学和法国启蒙思想有着深厚的渊源。作为柏林大学的创始人，洪堡本人深受自由主义和法国大革命的影响，尤其深受康德自由主义思想的影响。而康德自由思想的三条公论是人人自由、人人平等和人人自主。在自由主义思想的影响下，洪堡认为现代大学是“知识的综合”，提倡在大学实行教学与科研结合，并主张教学自由和学习自由，从而诱发第一次学术革命。德国大学的这种自由主义哲学传到美国以后，与美国本土的实用主义哲学发生了碰撞和融合，从而诱发 19 世纪 60 年代的第二次学术革命，这次革命催生了一批新型的赠地大学，并促使美国本土的学院和大学向着现代大学转型。20 世纪 60 年代以后，人力资本、知识资本的理论相继兴起，为第三次和第四次学术革命开启了思想之门，研究型大学进一步向着服务型大学、创业型大学发展。在我国研究型大学的建设过程中，尽管各种西方哲学理念不断涌入，但是居于核心和主导地位的哲学仍然是政治论哲学。在政治论哲学的指导下，大学表现出强烈的行政化和官僚化特征，不利于学术力量的培育和成长。我们应根据不同阶段的发展基础和发展要求，合理吸收各种哲学思维的精髓，构建适合我国国情的大学哲学理念。譬如实用主义、自由主义、市场主义（人力资本、知识资本）等都可以为我所用。在构建多元化大学哲学理念的过程中，要认真分析各种哲学理念的精华和适用条件，避免滥用和误用。譬如，实用主义绝不是没有原则，没有底线；自由主义绝不是放任自由，为所欲为；市场主义绝不是见钱眼开，唯利是图。我们的大学理念，应该是一种建立实用主义基础、以人为本、尊重知识、尊重市场、可持续发展的大学理念。所谓实用主义基础，是指具备调和各种矛盾和冲突的哲学思维；所谓以人为本，是指充分尊重人的价值和地位，把人的作用放在第一位；所谓尊重知识，是指强化和遵守学术规则，淡化和削弱行政规则；所谓尊重市场，是指鼓励和创造大学竞争机制；所谓可持续发展，是指大学的制度化和法制化。在实用主义哲学的指导下，我们所要建设的研究型大学，是扎根于我国的传统文化和现有国情，对西方先进大学模式保持开放姿态，能够保存、传播、创造和应用知识的多功能公益性机构。

（三）管理制度的改革是研究型大学建设的关键

从美国研究型大学的崛起来看，学术革命通常不会自己发生，大学也不会主动和自觉地转型。有效的管理是推动大学变革和转型的关键力量，包括大学校长强有力的领导、管理阶层的形成、管理理念的不断更新、管理职能的不断调整、塑造共同的价值目标等。与美国相比，我国研究型大学的管理还存在诸多问题，主要表现在：第一，大学管理体制还没有完全理顺。我国研究型大学实行的是党委领导下的校长负责制。虽然我国《中国共产党普通高等学校基层组织工作条例》和《中华人民共和国高等教育法》大致划分了书记和校长的职责和权力，但实际上二者的职权很难明确区分开。现实生活中往往是书记说了算，校长很难按照自己的意志独立决策和开展办学活动。有的学校书记和校长之间关系很紧张、矛盾很突出，造成政出多门、朝令夕改、下级部门无所适从。这种管理体制不能不对研究型大学的运行产生消极的影响。无论是坚持一个核心，还是实行党政一肩挑，都各有其利弊。因此，改革和完善党委领导下的校长负责制，关键还是在于正确定位校长和书记的角色和职权，并从顶层设计开始，将各自的职权细化并写入相关法律和大学章程。同时，选配德高望重、胸怀宽广、淡泊名利的人格优秀者担任书记和校长也是非常必要的。第二，缺乏强有力且具有远见卓识的大学校长。我国研究型大学的校长主要采用的是任命制，其来源主要有上级主管部门司局级领导空降、省市级地方主管领导平调、同级别兄弟院校交换、大学内部升迁四种渠道，目前尚显见面向全球公开招聘研究型大学校长的成功案例。校长的学历背景主要以理工科居多，任职年限一般为四年。这些特征决定了我国研究型大学很难产生敢作敢为、具有远见卓识和创新思维的大学校长。而向全球公开招聘研究型大学校长，并尽最大努力为校长办学创造宽松的内外部环境，应该成为我国研究型大学建设的一项制度性内容。第三，管理就是服务的思想尚未形成。在美国的学院和大学，管理就是服务的思想根深蒂固、深入人心。从事管理不仅不能给管理者个人带来私利和好处，反而要牺牲个人的时间和精力，因此管理还意味着奉献。然而在我国，管理是一种权力形态，这种权力几乎可以支配和决定学校的一切，包括资源的分配、学科发展方向的确定、职称评审、人事任免等。人们对管理权力的追逐和获取，大都不是为了更好地服务于大学和他人，而是将之作为个人晋升的渠道，甚至是个人权力意志的展现和炫耀。学术革命就是要摧毁这种晦暗、利己、阻碍学术发展的思想观念和结构体系，塑造崇高、利他、促进学术发展的思想观念和结构体系。只有通过学术革命树立管理就是服务的观念，才可能加速建设高水平研究型大学。

总之，学术革命引发了美国学院和大学理念、使命、结构和功能的变革，确立了研究和学术自由在现代大学中不可替代的地位和作用，并建立起一系列有利于科研活动的现代大学运行和评价制度，从根本上推动了美国研究型大学的崛起。以理念革新、功能拓展、结构转型和管理革命为支柱的美国学术革命，对我国的研究型大学建设有着现实的借鉴意义。

参考文献

[1] 罗德斯. 创造未来：美国大学的作用 [M]. 王晓阳，蓝劲松，译. 北京：清华大学出版社，2007.

[2] 王雁，孔寒冰，王沛民. 两次学术革命与大学的两次转型 [J]. 浙江大学学报（人文社会科学版），2005（3）：162-168.

[3] COHEN A M. The shaping of American higher education[M]. San Francisco：Jossey-Bass Publishers，1998.

[4] JENCKS C，RIESMAN D. The academic revolution[M]. Chicago and London：University of Chicago Press，1969.

[5] RUDOLPH F. The American college and university：a history [M]. New York And Toronto：Random House，Inc. and Random House of Canada Limited，1962.

学术内外因素与20世纪上半叶美国研究型大学的发展*

谷贤林

20世纪上半叶美国研究型大学的发展是高等教育内外因素共同作用的结果。其内部因素主要表现为1900年美国大学联合会的建立；而外部主要有来自基金会和个人的私人资本、学术交流与欧洲优秀人才的流入及政府的支持等相关因素的影响。分析这些因素在美国研究型大学发展过程中的作用，不仅有助于准确地把握研究型大学发展的脉搏、经验与规律，对于如何利用各种有利因素促进我国研究型大学建设也有着重要的借鉴意义。

一、美国大学联合会的建立

19世纪后期，随着一批新大学的建立和传统院校的转型，美国研究生教育得到了快速发展。然而在发展的同时也出现了两方面的问题。一是由于缺乏一个得到广泛认可的统一的标准，在美国的不同学校之间授予的博士学位质量参差不齐。二是有一些学校把最高的博士学位当作一种荣誉学位，这既影响了美国博士学位的声誉，也给美国研究

---

* 本文原载于《清华大学教育研究》2012年第4期。谷贤林，北京师范大学教育学院副教授，主要研究方向为比较高等教育、高等教育管理。

生教育的发展带来了潜在的危险。在这种情况下，为维护博士学位的尊严，经哈佛校长埃利奥特倡议，1900 年 2 月 27 日—28 日来自美国西部的加利福尼亚大学和斯坦福大学，中西部的芝加哥大学、密歇根大学和威斯康星大学，东部的哈佛大学、耶鲁大学、哥伦比亚大学、普林斯顿大学、康奈尔大学、宾夕法尼亚大学、约翰·霍普金斯大学、克拉克大学和天主教大学共 14 校的代表聚集在芝加哥大学召开会议，旨在建立统一的博士学位标准，讨论研究生教育的入学要求、非博士授予学校的教育质量及由谁来实施这些标准等问题。这次会议不仅宣告了美国大学联合会①（Association of American Universities，AAU）的诞生，同时也是美国研究型大学首次作为一个群体出现在美国高等教育的历史舞台上。这对后来美国高等教育和研究型大学的发展产生了重要的影响。

其一，由于在 AAU 成立前，美国一直没有出现德国高等教育部门希望的能够对美国高等学校学位质量进行评估的机构，所以当美国大学联合会成立时，德国希望它承担起这样的职责，以便德国录取美国的学生。这使美国大学联合会成了美国学院和大学的鉴定机构。1904 年柏林大学和其他的德国及荷兰的大学宣布承认美国大学联合会成员学校的学士学位和德国相当，“其毕业生被认为是为研究生教育作准备”后，这些欧洲大学的决定进一步强化了美国大学联合会的性质、规模和职能。此后美国大学联合会于 1908 年创立了“美国学院标准化委员会”（committee for standardizing American colleges），为学术工作提供标准。“在差不多半个世纪的时间里，美国大学联合会一直承担着学术标准评判者的角色。”② 其二，由于构成 AAU 学校的共同特征是

① William Selden, "The AAU-Higher Education's Enigma," *Saturday Review* 19,(1966):76.

② William Selden, "The AAU-Higher Education's Enigma," *Saturday Review* 19,(1966):76.

“高深的学习、研究生教育和通过研究增进知识”，所以它不可能接纳所有的高等学校。在1900—1910年，AAU接纳的高等学校是8所，在1910—1920年仅接纳了2所，1920—1930年是5所，其中有2所是加拿大的大学，1930—1940年是4所。这些学校所享有的声望“对那些正处于发展之中而又希望加入这一排外俱乐部的高等学校产生了巨大的影响”① 和示范效应。其三，“美国大学联合会的成立还预示着整个高等教育系统不言自明的分工：一部分大学凭借它们从事的研究生教育和研究，从整个系统中分化出来自成一个系统，并处于声望等级的顶端”②。这些研究型大学所获得的位置不仅标志着美国高等教育新结构的出现，也成为美国高等教育系统一个持久的特征。

目前，美国大学联合会共有63位成员，除1926年加入的加拿大的麦吉尔大学和多伦多大学外，其他的61所高校都是美国的大学。根据卡内基教学促进会2000年的分类，它们都是研究型大学。与美国的非AAU研究型大学相比，“AAU大学的院士数量是非AAU大学的21.68倍，发表论文数是其5.47倍，获得的联邦研究资助是其3.46倍，博士学位授予数和博士后数也大大高于非AAU大学”。③

二、基金会的影响

进入20世纪后，美国的基金会有了较大幅度的增长。据不完全统计，到1946年，美国有一定规模的基金会共有506家。它们对美国研

① Roger L. Geiger, *To Advance Knowledge: The Growth of American Research Universities, 1900-1940*(New York: Oxford University Press, 1986), p. 19.

② 伯顿·克拉克：《研究生教育的科学研究基础》，王承绪译，浙江教育出版社，2001，第265—268页。

③ 清华大学公共管理学院专题研究组：《创建世界一流大学：AAU提供的参照与借鉴》，《清华大学教育研究》2003年第3期。

究型大学的发展起到了非常重要的作用。

第一，为研究型大学的发展提供资金。20 世纪之后，由于基金会在资助高等教育时奉行“帮助强的而不是满足弱的需要”的原则，它们的捐赠主要流向了研究型大学。到 1920 年，约翰·霍普金斯大学和斯坦福大学教育花费的 70%以上、哈佛大学和耶鲁大学教育花费的 50%以上、普林斯顿大学和哥伦比亚大学教育花费的 50%都来自捐赠。作为一项稳定的财源，基金会的捐助对美国研究型大学度过 20 世纪 30 年代的经济危机、保持稳定和发展起到了至关重要的作用。

第二，支持研究型大学的科学研究。表现为：（1）资助学者。据统计，在 20 世纪的最初 20 年里，大基金会为在加州理工、康奈尔、范德比尔特、哈佛、斯坦福、罗切斯特和芝加哥等大学任教和领导研究的三分之二的顶尖学者提供了资助。这不仅为研究型大学培养和扶植了一大批学术精英，也促进了美国科学的发展。（2）为研究提供资助。这项工作主要由洛克菲勒基金会承担。1923—1928 年，它先后向加州理工、普林斯顿、芝加哥、康奈尔、斯坦福和哈佛大学捐赠 2000 万美元，用于资助这些大学的科学研究或建立实验室，使这些大学的科研能力得到了进一步提升和发展。（3）资助新兴学科。以分子生物学为例，20 世纪 30 年代，在其刚刚产生、还未形成独立学科，政府和产业界不愿资助时，为扶持这一具有潜在价值但风险极高的领域，除麻省理工学院（MIT）外，洛克菲勒基金会向美国所有从事这一领域研究的研究型大学都提供了资助。这些大学的研究大大地促进了人们对生物进程中物理和化学本质的理解，以及对维生素与荷尔蒙的作用、蛋白质的本质、呼吸系统的化学特性等的认识。同时，这些研究还促进了一些重要的科学发明与应用的出现，如超高速离心机、粒子加速器、X 射线的衍射、放射性同位素试剂等。除洛克菲勒基金会外，20 世纪上半叶，卡内基基金会和摩根基金会等也对大学的自然科学研究进行了资助，但与洛克菲勒基金会相比，它们还存在很大的差距。洛克菲勒基金会的捐赠曾经占全部基金会赠款的35%，社会科学赠款的64%，自然科学赠款的72%。总的来说，“这些年里，在提高研究型大学的科学研究能力方面，基金会起着不可或缺的作用”①。

三、学术交流与欧洲学者流入的影响

学术交流。20世纪上半叶，美国与欧洲国家间的学术交流与基金会的作用是分不开的。在第一次世界大战前，尽管美国的科学家在很多领域做出了贡献，然而在国际上水平处于最顶端的只有遗传学、地质学和天文学。第一次世界大战爆发后，德国的科学技术水平使美国的有识之士和大基金会认识到必须进一步加强科学研究。在这种情况下，洛克菲勒成立了国际教育委员会（International Board of Education)，一方面设立国际奖学金，资助美国与欧洲学者开展交流；另一方面，对自然科学研究进行捐助。到1926年，有126名欧洲和美国年轻的顶尖科学家在奖学金的资助下获得了到国外学习和工作的机会。欧洲年轻科学家在美国开展的研究工作和美国学者在欧洲获得的最高水平的训练，使美国科学在相关领域得到了飞速发展。另外，国际教育总会还给自然科学拨款1200万美元，对不同国家的大学和学者进行资助，一些欧洲著名的大学和机构，如丹麦的哥本哈根理论物理研究所，瑞典、挪威、荷兰和瑞士等国的专业实验室，德国哥廷根大学的物理和数学学院等从那时起都得到了它的资助。与此同时，一些举世闻名的欧洲科学家如玻尔、海森堡、爱因斯坦和奥本海默等也是其受益人；而在后来参加美国“曼哈顿工程”的主要科学家中，有23个取得关键性成就的科学家曾受到过它的资助。除洛克菲勒外，在这

---

① Roger L. Geiger, *To Advance Knowledge: The Growth of American Research Universities, 1900-1940* (New York: Oxford University Press, 1986), p. 173.

个阶段，古根海姆纪念基金会、国家研究委员会也通过设立项目或奖学金，资助美国学者到欧洲学习。经过十年左右的努力，美国不仅在量子力学、核物理学和天文学等方面超过了欧洲，发展成为世界的中心，在其他领域也赶上了欧洲最先进的水平。在加州理工、密歇根、加利福尼亚、普林斯顿和芝加哥等大学都建立起了卓有成就的、当时处于科学发展最前沿的核物理学中心。

欧洲学者流入。20 世纪上半叶，大量欧洲优秀学者的流入也是促进美国研究型大学发展的一个重要因素。自 1933 年 4 月德国大学解聘第一个非雅利安人教授起，数年之内被解聘的德国教授就超过了 1600 人，这些人中有很多在 1933—1940 年移民到了美国。据战后美国的一项调查显示，在流入美国的 707 位前欧洲大学教师和 424 位在大学之外机构工作的科学家和学者中，第一批有 523 位，第二批有 130 位在美国获得了学术职位。到 20 世纪 30 年代末，这些从欧洲流入的学者占美国大学教授总数的 0.5%。[①] 从分布来看，在 1933—1937 年移入美国的学者主要分布在康奈尔、斯坦福、哥伦比亚、伊利诺伊、普林斯顿高等研究院和约翰·霍普金斯等一流的大学和机构；而在 1938—1940 年移入美国的学者主要分布在正处于发展中的加州理工、罗切斯特、乔治·华盛顿、卡内基理工和普渡大学等院校。除爱因斯坦、弗兰克、海斯和费米在移入美国之前就已经获得诺贝尔奖外，到 1969 年这些欧洲学术移民中又有斯特恩、布洛克、塞格雷、贝蒂等 24 人获得了诺贝尔奖；而在没有设立诺贝尔奖的数学领域，在 1965 年美国科学院数学部的 51 个院士中，有 14 人是来自欧洲的移民。学术移民不仅提高了美国大学的学术水平，促进了研究型大学学科的发展，更为重要的是，

---

① Roger L. Geiger, *To Advance Knowledge: The Growth of American Research Universities, 1900-1940* (New York: Oxford University Press, 1986), p. 241.

在一个学术研究基础相对薄弱的时代，他们拓展了美国学术研究的基础。①

四、校友、资金募集运动与政府的影响

校友的影响。从19世纪末起，美国研究型大学开始经常性地向自己的毕业生寻求资助。这一方面是受教会募集资金的启示，② 另一方面由于很多的私人捐赠都规定用于建筑或带有指定用途，无法解决大学因规模扩大而增加的其他费用。因此，寻求更多的不带限制的资金以满足学校不断增长的一般需要成为这些研究型大学共同面对的基本问题。在这方面最具有代表性的是1890年“耶鲁校友基金”的建立和1905年在哈佛大学产生的“班级礼物”。它们的出现标志着美国研究型大学的捐赠开始向组织化方向发展。在耶鲁校友基金建立的第一年，385个耶鲁毕业生向母校捐赠了11 000美元。之后，随着捐赠数额的不断增长，他们建立了校友捐赠基金本金，每年向耶鲁捐赠本金的利率收入，使之成为耶鲁永久捐赠的一个独立部分。1905年，校友基金的本金超过了10万美元，年捐赠增长到23 000美元，10年后，本金突破了100万美元，年捐赠上升到了10万多美元。随着基金的本金从1910年占耶鲁大学全部捐赠的4%上升到1920年的8%，每年给大学的捐款也从1910年大约占耶鲁大学学费收入的10%上升到20世纪20年代中期的20%。③ 哈佛大学的班级礼物虽然在方式上与耶鲁大学不

---

① Roger L. Geiger, *To Advance Knowledge : The Growth of American Research Universities ,1900-1940*(New York:Oxford University Press,1986),p. 245.

② Roger L. Geiger, *To Advance Knowledge : The Growth of American Research Universities ,1900-1940*(New York:Oxford University Press,1986),p. 6.

③ Roger L. Geiger, *To Advance Knowledge : The Growth of American Research Universities ,1900-1940*(New York:Oxford University Press,1986),pp. 49-50.

同，但结果却基本一致。1905 年，哈佛大学 1880 年级班的学生在举行他们入校 25 周年庆的时候，向母校捐献了 10 万美元不带限制的赠款，之后哈佛的所有班级在举行类似活动时都采用了同样的方式，使班级礼物在几年之后不仅在数量上与耶鲁校友基金的本金大致持平，而且也成为哈佛大学的一个永久性财源。这种来自校友的捐赠对美国研究型大学的发展产生了深远影响。（1）由于这些捐赠在性质上不带限制，大学可以用它来解决在发展中遇到的任何问题，这有利于研究型大学按照内在的逻辑发展。（2）它不仅帮助美国的研究型大学尤其是私立研究型大学度过了因第一次世界大战和 20 世纪 30 年代经济萧条所引发的经费危机，而且为研究型大学提供了一个稳定的永久性财源。（3）更为重要的是，这种来自校友的广泛支持保证了研究型大学在学术上的自由。（4）因校友基金和班级礼物的示范作用，这种校友组织形式后来被广泛地用来解决研究型大学的其他问题。这既巩固了校友对大学的忠诚，也强化了大学与校友的联系。

资金募集运动的影响。20 世纪上半叶，为了获得更多的不带限制的资金，美国研究型大学在利用校友捐赠的同时，也开展了资金募集运动。与 19 世纪相比，这个阶段的资金募集运动具有两个特点：一是数额不断增大。1901 年耶鲁大学为 200 年校庆募集资金 200 万美元，加之随后为永久性的捐赠资金开展的两次资金募集运动，到 1910 年，耶鲁所获得的赠款总共才达到 600 万美元左右。而哈佛大学在 1919—1920 年开展募集资金运动时，一次筹款便达到了 1400 万美元，1926 年耶鲁又将这一数字提高到了 2000 万美元。在这两次筹款运动中，校友所占的比例哈佛是 94%，耶鲁是 97%。二是引进专业公司，在管理与操作上实现专业化。在 1919—1920 年哈佛开展的资金募集运动中，哈佛与专业的约翰·琼斯公司合作，借助其分布在全国 70 个地区 3000 名资金募集运动工作人员的帮助，哈佛第一次面向全社会筹款。哈佛这次筹款运动所具有的基本特征直接影响了今天大学这类活动特征的形成。除哈佛外，在20世纪上半叶，耶鲁、斯坦福、约翰·霍普金斯、宾夕法尼亚、康奈尔、芝加哥、普林斯顿、明尼苏达、密歇根、加利福尼亚和其他的大学也都开展了这种实行专业化管理与运作的资金募集运动，为学校的发展筹集资金。这些募集到的资金对20世纪上半叶一些私立研究型大学克服因战争和经济危机而引发的办学经费困难起到了不可或缺的作用。

政府的影响。第二次世界大战以前，美国联邦政府对研究型大学发展的影响相当有限。私人基金会不仅是美国高等教育的实际管理者，[①] 也是研究型大学发展的资金提供者和研究型大学科学研究的主要支持者。直到第二次世界大战，美国联邦政府才开始考虑把大学的基础研究和训练作为促进国家经济发展、确保国家安全和健康的资源。[②] 然而，与联邦政府不同的是，在这个阶段，加利福尼亚、伊利诺伊、密歇根、明尼苏达和威斯康星等公立研究型大学都得到了州政府的资助。1900年州政府给这5所公立研究型大学拨款占各校全部经费的比例在58%—100%；到1920年这一比例下降至72%—87%。在州政府的影响下，州立大学的物质设施在20世纪的前15年里增长了4倍，研究资源、图书资料与科研设备增长了5倍。从20世纪20年代到20世纪40年代，州政府继续给这些大学拨款，州政府的拨款一直占公立研究型大学全部经费的50%左右。此外，州政府还拿出大量的经费为大学建立实验室、图书馆和其他建筑，并划拨专款支持大学的学术研究。由于州政府的支持，20世纪上半叶美国主要的公立研究型大学在学术上逐渐接近私立研究型大学，这使美国研究型大学呈现出公私立并行、彼此竞争、相互补充和促进、共同发展的局面。

---

① Alain Touraine, *The Academic System in American Society* (New Brunswick: Transaction Publishers, 1997), p. 131.

② 伯顿·克拉克：《研究生教育的科学研究基础》，王承绪译，浙江教育出版社，2001，第268页。

五、20 世纪上半叶研究型大学发展的特点

研究型大学数量增长、规模扩大。“20 世纪美国研究型大学出现的恰当标志与具体体现是 1900 年美国大学联合会的建立。”① 这也就是说，在这个阶段，一所大学能否是研究型大学取决于它是不是美国大学联合会的成员。1900 年美国大学联合会在成立时有 14 个成员，到 1950 年增加到了 33 个。除去其中的两所加拿大大学和最初的 14 个成员之一、后来停办的克拉克大学，50 年里美国研究型大学实际增加了 18 所，总数达到了 31 所。

在数量增长的同时，美国研究型大学的规模也有了进一步扩大。在 1894 年，尽管研究型大学是美国最大大学的主体，然而在它们当中也仅有哈佛、密歇根、宾夕法尼亚和耶鲁 4 所大学学生人数超过了 2000 人，而到 1939 年，除加州理工、约翰·霍普金斯、麻省理工和斯坦福等小型的私立研究型大学外，即使人数最少的耶鲁大学，学生也在 5000 人以上。哈佛大学 8209 人、宾夕法尼亚大学 7347 人、芝加哥大学 6011 人、哥伦比亚大学 8008 人、康奈尔大学 6949 人；而加州伯克利、伊利诺伊、威斯康星、密歇根和明尼苏达 5 所公立研究型大学的学生数则都在万人以上，最多的是伯克利，学生 17 744 人，最少的威斯康星大学也有学生 11 268 人。

更加重视研究。这主要表现在以下两个方面。第一，研究经费不断增加。在 20 世纪初，美国研究型大学几乎没有用于科学研究的经费，但从 1910 年开始这种情况逐渐发生了变化。到 20 世纪 30 年代后期，主要研究型大学用于研究的经费在 200 万美元以上的有加州大学、芝加

① Roger L. Geiger, *To Advance Knowledge : The Growth of American Research Universities ,1900-1940*(New York:Oxford University Press,1986),p. 18.

哥大学、哥伦比亚大学、哈佛大学、伊利诺伊大学和密歇根大学；在150万美元—200万美元的有康奈尔大学、明尼苏达大学、威斯康星大学和耶鲁大学；在100万美元—150万美元的有麻省理工学院和宾夕法尼亚大学；在100万美元以下的有约翰·霍普金斯大学、普林斯顿大学、斯坦福大学和加州理工学院。① 第二，要求教师将更多的时间用于研究。20世纪早期，对绝大多数美国大学教师来说，他们想要进行研究，唯一的可能性只能是在他们完成教学工作之后。科研活动基本上是教学工作之外的副业。到1940年哈佛大学、耶鲁大学、哥伦比亚大学、加州理工学院和加州大学都要求它们的教师至少有一半的时间用于研究，教学负担甚至可以降低至每周2—3个小时。即便是在学生人数多、教学负担重的其他公立研究型大学，也要求教师有四分之一的时间专门用于研究。在某段时间里全身心地投入研究已成为研究型大学教师和非研究型大学教师工作特征的主要差异。

形成了多样化的财源体系。20世纪上半叶，美国研究型大学的发展既有来自基金会、校友等私人资本的帮助，也受到了政府直接或间接的支持。这种多样化的资金筹措与来源方式不仅确保了美国研究型大学在发展过程中所需的经费，也为其财源体系多样化特点的形成奠定了基础。它对后来美国研究型大学的发展产生了重要影响：一方面它避免了由于经费来源单一化而可能产生的经费不足；另一方面它也有助于防止因此而可能形成的权力垄断，确保了大学的自治，这为研究型大学的发展赢得了最适宜的学术生态环境。

参考文献

[1] 克拉克. 研究生教育的科学研究基础［M］. 王承绪，译. 杭

① Roger L. Geiger, *To Advance Knowledge: The Growth of American Research Universities, 1900-1940* (New York: Oxford University Press, 1986), p. 232.

州：浙江教育出版社，2001.

[2] GEIGER R L. To advance knowledge：the growth of American research universities，1900-1940[M]. New York：Oxford University Press，1986.

[3] SELDEN W. The AAU-Higher education's enigma[J]. Saturday Review，1966，(19)：76-77.

大学知识生产“动力源”解读*

——对美国研究型大学科研崛起的分析

朱冰莹　董维春

一、研究背景：美国研究型大学的“世界中心”地位

美国高等教育学家菲利普·G. 阿特巴赫（Philip G. Altbach）认为，当今世界高等教育已经形成了“边缘与中心”的格局。几种对世界顶尖大学的排名都表明，主要的研究导向的大学集中于极少数国家。① 上海交通大学高等教育研究院的世界一流大学研究中心自 2003 年以来发布世界大学学术排名（ARWU），近 9 年的数据表明，美国大学在世界大学 Top 100 排名中所占的比例均超过半数。进一步分析得出，排名越靠前，美国大学所占比例就越高。前 50 名中，美国大学所占比例在 70%左右；前 20 名中，除 2003 年为 75%以外，2004—2011 年所占比例均高达 85%；前 10 名中，美国大学一直稳占 8 席（如表 1 所示），只有英国的牛津大学和剑桥大学可以跻身其中。在其他排名系统，如

---

* 本文原载于《高教探索》2013 年第 6 期。朱冰莹，南京农业大学农村发展学院讲师；董维春，南京农业大学公共管理学院教授，南京农业大学校长助理，发展规划与学科建设处处长。

① 菲利普·G. 阿特巴赫：《高等教育变革的国际趋势》，蒋凯主译，北京大学出版社，2009，第 70 页。

在《美国新闻与世界报道》、英国《泰晤士报》（高等教育副刊）中，美国大学均遥遥领先。

表 1　ARWU 中美国大学分布情况（2003—2011 年）

排名	项目	2003 年	2004 年	2005 年	2006 年	2007 年	2008 年	2009 年	2010 年	2011 年
Top 10	数量	8	8	8	8	8	8	8	8	8
	百分比	80%	80%	80%	80%	80%	80%	80%	80%	80%
Top 20	数量	15	17	17	17	17	17	17	17	17
	百分比	75%	85%	85%	85%	85%	85%	85%	85%	85%
Top 50	数量	35	36	37	37	37	36	36	35	34
	百分比	70%	72%	74%	74%	74%	72%	72%	70%	68%
Top 100	数量	56	50	53	54	54	53	55	55	53
	百分比	56%	50%	53%	54%	54%	53%	55%	55%	53%

资料来源：上海交通大学高等教育研究院世界一流大学研究中心：世界大学学术排名，http://www.shanghairanking.com/rankings/arwu/2021.

在“边缘与中心”的格局中，美国高水平研究型大学群在世界高等教育中的绝对领先优势是毋庸置疑的。在众多促使美国大学获得成功的因素中，科学研究的卓越，无疑是其中的关键性因素之一。本文将以美国研究型大学科学研究的崛起为脉络，对研究型大学知识生产的“动力源”加以解析。

二、分析框架：知识生产的动力模型

从哲学理论上讲，知识生产亦可分为个体知识生产和社会知识生产，知识生产是个体知识生产与社会知识生产相互作用的产物。个体知识生产遵循合理性（rationality）原则，即知识有其内部的逻辑标准（“真理标准”），个体知识生产以这一标准为前提。社会知识生产遵循合法性（legitimization）原则，即在好奇心驱动下的个体知识在符合客观事物的逻辑必然性标准的基础上，还需经过一个知识的社会评价与选择过程，以符合人类需求和社会需要。① 个体知识生产是知识生产的源泉，社会知识生产则是对多样化的个体知识整合的结果。

伯顿·克拉克（Burton R. Clark）基于政府、市场及大学对高等教育影响不断增强的趋势，将国家权力、市场力量和学术寡头作为通过其相互作用，决定协调高等教育系统的三种势力，并把这些势力合为一个图形，称作协调三角形。② 基于这一视角，笔者认为，大学知识生产的动力亦可界定为由政府、产业界和学术主体构成的“协调三角形”（如图 1 所示）。

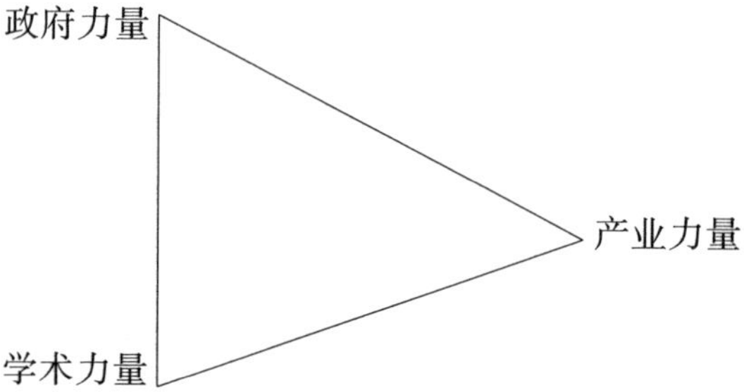

图 1　大学知识生产动力模型

学术主体（以教授、学生等为主的学术群体）作为大学知识生产的内在动力，所从事的知识探究活动是促进知识存量增加的根本力量。

---

① 茹宁：《国家与大学关系的哲学分析》，博士学位论文，南开大学，2007，第 19—20 页。

② Burton R. Clark, *Academic Culture*, *Yale University* (Higher Education Research Group, Working Paper, 1983), p. 42.

同时，随着大学的知识生产对科研条件和外部资金要求的不断提升，以及社会各领域对知识依赖程度的不断增强，大学知识生产不再仅仅是好奇心驱动下的个体自由探索活动，还是回应社会需要、承担相应职能分工的必然结果。美国研究型大学的发展轨迹，充分验证了不同历史时期内，三方力量对大学知识生产的推动作用，而其最终形成的合力，成为促使科学研究在美国研究型大学崛起，以及美国研究型大学"世界中心地位"形成的内在机理。

三、美国研究型大学的缘起：学术主体的主导作用

在 20 世纪初至二战以前，研究型大学在科学研究，特别是基础研究上所做的努力，被一些学者所忽略。有研究认为"二战是基础研究在美国研究型大学中发展的起源"[①]。事实上，在二战以前，科学研究在美国研究型大学已趋于成熟。在德国大学理念的深刻影响下，19 世纪末，众多美国学者赴德留学，他们成为日后美国高等教育制度的奠基人和学术界的巨人，包括哥伦比亚大学校长弗雷德里克·巴纳德（Frederick Barnard）、哈佛大学校长查尔斯·艾略特（Charles Eliot）、威斯康星大学校长查尔斯·亚当斯（Charles Adams）及约翰·霍普金斯大学校长丹尼尔·吉尔曼（Daniel C. Gilman）等。学术主体成为这一时期推动大学知识生产发展的主导力量。

（一）吉尔曼"学术研究中心地位"理念：学术主体主导知识生产的思想渊源

1876 年，约翰·霍普金斯大学创建，它的创立，使授予博士学位和开展研究生教育成为一所学院上升为大学的标志。学者们第一次能

---

① 梁彤、李驹：《美国研究型大学及其基础研究》，《清华大学教育研究》2005 年第 2 期。

够在自己的专业领域把教学和研究创造性地结合起来，标志着美国高等教育由学院时代进入大学时代。首任校长丹尼尔·吉尔曼在就职演说中宣称，“学术研究将是这所大学教师和学术的前进指南和激励器，知识的获取、保存、提炼和整理将是这所大学的主要目标”①，从而为研究型大学知识生产职能的崛起提供了思想基础。

（二）研究生院的创办和博士学位的设立：学术主体主导知识生产的组织建制

基于对研究的高度重视，研究生教育成为大学最重要的组成部分。霍普金斯大学成立之初，吉尔曼便在学习德国大学研究生培养模式的同时，“结合美国的实用主义文化和社会现实需求，设立专门的研究生院和博士学位，开始了研究生的大规模制度化培养”②。据统计，1876年，霍普金斯大学成立时，美国大学的研究生总数为 389 人；到 1900年，研究生数量升至 5831 人。③ 这为研究型大学规模化地知识生产提供了制度基础和人才保障。

（三）教学与研究相结合：学术主体主导知识生产的路径选择

教学与研究相结合的培养机制也成为知识生产发展的有效路径。“在大学，教学是关键的，研究则是重要的。”④ “教学”和“研究”是互为补充的，“学术研究可以造就更好的教师，教学可以造就更好的研究者”⑤。习明纳（Seminar）、研讨班、研究所等培养模式在研究生院

---

① 沈红:《美国研究型大学形成与发展》，华中理工大学出版社，1999，第 32 页。

② Lee C. Deighton, *The Encyclopedia of Education* (New York: The Macmillan Co. The Free Press, 1971), p. 185.

③ S. Willis Rudy, "The Revolution in American Higher Education, 1865-1900," *Harvard Educational Review* XXI, (1951): 169.

④ Flexner Abraham, *Daniel Coit Gilman: Creator of the American Type of University* (New York: Harcount, 1946), p. 63.

⑤ Hugh Hawkins, *Pioneer: A History of the Johns Hopkins University, 1874-1889* (New York: Cornell University Press, 1960), pp. 63-65.

的组织建制内，在规模化的研究生培养层次上得以实施。普林斯顿大学校长亚伯拉罕·弗莱克斯纳（Abraham Flexner）认为：正是吉尔曼创造了自那以后在美国被广泛采用的教学与科研相结合的模式，才使得科研，特别是基础研究成为美国大学的一个突出和首要的特征，① 为研究型大学规模化地知识生产提供了行之有效的发展路径。

（四）科学选聘标准与客座讲授制：学术主体主导知识生产的人才保障

高水平大学及科学研究的崛起，必须将大学有限的资金用在“人”上。② 因而聘任科研型教师成为以霍普金斯大学为代表的美国研究型大学的又一重要举措，吉尔曼在聘任一流教师上付出了巨大努力，“他们可能不太懂得培养青年人的技巧，但是在科研领域却有广阔的发展前景”③。霍普金斯大学办学之初便组建了一支实力雄厚的师资队伍。“正是优秀的研究型教师群体的声望和他们在研究生教育上的巨大投入，才使得霍普金斯大学成为研究型大学的象征。”④ 吉尔曼采取的最为重要的策略还在于引入客座讲授制。许多外校的教授和学者接受邀请来霍普金斯大学的讲堂举办了很多讲座。众多学生被邀请到讲座中来，一些公共讲座也吸引了部分校外公众的参与。⑤ 通过这些著名教授学者的学术声望，不仅可以提高学生们的学术能力，还能从整体上提升大

---

① Abraham Flexner, *Daniel Coit Gilman : Creator of the American Type of University* (New York: Harcount, 1946), p. 101.

② Richard Hofstadter and Wilson Smith, *American Higher Education : A Documentary History* (Chicago: University of Chicago Press, 1961), p. 649.

③ Charles C. Bishop, "Teaching at the Johns Hopkins: The First Generation," *History of Education Quarterly* 27, No. 4(1987): 503.

④ Charles C. Bishop, "Teaching at the Johns Hopkins: The First Generation," *History of Education Quarterly* 27, No. 4(1987): 511.

⑤ Cordacso Francesco, Daniel Coit Gilman and the Protean Ph. D, *The Shaping of American Graduate Education* (Leiden: E. J. Bril, 1960), p. 102.

学的影响力，为研究型大学从事高水平科学研究提供了人才基础。

在约翰·霍普金斯大学的影响下，美国大学通过两条路径，逐步走上了研究型大学的发展道路。一是传统学院的改造。如哈佛大学于1870年开始彻底改造旧学院，通过引进选修制，发展研究生院；耶鲁大学也提倡增设专门学院和研究生院，在大力发展研究生教育的过程中，实现了成功转型。二是新大学的创办。克拉克大学和芝加哥大学在霍普金斯大学的直接影响下创立。芝加哥大学在建立30年后便成为美国一流大学中的领袖（被认为接过了约翰·霍普金斯大学的接力棒，作为美国大学成熟的体现①）。建校于1868年的加州大学伯克利分校在20世纪30年代以杰出和均衡的学科建设跻身于美国研究型大学之列。斯坦福大学、康奈尔大学和威斯康星大学等也在某种意义上一步到位，很快进入世界最高水平大学的行列。②

20世纪初，随着美国高等教育的扩张，研究型大学的发展显现出从总体上抑制本科教学和服务功能的增长，把资源集中在研究生院的扩大和基础研究上，从而形成了以高级学习和研究为优先的制度。作为"美国高等教育的一种更为根本的分化"，它以大学能否在高一级水平上探索知识为界限。③ 可以说，美国早期研究型大学的群体性崛起，一方面，学术主体以提升大学知识生产能力为目标，是对大学组织结构调整和改进的不断尝试；另一方面，学术主体的知识生产能力伴随大学知识生产组织框架的不断发展而持续提升，从而成为大学知识生产的重要内驱力。

---

① William Clyde DeVane, *Higher Education in Twentieth Century America* (Cambridge: Harvard University Press, 1965), p. 42.

② 贾永堂、徐娟：《19世纪末20世纪初美国高水平研究型大学群体性崛起的机制分析——基于社会进化论的视角》，《高等教育研究》2012年第5期。

③ Roger L. Geiger, *To Advancement Knowledge : The Growth of American Research Universities , 1900-1940* (New York: Oxford University Press, 1986), p. 3.

四、美国研究型大学的全盛：政府力量的强制输入

以二战为界，美国研究型大学迎来了其重大转折。二战以前，大学科学研究虽已趋于成熟，但几乎没有得到联邦政府的任何资助，特别是在基础研究领域。以 1862 年《莫里尔法》（*Morrill Act*）颁布为标志，联邦政府以法律的形式资助大学传授和研究与农业、机械技术相关的分支学科，奠定了联邦政府科技政策的实用主义倾向。当然，这种政策导向在世俗经济事务中对知识和技术的传播起到了积极作用，却使得联邦政府远离了基础研究。① 然而二战改变了这种状况。由于二战期间大学科研为战争做出了至关重要的贡献，美国研究型大学一跃成为国家科研体系的核心，也验证了政府是大学知识生产（特别是基础性知识生产）的最重要的支撑力量。

（一）管理制度完善：政府推动知识生产的架构

1940 年 6 月，罗斯福总统签署了万尼瓦尔·布什（Vannevar Bush）提交的“建立推动科学发展的联邦机构”的建议，由此，美国国防研究委员会（The National Defense Research Committee，NDRC）正式建立，组成了由布什任主席的八人委员会，以及由非军方委员会成员负责的 5 个研究部门。以充分利用非军事科学家的研究力量为目标，大学、研究所、工业试验室等的研究伙伴关系在政府的推动下形成。② 从 1940 年 6 月至 12 月，国防研究委员会批准 126 个研究项目，分别与 32

① Roger L. Geiger, *To Advancement Knowledge : The Growth of American Research Universities , 1900-1940* (New York: Oxford University Press, 1986), p. 3.

② Roger L. Geiger, *Research and Relevant Knowledge : American Research Universities , Since World War II* (New York: Oxford University Press, 1993), p. 3.

所大学和 19 个工业试验室签订了科研合同。① 在此基础上，1941 年，其附属机构——科学研究与发展局（The Office of Scientific Research and Development，OSRD）成立，它由国会直接拨款，拥有从武器开发到武器生产的特权。在“珍珠港事件”爆发前，国防研究委员会，特别是科学研究与发展局为美国军事研究和发展提供了 18 个月的准备（1940 年 6 月至 1941 年 12 月），为政府推动大学知识生产提供了完整的组织管理体系。

（二）政策体系建构：政府推动知识生产的措施

战后，美国政府更意识到借助大学的科研力量改善军事系统的研究与开发基础的重要性，开始更多地关注研究型大学及其科学研究。1945 年，万尼瓦尔·布什向美国总统提交了一份具有时代意义的报告——《科学——无尽的前沿》（“Science，the Endless Frontier”），为战后美国科学发展树立了目标、指明了方向。报告指出：如果给基础研究以重要的支持，美国的社会繁荣、人民健康、国家安全便会成为可能。② 这份报告特别提出，联邦政府要给大学提供资金，以便它们不断地产生新知识，培养出大量的科学、工程人才。

战后的国际格局也进一步强化了联邦政府对大学知识生产的推动力度。随着“冷战”时代的到来，在科技领域“美苏争霸”集中体现在争夺空间科技领域的领先地位。1957 年 10 月 4 日，苏联第一颗人造卫星发射成功，从而向世界宣告：从 1920 年起，居世界科学中心“宝座”之上的美国，其空间科学领域的世界领先地位受到严峻挑战。美国政界、军界乃至科技界将其称为科技领域的“珍珠港事件”。在这一激烈的国际争霸中，研究生教育和科学研究的发展被联邦政府置于国

---

① Daniel J. Kevles, *The Physics : The History of a Scientific Community in modern America*(New York:Alfred A. knopf Inc. ,1978),p. 198.

② Vannevar Bush, *A Report to the President : The Endless Frontier*(Washington,D. C. :United States Government Printing Office,1945),p. 7.

家安全的重要战略地位，从而直接促使 1958 年《国防教育法》（*National Defense Education Act*）的诞生。该法案将提高研究生培养的质量作为全面提高教育质量的最终落脚点，加快培养高级科技人才的步伐，以确保美国在尖端科学技术领域处于领先地位。1960 年《西伯格报告》（“The Seaborg Report”）进一步强化了政府对基础研究的责任和投入力度。该报告指出：科学研究作为一项重大投资，应不断增加。基础研究和研究生教育是美国科学发展的关键与核心，加强基础研究和研究生教育是联邦政府的重要责任。

（三）资助力度提升：政府推动知识生产的路径

随着组织管理制度的不断完善和政策法规体系的逐步落实，众多的国家实验室“落户”到美国研究型大学中。战时大量的科研项目落实到研究型大学内。雷达研制、原子弹研究、固体燃料火箭研究、无线电引信雷达研制等科研项目主要依靠研究型大学研发。其中，雷达研制和原子弹研制（通称“曼哈顿工程”）作为“大科学时代”的地标性事件，使一批大型政府科学实验室在各大学纷纷建立起来，动员了大批科学家和工程师参与其中。战后，随着研究生教育和科学研究的国防战略地位的确立，政府对研究型大学的资助力度又经历了一个持续的强化过程。1958—1968 年这 10 年间，也就是通常所称的研究型大学的“黄金时期”，大学研究的多项指标均达到了历史上的“峰值”：1964 年，大学基础研究经费占大学经费总额的 79%，联邦资助的大学研究经费占研究总经费的 74%；1968 年，大学研究总经费占国内生产总值（GDP）比例达到历史之最（1986 年才被超越）。①

“布什报告”所形成的“布什时代”和《国防教育法》所形成的“国防教育时代”，作为美国研究型大学的转折点，在证明了研究型大

---

① Roger L. Geiger, *What happened after Sputnik ? Shaping University Research in the Unite States* , *Minerva 35* (Netherlands: Kluwer Academic Publishers, 1997), p. 356.

学所具备的科研强力的同时，见证了联邦政府的战略性调整所创造的奇迹。这说明，政府力量在大学知识生产，特别是基础性知识生产中发挥了支撑作用。

五、美国研究型大学的调整：产业力量的渗透

产业界对知识生产的渗透主要是使知识生产的成果不仅用以证实理论、获取知识及服务于国家需要，且应用于开发能投入生产并获取利润的产品。基于研究型大学所处的制度环境的进一步变迁，产业界渗透大学知识生产的格局最终形成。

（一）共同的诉求：产业界渗透知识生产的现实基础

20 世纪 70 年代以来，美国研究型大学所处的制度环境进一步变迁。一方面，随着冷战结束，军事研究的地位逐步下降，以及 20 世纪 80 年代美国的经济衰退，联邦政府财政紧缩，研究型大学知识生产主要由联邦政府资助的形势开始发生变化。高等教育政策进一步变迁，国家对研究型大学的拨款开始大幅度减少。与此同时，研究型大学的知识生产的规模、范围却不断拓展，对经费的要求不断提升；另一方面，在经济环境上，美国制造业的全球竞争优势正面临严峻的挑战。日益激烈的竞争环境迫使许多国内企业进行重组、收购和兼并，企业内部研发经费开支预算不断缩减。历来美国产业界应对外国竞争的主要策略，即是通过开发新技术降低成本，但这对研发经费有着极高的要求。因此，如何寻找合适的研发机构替代企业内部研发成为产业界亟待解决的难题。

“以知识为基本生产要素”的知识经济和信息社会的到来，为产业界渗透研究型大学知识生产提供了可能；而产业界和研究型大学各自面临的困境，则为产业界渗透大学知识生产的发展提供了现实基础。联邦政府在 20 世纪 80 年代出台的一系列知识产权法，最终促使产业界

与大学合作，知识生产格局开始形成。

（二）政策的建构：产业界渗透知识生产的催化剂

1978年，国家科学基金会启动了“企业和大学合作研究中心计划”。这种合作研究中心，以企业的要求为基础开展课题研究，每一项目由基金会赞助5万美元，企业界赞助不少于30万美元。根据法律，国家科学基金会不能为营利性组织提供研究资助，但可以资助校企合作中的学校部分。这一试行计划促进了其对大学两类研究组织（工程研究中心和科技研究中心）的长达11年的资助。到1995年，全美共成立了49个这样的合作研究中心，如麻省理工学院的复合物加工研究中心、加利福尼亚大学的集成感受器研究中心、伦塞勒工学院的计算机制图研究中心、罗得岛大学的机器人研究中心等。[①]

1980年，美国联邦政府为鼓励高校为地方经济发展服务，颁布了著名的《拜杜法案》（*Bayh-Dole Act*，1980），成为企业与大学合作的重要法律保证。该法案规定，高校使用联邦政府科研经费所产生的科研成果，其专利属于大学。大学有权将新技术转让给公司、企业，所得收入由大学支配，不再缴纳给联邦政府。[②] 这有效地调动了大学研究高新技术的积极性，改善了政府科研成果转化率低的问题，促进了私人企业就研究成果分享问题与大学积极合作，产生了巨大的激励效应。1994年，卡内基梅隆大学做了一个美国研究型大学与工业企业联系方式的调查。研究发现，美国大学与工业的联系广泛，在1990年，美国共有1056个大学-工业合作建立的研究中心，总费用41.2亿美元，其中29亿美元直接用于研究和开发。

综上可见，政府、产业界和学术主体在发挥各自对大学知识生产的推动力的同时，也相互作用，形成了大学知识生产的动力场。政府

---

① 朱斌：《当代美国科技》，北京社会科学文献出版社，2001，第260页。

② R.阿特肯森、W.博兰皮得：《科学研究与美国研究型大学》，余慧萍编译，《复旦教育论坛》2009年第3期。

和产业界作为两大外部动力，对大学知识生产推动经历了从资源供给到资源供给与制度供给相结合的历程；大学则在回应这种发展趋势的同时，不断完善知识生产组织结构，将政府机制、市场机制和学术机制共同融入知识生产的过程中，形成大学知识生产的动力场。

六、相关启示：协同创新机制的建构

英国高等教育学家阿什比指出，“大学是遗传与环境的产物”①。美国研究型大学的崛起，不但得益于其自身的“遗传基因”一开始建立在强调“学术研究”这一高深学术水平的基础上，而且得益于美国社会科技发展这一“制度环境”，从而形成了各主体共同推动研究型大学知识生产的格局，使其最终成为世界高等教育中心。这对正在建设世界一流大学的中国而言，有着重要的启示意义。

（一）从基础研究到基础与应用相结合的轨迹

科学研究在美国研究型大学的崛起，经历了从基础研究到基础与应用相结合的轨迹。以德国大学模式为样本形成的美国早期研究型大学，建立了以高级学习和基础研究为优先的制度。二战中，研究型大学的基础研究又在国防军事中发挥了至关重要的作用，从而奠定了研究型大学基础研究在科学研究中的主导地位。随着宏观经济环境的变迁，在大学与社会的链接中，研究型大学的科学研究逐步形成了基础与应用相结合的模式，但美国研究型大学以基础研究为核心的根本特征没有改变。有关资料表明：美国大学基础研究占大学科研总量的75.1%。② 而中国大学恰恰没有经历过基础研究的长期体制化进程，一开始便以应用研究为主要内容。因而，如何进一步提升基础研究的比

---

① E.阿什比：《科技发达时代的大学教育》，滕大春等译，人民教育出版社，1983，第7页。

② 胡建华：《大学科学研究与创新型人才培养》，《现代大学教育》2009年第4期。

例，是中国世界一流大学建设的关键环节之一。

（二）非正式制度与正式制度的衔接

美国研究型大学的崛起，在制度环境层面上，体现出非正式制度与正式制度的有效衔接。社会结构犹如一个桶，能够决定社会实践所能达到的容量。这一哲理已被近代科学的成长所证明。不同的社会结构对科学技术的容量是不同的，到了容量的极限之际，科学技术的发展将被束缚。[①] 同样，一国大学所能达到的高度也将取决于该国社会所具有的对学术教育的容量。在开放的社会结构及高度分权的宏观管理体制下成长起来的美国研究型大学，能够保证学术主体在推动大学发展、科学进步中能动性的充分发挥。对中国大学而言，特别是在建设世界一流大学的进程中，政府以正式制度的形式保证了大学的科研基础和条件，但要发挥学术主体在原创性、基础性知识生产中的能动性，社会结构的变迁、高教管理体制的改革同样十分重要。

（三）政府、市场、学术力量的协同

综上所述，科研职能在美国研究型大学的发展，体现出政府、市场及学术力量在推动大学知识生产中作用的整合。作为基础研究的天然场所，研究型大学是教师和学生共同学习、自由探究的家园；同样，学术主体也是产生原创性、基础性研究成果的最直接力量。随着制度环境的变迁，研究型大学必然需要与产业界加强合作，在推动大学与社会连接的过程中，稳固基础性知识生产的基础和条件。在产学的合作中，政府以各类政策、法规的出台，营造有效合作的制度环境，也是促使各方力量协同的基础和核心。可见，无论研究型大学所处的制度环境如何变迁，建构起政府、产业界及学术主体协同创新的发展格局，是美国研究型大学成功的关键性因素之一，也是中国世界一流大

① 刘青峰：《让科学的光芒照亮自己——近代科学为什么没有在中国产生》，四川人民出版社，1984，第159页。

学建设的必然路径之一。

参考文献

[1] BISHOP C. Teaching at the Johns Hopkins: the first generation [J]. History of Education Quarterly, 1987, 27(4): 503, 511.

[2] FLEXNER A. Daniel coit gilman: creator of the American type of university[M]. New York: Harcount, 1946.

[3] GEIGER R L. To advancement knowledge: the growth of American research universities, 1900-1940[M]. New York: Oxford University Press, 1986.

建立一所“真正的大学”*

——美国研究型大学路径选择的国立大学运动（1869—1899）

王慧敏

集中是危险的，我们更倾心地方自治；但是无知更加危险，社会有权保护自己以免于无知。

——查尔斯·贝金顿（Charles Beckington）
在1871年全国教育协会年会上的发言

1875年是美国独立战争的100周年纪念，12月7日，格兰特（Ulysses S. Grant）总统对参众两院做他任内的第七次国情咨文，他演讲一开始就回顾了过去的100年国家发展的成就：人口已由当初的300万增加到现在的4000万，工业技术已经普遍运用于农业，而制造业也吸收了国内大部分的劳动力，奴隶制被废除，自由仍然属于这片土地，除此之外还有科学、商业、航海、矿业、机械、法律、医药、教育等方面的进步。为了国家未来的发展，他希望国会总结经验、吸取教训，尤其是“注意到那些威胁到我们的危险，并在我们的能力范围内改正它们。我们是一个共和国……在这样一个政体之下最重要的就是所有

* 本文原载于《高等教育研究》2013年第11期。王慧敏，北京师范大学教育历史与文化研究院博士研究生，主要研究方向为美国高等教育史。

人都应该拥有足够的教育和智慧……进行投票。……对我们政府的永续来说，大众的教育是最重要的”。①

至于教育对共和政府的重要作用，自建国以来一直都被社会各界人士所强调，南北战争给国家带来的创伤，以及 1870 年刚刚通过的《宪法第十五修正案》更是让这位昔日驰骋疆场的将军想起了当年国父乔治·华盛顿（George Washington）对民众的蒙昧无知和地区偏见的担忧，在《宪法第十五修正案》刚刚通过不足两个月，格兰特总统就引用华盛顿的告别演说来提醒国会，“要把建立广泛传播知识的院校作为一个最重要的目标来努力。由于政府对公众舆论有着举足轻重的作用，因而与之相应就必须从根本上对公众进行启蒙”。1873 年 12 月 1 日，格兰特总统在连任后的第一次国情咨文中特别赞扬了哥伦比亚特区近年来的快速发展使之“呈现出整个国家可以为之骄傲的首都形象”，紧接着就提出了华盛顿等人在建国之初关于国会有职责建立一所国立大学的建议，“国会应当通过捐赠一些土地在该特区建立一所文化机构或者一所最高学府。没有别的地方比国家首都更适合这样一所机构了，也没有其他地方可以让国家的每个公民都如此充满期待”。沉寂许久的国立大学方案再次提上了日程，然而，此时教育界关于国立大学的讨论早已展开，而这一切又要从一份来自 1867 年法国巴黎世界博览会的教育考察报告开始。

一、来自世界博览会的教育考察报告

1867 年，巴黎承办了第四届世界博览会，这场以“劳动的历史”为主题的博览会充分展示了人类的文明与发展的成果，尤其是首次增

① Ulysses S. Grant, "Seventh Annual Message, December 7, 1875," in *A Compilation of the Messages and Papers of the Presidents, 1789-1897*, Vol. 7, ed. James D. Richardson (Washington, D. C.: Authority of Congress, 1897), pp. 56, 254, 332-333.

加了文化的内容，展示了出版印刷、文具、书籍装帧、绘画材料、摄影器材、乐器和医学影像设备等方面的最新文化成果。1862年曾作为威斯康星州官方代表的约翰·W.霍伊特（John W. Hoyt）此次则作为美国的官方代表率团参加巴黎世博会，然而世博会结束之后，霍伊特并没有马上返回美国，而是应当时的美国国务卿威廉·H.苏厄德（William H. Seward）之请对欧洲主要国家的教育事业做了一番考察，为美国的教育发展提供资鉴。为此，霍伊特做了长达一年多的旅行和考察，足迹遍及英国、爱尔兰、法国、荷兰、比利时、普鲁士、萨克森、巴登大公国、符腾堡、巴伐利亚、奥地利、瑞士、西班牙、葡萄牙、希腊、丹麦、瑞典、挪威、俄国、土耳其，北非的埃及、摩洛哥，以及夏威夷、巴西、阿根廷、加拿大，可以说，霍伊特对当时世界上主要国家和地区的教育状况都做了详细的了解，领域涵盖了初中高等教育及各类专业教育，最后汇集成了一本达400页的报告。霍伊特开篇就说道，“第一次世博会就说明了一个重要的道理，即在那些最发达的国家中，科学和艺术都已经在最长时间里以最自由和最广阔的方式进行了启蒙的事业。随后的几次博览会不仅再次印证了这个道理而且还说明了另外一个道理，那就是繁荣与启蒙之间的紧密结合不是偶然的而是必然的，它们相互支撑相互影响”①，他希望这份报告能对美国在探索“什么是最好的教育”这个问题时有所裨益。

霍伊特在报告的最后用整整100页的篇幅讨论了高等教育事宜。他对主要欧洲国家的主要大学做了细致而全面的考察和论述，随后霍伊特把眼光转向了美国的大学教育状况，但他的第一句话就是：“不管在国内还是在国外，人们都说，在美国，没有一所真正的大学。”② 如果

① John W. Hoyt, “Report on Education,” *Washington, D. C.: Government Printing Office*, (1870): 8.

② John W. Hoyt, “Report on Education,” *Washington, D. C.: Government Printing Office*, (1870): 373.

要把德国大学作为当时高等教育发展的最高水平的话，那么甚至在德国之外都没有一所配得上大学称号的机构。霍伊特考察了当时美国3所主要的私立学院：哈佛学院、耶鲁学院、哥伦比亚学院，肯定了它们的发展并介绍了它们在研究工作上的进展，无论是在教师和学生数量、院系构成、图书设备、资金来源等方面都有着重大的发展，尤其是开始了初步的研究工作。同时，他还考察并肯定了以密歇根大学为代表的公立大学的发展。然而，对美国所有的大学和学院来说，“其中一部分仅仅是由一些普通的文学院、科学院、艺术学院等构成，还有一部分会包含一个或以上的专业学院，然而，我很抱歉地说，大体上说它们都还处于一个非常低的层次”①。霍伊特在看到美国高等教育成绩的同时更加注意到它的不足及与欧洲大学的差距，他甚至认为美国的高等教育水平并不比德国的实科中学高，他不无痛心地总结道：“哈佛大学最优秀的本科毕业生都没有做好进入欧洲任何一所大学的准备……最重要的是，我们美国大学根本不能像欧洲大学那样为专业研究提供普遍的基础。专业学院所呈现出来的发展状况一点儿也不乐观。因为，尽管它们在很多方面都要超出国内其他同级别的学院，并且由具备很强能力和很高声誉的人领导，然而，它们的教授数量是不够的，图书馆也很缺乏，入学的标准就相当于大学预备教育非常低，研究的期限非常短，而学费却又如此之高（每学期75美元—200美元）以至于把很多有能力或者有意愿入学的优秀的年轻人拒之门外。”②

霍伊特的报告并非危言耸听，在19世纪60年代末，整个美国根本没有真正现代意义上的图书馆，全国藏书量超过100 000册的图书馆仅有6所，其中国会图书馆有183 000册，波士顿公共图书馆有153 000

① John W. Hoyt, “Report on Education,” *Washington, D. C.: Government Printing Office*, (1870): 382.

② John W. Hoyt, “Report on Education,” *Washington, D. C.: Government Printing Office*, (1870): 376-377.

册，哈佛学院图书馆有 118 000 册，耶鲁学院仅有 81 000 册，书店也还是一种非常稀有的机构。而且，不管是学院图书馆还是公共图书馆，都有着非常严格的借阅和管理规则。① 而相比之下，同期的德国大学的图书馆藏书量一般在 30 万—50 万。② 在课程方面，高等教育在过去的几十年中几乎没有根本的变化，学校仍然是让学生来适应课程而不是让课程适应学生，也根本没有选修一说。最古老的哈佛“还是一所在贫困中苦苦支撑的学院，根本不了解自身同学问与研究之间的关系，与各种专业学院之间的关系非常松散。它的很多课程相当于今天高中的水平，尤其是科学科目，对它的学生来说根本不可能去追求一种比虚弱的硕士训练更高层次的学习”③。据哈佛大学毕业生亨利·卡伯特·洛奇（Henry Cabot Lodge）回忆道，在 1867—1871 年哈佛 4 年的学习生涯中，“我从来没有真正学到任何东西，也从来没有任何艰辛或者类似于活跃思想的东西激发过我大脑”④。高等教育中的宗教气氛依然非常浓厚，耶鲁依然是由一群牧师控制着，最年轻的牧师的薪水比最资深的教授还要高，在整个高等教育界，“认为在学院生活中虔敬甚至比理智更加重要的普遍观念无法为学生改善追求世俗知识的条件和环境”⑤。就连 1869 年刚刚来到美国的英国著名记者戈尔德温·史密斯（Goldwin Smith）也说道，美国的大学教育正处于危机状态和转型

---

① Allan Nevins, *The Emergence of Modern America , 1865-1878* (New York: The MacMillan Company, 1927), pp. 242-243.

② John W. Hoyt, *Address on University Progress Delivered before the National Teachers' Association , at Trenton , N. J. , August 20, 1869* (New York: D. Appleton & Company, 1870), p. 51.

③ Allan Nevins, *The Emergence of Modern America , 1865-1878* (New York: The MacMillan Company, 1927), p. 264.

④ Henry C. Lodge, *Early Memories* (New York: Charles Scribner's Sons, 1913), p. 86.

⑤ Richard J. Stoor, *The Beginnings of Graduate Education in America* (Chicago: University of Chicago Press, 1953), p. 3.

时期。[①]

在霍伊特看来，美国两百多年高等教育历史的发展必须要寻找新的突破，报告的最后一章题为"引领大学教育的趋势"，他希望为美国高等教育的发展指明方向。霍伊特认为，大学的基本目标应该是高等文化，而美国的大学和学院必须正视当前的现实，即"在三百六十多所高等教育机构中几乎没有一所能够与学院或大学的名字相称"，"我们最好的大学还仅仅是一个可怜的瘦骨嶙峋的骨架"[②]。所以美国大学和学院首先必须要丰满自己，扩展自己的领域，更重要的是不应继续满足于教学和传递知识的目标，而是要把真正的研究引进来，要创造和发现知识，因为"大学不仅是已被证明和接受的知识的主要源泉，而且还是普遍文化的中心地带——一所公认的重要的机构，它将寻找和发现在精神和物质世界中还没有被揭示的、有待探索的真理"[③]。大学不仅要顺应时代发展的需要，还要创造新的需要，引领国家和世界的发展，只有这样才是真正大学理念的实现。于是，霍伊特向美利坚人民发出呼吁："所有热爱知识的人们，以及所有希望我们国家能够获得最高繁荣和荣耀的人们，是时候醒悟并认识到立刻在每一个人类知识部门中提供一种通向更深奥、更广阔和更高等的文化的途径的重要性了。不要再拖延了，让我们在美洲大陆上至少拥有一所真正的大学吧!"并指出，"如果没有一个单独的州能够承担起建立这样一所机构的重任的话，那么就让联邦政府再次伸出援助之手来迎合当前美国教

---

① Smith G, "University Education," *Journal of Social Science*, No. I(Jun. 1869): 25.

② John W. Hoyt, "Report on Education," *Washington, D. C.: Government Printing Office*, (1870): 266.

③ John W. Hoyt, "Report on Education," *Washington, D. C.: Government Printing Office*, (1870): 388.

育最伟大的需要吧”![1] 霍伊特看来，他心目中的“真正的大学”不仅应当有利于国家的发展，其自身也要依靠国家的力量成长，在考察中他发现，如果没有大量的充足的资金，任何国家都不可能建立和维持这样一所大学。尽管约翰·霍伊特此时还没有明确提出国立大学的主张，但这已是题中之意了。

二、全国教师（教育）协会关于国立大学的讨论

（一）国立大学计划的引入

1869年8月18日，全国教师协会（National Teachers' Association）在新泽西州的托伦顿（Trenton）召开年会，会议持续三天。20日下午2点30分召开此届年会的最后一次会议，会上，作为威斯康星科学与艺术和文学学会（Wisconsin Academy of Science, Arts and Letters）主席、全国教师协会顾问的约翰·霍伊特做了长篇的演说《大学教育的演进》（“Progress of University Education”），主要分三个部分：过去的大学、现在的大学和将来的大学，其主要内容与他的世界博览会教育考察报告并无太多差别。他再次强调，在欧洲各国尤其是德国的大学面前，美国虽然有着最多数量的冠以大学或学院名称的机构，但是其教育水平仍然只相当于德国的大学预科。霍伊特认为当前世界上大学发展最高水平要属德国的大学，但是这仍然不是他心中的理想，他还要大学在当前最高水平上继续“提升”（elevation）和“扩展”（expansion），这种立体性的超越才是他心目中“真正大学”的实现，也是美国高等教育发展的方向。他更以意大利和德国为例说明当今欧洲的高等教育依然在努力寻求发展，美国不能落后于改革的步伐，“这

---

① John W. Hoyt, "Report on Education," *Washington, D. C.: Government Printing Office*, (1870): 391-392.

样一所理想大学的实现需要大量的资金。……但是它对我们整个教育体系，以及整个民族的理性的进步所带来的影响将是不可估量的"①。他呼吁协会在这样一所真正的大学建立之前不要停止努力。但是霍伊特的话并未引起太多的注意和讨论，在曾经担任协会主席的安德鲁·杰克逊·里科弗的建议下，会议通过了以下决议："本协会认为一所伟大的美国大学是美国教育的头等需要。为有助于早日建立这样一所机构，本协会主席与督学协会（Superintendents' Association）主席共同指定一个委员会，由每州派一名代表组成，由威斯康星州的约翰·霍伊特担任主席，对该事项进行深入考虑并在协会的下一次年会上做汇报。"② 而正是这样一个简短的决议，开始将协会与后来的国立大学运动紧密地联系在一起。

次年 8 月 17 日上午 9 时，全国教师协会在俄亥俄州的克利夫兰开始召开为期三天的年会，在协会主席丹尼尔·巴纳德·黑格（Daniel Barnard Hagar）做完年度汇报后，约翰·霍伊特就向大会做了一篇题为《关于一所国立大学的初步报告》（"Preliminary Report on a National University"）的演说，这是霍伊特在公开场合第一次明确提出"国立大学"的主张，他之前的演说和文字一直在强调这样一所"真正的大学"需要巨额的资金，对于政府是否直接干预并未形成清晰的想法，而此时的他已经明确指出各州和联邦政府在此事上有其固有的职责："这是个人、社会和政府的道德责任。……是时候让这个国家

① John W. Hoyt, *Address on University Progress Delivered before the National Teachers' Association, at Trenton, N. J., August 20, 1869* (New York: D. Appleton & Company, 1870), p. 80.

② Henry Barnard, *Proceedings of the National Teacher's Association, afterward the National Education Association, from its foundation in 1857 to the close of the session of 1870* (N. Y.: C. W. Bardeen, 1909), p. 724.

和时代来承担了。”① 霍伊特开篇就指出这所大学的四大主要功能：为每一个知识部门提供最优秀的教员；在科学和哲学的原则基础上为学生奠定充分的专业基础；通过提高学术标准和培养教师、行政人员来提升已有的教育机构的水平；通过教授们的调查和研究来拓展人类知识的边界，并通过该大学榜样的力量来鼓励更大的成就。并且他继续表示美国现有的高等教育机构都无法达成这些目标：“至于现有的任何一所机构，不论其有怎样的名称和声望，都无法实现这些使命，它离一所真正大学的标准还如此之远。”② 霍伊特一直刻意贬低美国现有的学院和大学，或许是基于他对欧洲大学的考察，或许是根据客观的学术标准，也可能是为了更好地主张由政府主导建立一所“真正的大学”，不可否认的是，这种言论似乎把所有的美国高等教育机构都排除在他的计划之外了，这为后来国立大学计划的努力带来了巨大的阻力。

当晚 8 点，来自首都华盛顿的国家教育专员约翰·伊顿将军（General John Eaton）发表长篇演说《联邦政府与高等教育的关系》（“The Relation of National Government to Public Education”），从历史上讨论了联邦政府与公共教育的关系，他认为联邦政府对国家的教育事业有着天然的责任并应当担负起这个重任，他引用各种事实和数据说明这种趋势正在逐步加强。伊顿将军认为联邦政府当前在公共教育事务上的三大主要任务之一就是“在哥伦比亚特区为教育事业竭尽所能”，他反问道，“还有什么地方比联邦政府所在地更适合这样一所

① “Addresses and Journal of Proceedings of the American Normal School and the National Teachers' Association at Cleveland,”*Washington, D. C.: James H. Holmes*, (1871): 100.

② “Addresses and Journal of Proceedings of the American Normal School and the National Teachers' Association at Cleveland,”*Washington, D. C.: James H. Holmes*, (1871): 97.

顶尖的大学呢?”[①] 他虽然没有明确提出“国立大学”，但是其内在的逻辑和含义跟霍伊特并无二致，成了这次会议上霍伊特最大的支持者。

不过，霍伊特关于国立大学的第一次呼吁并没有收到理想的效果。第二天上午，经由协会副主席、明尼苏达州立师范学校校长威廉·富兰克林·菲尔普斯（William Franklin Phelps）的提议，会议对霍伊特的报告进行讨论。菲尔普斯希望继续保留霍伊特的委员会，希望他们继续合作并向国会争取赠地作为下一步计划的基础，而来自俄亥俄州的威廉·唐斯·亨克尔（William Downs Henkle）则希望将报告提交给全国教师协会的高等教育部进行修改，若此举成功，霍伊特的报告将正式成为整个协会的意见。然而，协会副主席、印第安纳州厄勒姆学院校长巴纳巴斯·科芬·霍布斯（Barnabas Coffin Hobbs）不同意亨克尔的意见，促使大会对此进行表决，结果大会没有通过亨克尔的提议。同时，俄亥俄州芒特联合学院（Mount Union College）校长奥维尔·纳尔逊·哈茨霍恩（Orville Nelson Hartshorn）则对国立大学计划的可行性表示怀疑，认为这是“无法做到的”[②]。不过会议并未对霍伊特的报告做出任何决议，而是保留了他的委员会，希望他们对此事继续进行研究。全国教师协会内部关于国立大学意见的第一次交锋就这样草草落幕，由此也可以看出，协会在这个问题上的意见是非常审慎的。

（二）协会中的初步争议

1870年，全国教师协会与美国师范学校协会（American Normal School Association）、全国督学协会（National Association of School

① “Addresses and Journal of Proceedings of the American Normal School and the National Teachers' Association at Cleveland,”*Washington*, *D. C.*: *James H. Holmes*, (1871): 122.

② “Addresses and Journal of Proceedings of the American Normal School and the National Teachers' Association at Cleveland,”*Washington*, *D. C.*: *James H. Holmes*, (1871): 132.

Superintendents）和中部学院协会（Central College Association）合并，正式成立了全国教育协会（National Educational Association）。1871年8月22日全国教育协会在密苏里州的圣路易斯（St. Louis）召开了第一次年会，霍伊特提交了委员会的第二份报告《一所美国大学》（“An American University”），他继续勾勒了这所计划中的国立大学的基本轮廓，认为这所大学应当囊括所有的知识门类并受到所有人的尊重。霍伊特还特意为他的计划寻找宪法上的根据并排除违宪的嫌疑，首先在制宪会议中，制宪大会认为国会的权力中包括在联邦政府所在地建立一所国立大学，国立大学的理念与共和国几乎是同时诞生的；其次在国立大学建立的过程中，公民、州政府、联邦政府三者之间的共同合作将会完全避免政府权力的不正当扩张和权力的集中化，这所大学的建立将有助于自由价值的实现而不是相反。最重要的是，霍伊特开始认识到不能将整个美国高等教育界置于国立大学的对立面，这将无益于计划的实现。因此在报告中他没有继续批评美国当前的大学和学院，没有像之前那样在贬低现有高等教育机构的基础上大力赞扬国立大学的宏伟蓝图，与之相反的是，他认为：“计划中的国立大学与国内其他的高等教育机构之间的地位是平等的，它们之间不仅没有任何冲突，而且相反，国立大学将有效地改进它们的现状，还是创造一个完整、和谐、有效的美国教育体系的重要手段。”① 然而，这份报告只获得了17名委员的签名，而整个委员会共有36人，霍伊特最后提议建立一个新的永久性的15人委员会——国立大学委员会（National University Committee），并希望以更一致和高效的努力引起国会对国立大学计划的注意。

霍伊特最后的提议获得通过，全国教育协会主席在第二天就制定

① National Education Association, “Addresses and Journal of Proceedings of the National Educational Association, sessions of the year 1871 at St Louis, MO,” *New York and Washington, D. C.: James H. Holmes*, (1872): 39.

了新的委员会，但是关于国立大学计划的实质性内容，除了来自密苏里州圣查尔斯市的 C. 贝金顿（C. Beckington）关于建立全国义务教育系统的评述，以及约翰·伊顿《联邦在南部对教育的资助》（“National Aid to Education in South”）的报告在某种程度上算是一种侧面的支持外，再也没有有力的支持者和支持意见。在全国教育协会高等教育分会的讨论中，主要关心的是古典学、纯数学、拉丁语和希腊语的教学问题，这与霍伊特所呼吁的以科学实用为主要特征的国立大学是不合拍的。与此同时，国立大学对宗教的排斥也引起了伊利诺伊州诺克斯学院校长约翰·P. 格利弗（John P. Gulliver）的不满，他认为计划中的国立大学“把所有具有代表性的宗教观点都排除在外，以至于它的教学不仅可以让所有的基督教派接受——不论是新教教派还是那些有名无实的教派，而且还能够让那些公然‘站在基督教之外’的异教徒和野蛮人满意”，格利弗强调，在学院系统和公立学校系统之间不存在所谓的对立，种种怀疑和各种改进措施都将造成两败俱伤的后果，其言外之意即是认为建立一所国立大学及更强大的公立大学系统以期实现完整的美国公立教育体系是没有必要的。

尽管如此，霍伊特与新组的委员会依然投入到国立大学计划的努力当中。在他们的努力和支持下，1872 年，两份国立大学提案在两个月内先后被提交到国会，虽然都没有得到积极的回应，但它们再次开启了国立大学计划在国会中的努力过程。3 月 25 日，来自威斯康星州的参议员蒂莫西·O. 豪（Timothy O. Howe）向参议院提交了 859 号提案，建议“为了提高共和国的教育标准和增进人民的心智幸福”在首都建立一所由 10 个院系组成的美利坚合众国大学（University of the United States of America），[①] 学习期限为 5 年，学生毕业后将获得博士

① The U. S. congress,“A Bill to Establish a National University,”*Senate Bill 859, 42nd Congress, 2nd Session*, (Mar. 1872): 1.

学位（PhD）。但是他声明该提案是由某个他所不认识的人起草的，并转交给了他的同事。5 月 20 日，教育与劳动委员会（Committee on Education and Labor）委员、上一届国会的教育委员会（Committee on Education）主席、参议员弗雷德里克·A. 索耶（Fredrick A. Sawyer）向参议院提交了编号为 1128 的"由一位已经非常重视此事的绅士起草的"国立大学提案，建议在首都建立一所"美国国立大学"（The National University of America），还对该大学的管理做出了相关规定，初步规划了哲学、社会和政治学、法学、商学、教育学、文学、农学等 17 个院系，并规定"在为大学指定教授和选拔管理人员的时候不受任何宗教和政党因素的限制……教学对学生来说任何时候都是免费的"①。同一天，教育与劳动委员会主席、众议员勒格朗·W. 珀西（Legrand W. Perce）也把同样一份提案提交到了众议院。很可惜的是，国会档案中看不到任何对这两个提案进行讨论或者考虑的记录，更没有做出任何决议，豪、索耶和珀西也没有再次呼吁以引起国会的重视。

两个多月以后，8 月 6 日，全国教育协会年会在波士顿（Boston）召开。但是，霍伊特和他的委员会没有提交任何报告，只是高等教育分会在最后一天的会议中讨论了之前的两份国立大学提案。讨论的记录非常简短，但却暴露出国立大学计划在全国教育协会中受到的强大阻力及其引起的重大分歧："来自威斯康星州麦迪逊的霍伊特博士拒绝将国立大学提案交予讨论。艾略特校长完全反对这个提案。霍伊特博士认为艾略特校长的意见是少数——只是五百分之一。国内几乎所有的教育领导者都赞成该提案。全国教师协会连续 3 年都赞同建立这样一

① The U. S. congress, "A Bill to Establish a National University," *Senate Bill 859, 42nd Congress, 2nd Session*, (Mar. 1872): 7-8.

所大学。诺斯罗普先生也反对这个提案。”① 最后会议投票决定成立一个由艾略特校长、霍伊特和阿拉巴马大学校长纳撒尼尔·托马斯·勒普顿（Nathaniel Thomas Lupton）组成的三人委员会，将国会悬而未决的国立大学提案交由该委员会讨论。然而，这个三人委员会未提交任何报告，而作为最坚决的反对者、哈佛大学校长查尔斯·W. 艾略特（Charles W. Eliot）在来年的年会上做了长篇的报告批评了国立大学计划及霍伊特推广这所大学的方式。

（三）艾略特与霍伊特的激烈对立

1873 年 8 月 5 日下午两点半，全国教育协会高等教育分会开幕，会议的第一个报告就是艾略特的《国立大学》（“National University”）。报告主要分三个方面，一是 1869 年以来全国教育（教师）协会关于国立大学讨论的回顾，二是对 1872 年两份国立大学提案的考察，三是探讨政府应该在高等教育上扮演怎么样的角色，这也是艾略特反驳国立大学计划的三个步骤。艾略特首先细数了 1869 年以来霍伊特及其领导的国立大学委员会的作为，他认为，国立大学计划自始至终都只能算是作为一个公民的霍伊特的个人意见，而不是委员会或者协会的主张，因为委员会的成员“都是非常忙碌的人，他们分布在全国各地，从马萨诸塞到俄勒冈，从明尼苏达到路易斯安那，其中还有几位委员是在不知情或未征得同意的情况下被指定的。……从来没有开过一个像样的会议来讨论此事。其中有 9 位在圣路易斯被指定为委员会成员的绅士告诉过我，除了委员会刚刚成立时在圣路易斯的宾馆会议厅中参加了

① National Education Association,“Addresses and Journal of Proceedings of the National Educational Association, sessions of the year 1872 at Boston,”*Massachusetts. Peoria : N. C. Nason*,(1873):244.

一个简短的会议外就从未参见过任何会议”①，因此，任何以委员会或协会的名义宣传国立大学计划都不可被接受。同样，两位参议员在向国会提交议案的时候都声明议案不是自己写就的，而索耶的提案甚至完全出自霍伊特个人之手，也只能代表其个人意见。针对两份议案的另一个更尖锐的批评在于，它们所规划的国立大学的管理方式是不切实际的，将很多国家部门的领导都置于同一个管理层以至于人员臃肿运作困难，更重要的是没有考虑到不同部门在政府政治结构中的相互地位和关系将对大学管理造成不良的影响。② 报告的最后，艾略特阐明了他对政府干预高等教育的看法，他认为，“政府有职责建立一所国立大学这个观点没有任何理论基础。……我们确实需要培养学者、艺术家、诗人、历史学家、小说家、工程师、物理学家、法学家、神学家、雄辩家，但是我们首先需要培养的是一个独立的民族，以及一群自给自足的并能够帮助、引导和管理他们自己的自由人。依赖政府的习惯——哪怕是在那些于他们有利的事情上，如教堂、大学、铁路——是共和政治最阴险最无法克制的敌人，因为共和政治的本质就是独立自主”③。尽管欧洲的大学几乎都接受政府的直接资助，但是美国没有必要去复制这种模式，艾略特强调，两百多年以来美国已经有了自己的高等教育模式，与欧洲模式相比各有优点，不必刻意求同，美国至今甚至都没有一所完全由州政府控制的真正的州立大学，像国立大学

---

① National Education Association, “Addresses and Journal of Proceedings of the National Educational Association, sessions of the year 1873 at Elmira,” *New York. Peoria : N. C. Nason*, (1873): 109.

② National Education Association, “Addresses and Journal of Proceedings of the National Educational Association, sessions of the year 1873 at Elmira,” *New York. Peoria : N. C. Nason*, (1873): 113-114.

③ National Education Association, “Addresses and Journal of Proceedings of the National Educational Association, sessions of the year 1873 at Elmira,” *New York. Peoria : N. C. Nason*, (1873): 117.

计划这种对欧洲的模仿将是一种非常“幼稚”的行为。

艾略特话音刚落，国立大学委员会成员密苏里大学校长丹尼尔·里德（Daniel Reed）就马上予以反驳，他首先承认了委员会工作的一些失误和不足，并为此承担责任，但是霍伊特已经尽了个人最大的努力，不应过分苛责。里德还引用史实证明政府资助高等教育同样也是美国的模式，并声称国立大学已经成为美国人民共同的愿望，政府不可违背。来自华盛顿的威廉·B. 韦奇伍德（William B. Wedgewood）通过回顾国立大学在共和国初期的历史对里德表示支持，来自爱荷华州的联邦参议员乔治·G. 赖特（George G. Wright）认为这所国立大学的建立将会是百年共和国历史上最荣耀的事情，作为国立大学计划的坚定支持者的新泽西学院校长詹姆斯·麦科什（James McCosh）也认为这样一所大学不会对已有的学院和大学产生不利影响。[①] 艾略特也不乏支持者，麻省理工学院的 W. P. 阿特金森（W. P. Atkinson）教授认为大学不应该是人为地被动地建立起来的，而应是自然生长出来的。罗切斯特大学（University of Rochester）的阿尔伯特·C. 黑尔（Albert C. Hale），以及普理查德学院（Pritchard Institute）的奥伦·鲁特（Oren Root）教授都承认美国需要有一所伟大的大学，但这应该从现有的大学和学院中打造，美国高等教育自身也是随着时代不断发展进步的，[②] 华盛顿与李大学的爱德华·S. 乔因斯（Edward S. Joynes）也表示了对艾略特和阿特金森的支持。不过遗憾的是，约翰·霍伊特本人却正作为美国官方代表参加维也纳的世界博览会而无法参与此时

① National Education Association, "Addresses and Journal of Proceedings of the National Educational Association, sessions of the year 1873 at Elmira," *New York. Peoria : N. C. Nason*, (1873): 126.

② National Education Association, "Addresses and Journal of Proceedings of the National Educational Association, sessions of the year 1873 at Elmira," *New York. Peoria : N. C. Nason*, (1873): 128-130.

的辩论，我们无从知道霍伊特在看到艾略特报告后做何感想。但可以肯定是，艾略特对霍伊特和国立大学委员会的批评都是事实，里德在道义上的辩护没有对国立大学计划及委员会本身产生任何积极的影响，以至于此次年会上全国教育协会最后也没有对该主题做出任何的决议或处置措施。当二十多年以后国会在考虑国立大学提案的时候，艾略特的这篇反对意见依然是最重要的参考。

1874 年 8 月 5 日全国教育协会在底特律召开的年会上，从欧洲归来的霍伊特针对去年艾略特校长反对国立大学的言论做了长篇的回应。霍伊特直指艾略特对国立大学计划的了解是肤浅的，其报告是对霍伊特本人、国立大学委员会乃至全国教育协会的攻击，更是“一种对整个政府资助教育政策的盲目的批判，对美利坚合众国的宪法、功能和命运的一种最奇怪的论述!”① 针对艾略特对国立大学委员会工作和国会的批评，霍伊特指出，委员会成员分散在全国就是为了让每一个州在委员会中都有代表，为了防止集中化和地方化的趋势，为了使国立大学真正地可以摆脱教派和党派的干扰；至于每一份报告和提案都是经过多次协商讨论后的结果，不是他一个人的意见，多数委员都积极参与其中。而艾略特关于政府不应该资助高等教育的观点则是霍伊特反驳的重点，这几乎用了整个报告一半的篇幅。艾略特认为独立自主是共和政府的本质，社会和公民不应该依赖于政府，但是霍伊特认为“知识才是真正的力量和独立”，政府为人民提供优秀的教育正是培养他们独立自主的能力，② 这才是从根本上维护每个人的自由，而且认为

---

① National Education Association,"Addresses and Journal of Proceedings of the National Educational Association,sessions of the year 1874 at Detroit,"*Michigan. Worcester : Charles Hamilton*,(1874):175.

② National Education Association,"Addresses and Journal of Proceedings of the National Educational Association,sessions of the year 1874 at Detroit,"*Michigan. Worcester : Charles Hamilton*,(1874):183.

作为美国最古老、最优秀的大学的校长应该比任何人都要了解这一点。如果像艾略特所说的那样，国立大学计划是幼稚的、违宪的话，那么等于说国父们也都是幼稚的，那么过去的一百年中所有的联邦政府资助教育的政策都是违宪的了，因此其反对的逻辑是不成立的。可以说，霍伊特的反驳也跟艾略特的批评一样掷地有声。不过，依然可惜的是，艾略特校长并未出席此次年会，6 月 10 日他致信全国教育协会主席表示他的言论只针对国立大学而不涉及其他，他不希望被误解为公共教育的反对者。[①] 我们也无法得知艾略特对霍伊特这番反驳的看法，但可以确定的是，他们二人一直坚持己见，从来没有成功地说服过对方。

霍伊特报告完毕，康奈尔大学（Cornell University）校长安德鲁·迪克森·怀特（Andrew Dickson White）做了长篇发言成为霍伊特最坚决的支持者。怀特首先盛赞德国的大学模式，认为德国古老的大学已经被重新塑造以适应现代的需要，实现了成功的转型，在政府的强力支持下，德国大学“由全民支持，服务于全民，已经远远领先于世界上其他的大学”[②]。相比之下，美国却把高等教育留给了私人和教派，古老的高等教育体制一成不变，结果没有一所大学和学院配得上它的名称。美国政府必须像资助公立学校系统那样来资助整个高等教育系统，尤其是建立一所国立大学为新一代的年轻人提供优秀的高等教育。怀特特别严厉地批评了艾略特在政府与高等教育关系上的自由放任主义（Laissez Faire），他认为，甚至是自由放任主义之父约翰·斯图亚特·密尔（John Stuart Mill）也特别将教育排除在市场的供求法则之

① National Education Association,“Addresses and Journal of Proceedings of the National Educational Association, sessions of the year 1874 at Detroit,”*Michigan. Worcester : Charles Hamilton*,(1874):76.

② National Education Association,“Addresses and Journal of Proceedings of the National Educational Association, sessions of the year 1874 at Detroit,”*Michigan. Worcester : Charles Hamilton*,(1874):59.

外。他最后总结道："美国主要的高等教育必须让人民通过他们联邦和州的立法机关对高等教育机构进行资助来实现，设施要完备，同时还要免于教会的控制。"①

俄亥俄州的约翰·汉考克（John Hancock）、圣路易斯市的督学威廉·T. 哈里斯（William T. Harris）和密苏里州的 J. C. 梅森（J. C. Mason）都对怀特校长的意见表示支持。但在第二天上午的讨论中，曾担任俄亥俄州公立学校行政专员的爱默生·E. 怀特（Emerson E. White）、马萨诸塞州的查尔斯·哈蒙德、伊利诺伊州蒙莫斯学院（Monmouth College）校长大卫·A. 华莱士（David A. Wallace）及华盛顿和杰斐逊学院校长乔治·P. 海斯（George P. Hays）相继表示不能认同怀特校长贬低一些小型学院的观点，认为美国的学生依然可以在小型学院中受到良好的教育。怀特校长承认美国小型学院的古典教育固然是优秀的，但是缺乏的正是符合时代要求的科学和技术的教学。②这次会议上，主张国立大学的意见再次占了上风，大会再次肯定了建立国立大学的主张并重申了希望国会通过出售公共土地的方式资助公共教育。很显然，在这两年的全国教育协会上，关于国立大学的议题，正反方的意见可以说都得到了充分的表达，如果能够继续讨论下去或许能够将这个问题进一步深化，日后的国立大学议案也将一定会以更完备的内容和形式出现在国会。然而，在接下来的 15 年中，全国教育协会的历届年会已不见对国立大学的任何讨论，1877 年拉瑟福德·B. 海斯（Rutherford B. Hays）总统希望国会尽快建立一所顶尖的大学以

---

① National Education Association,"Addresses and Journal of Proceedings of the National Educational Association, sessions of the year 1874 at Detroit," *Michigan. Worcester : Charles Hamilton*, (1874): 76.

② National Education Association,"Addresses and Journal of Proceedings of the National Educational Association, sessions of the year 1874 at Detroit," *Michigan. Worcester : Charles Hamilton*, (1874): 97-99.

实现华盛顿总统的意愿并推进美国公共的幸福，1886 年参议院也收到一份跟 1872 年的索耶提案几乎一致的国立大学提案，但是除此之外，对于国立大学的努力似乎停止了，也不见霍伊特和他的国立大学委员会的身影。

三、霍伊特和“国立大学特别委员会”在华盛顿的努力

直至 1889 年 7 月在田纳西州纳什维尔市召开的年会上，马萨诸塞州波士顿的一位督学威廉·A. 莫里（William A. Mowry）向大会提交了一份《国立大学研究》（“A National University：A Study”），国立大学的议题才重新回到全国教育协会。莫里从历史和现实两个角度论证了国立大学的合理性，首先，公立学校的建立与殖民地的发展几乎是同步的，用税收或公共资金来发展教育乃是一种传统，尽管宪法并未明确授予国会建立国立大学的权力，但是国会仍保留了其干预高等教育的手段，如立法；其次，美国的高等教育已经无法满足时代发展的需要，当前美国对更高等的知识、更完全的研究有着强烈的需求，约翰·霍普金斯大学的建立正是对这一时代需求的回应，但这远远不够。[1] 此外，莫里还讨论了国立大学的资金、范围、师生、奖学金等问题，他认为在美国当前的财力完全有能力资助这样一所国立大学。

不过遗憾的是，全国教育协会对莫里的报告并未产生兴趣，大会上也不见任何人对此表达过支持和赞同的意见。而此时的约翰·霍伊特却正担任怀俄明大学（University of Wyoming）的首任校长并积极参与怀俄明建州事宜及其州宪法的起草工作而无暇他顾，[2] 他只是在 1890 年动员了佛蒙特州的参议员乔治·F. 埃德蒙斯（George F. Edmunds）

---

① “Journal of Proceedings and Addresses, sessions of the year 1889 at Nashville, Tennessee,”*Topeka：Kansas Publishing House*,(1889):190-194.

② “The Peacemaker,”*Pennsylvania：Philadelphia*,(July-August 1912):137.

在当年 5 月 14 日向参议院提交了一份国立大学提案，他坦承："这是一个特殊而罕见的话题。这份提案只是我做的一份粗糙的草稿。"他希望联邦政府拨款 500 万美元建立一所国立大学，结果未引起太多反响。参议院为之指定了一个由 9 位参议员组成的"国立大学特别委员会"（Select Committee to Establish the University of the United States）做专门研究，结果也是不了了之，不过当年的纽约《国家》（*The Nation*）周刊对此提案评论道："它或许设立了一条原则，那就是没有联邦政府的管理就没有真正的大学。在华盛顿建立一所如此管理的大学或许是这个国家的荣耀，而且华盛顿的图书馆和科学设备现在已经非常充实了。"[①]《纽约时代》（*The New York Times*）杂志也评说道："当那些锐意进取的年轻人完成其学院课程时发现他还只是徘徊在知识领域的边缘并且他的进取心仍然促使他去国外完成他的教育的时候，这样一所增强我们整个教育系统的机构就是必需的了。"[②] 尤其是这个委员会的成员在接下来几年中成为国立大学的主要呼吁者。尽管全国教育协会并未完全摒弃国立大学计划，但终究没有任何实际的行动，霍伊特在此事上已然逐步放弃了希望通过全国教育协会达到目标的努力。进入 19 世纪 90 年代以后，由于健康的原因，霍伊特不得不放弃在西部的事业而决定迁居首都华盛顿，并于 1891 年在国会大厦附近设立了一间"国立大学办公室"，并动用他在过去几十年的政治、文化事业中积累的人际关系，对每一所大学和学院的校长、每一位公立学校的督学及重要的政界人士写信寻求在国立大学一事上的支持。由此，他对国立大学的努力从全国教育协会开始转向国会。

1892 年，霍伊特来到华盛顿后的第二年，他完成了一本长达一百二十余页的《国立大学备忘录》（"Memorial in regard to A National

① *The Nation*, December 12, 1890.

② *The York Times*, March 10, 1890.

University"），追溯了自建国以来美国人追求国立大学的历史，详细阐述了建立国立大学的理由，以及目前为何要再次努力建立这样一所大学的原因。这份备忘录由参议员雷德菲尔德·普罗克特（Redfield Proctor）于当年 8 月提交到了参议院，并在来自俄亥俄州的参议员约翰·舍曼（John Sherman）的动议下，国会以联邦政府经费将此备忘录印发了 5000 份。霍伊特亲自领导了在合众国首都为实现国立大学计划而做出的第一波努力，他认为这所大学将成为"共和国最高的幸福和尊严"，以及整个国家乃至全世界的"自由的堡垒"。[①] 他在备忘录中还反驳了担心国立大学会带来权力集中的观点，他认为，政治权力的集中与教育机会的集中不可混为一谈，教育机会的集中使自由与独立的精神得到更广泛的传播，这恰恰是防止政治权力集中的根本途径，而不是相反。[②] 来年的 2 月 4 日，作为"国立大学特别委员会"主席的普罗克特向参议院提交了一份国立大学提案，其主要内容与 1872 年的索耶提案几乎没有什么区别，3 月 3 日，普罗克特为他的提案做了汇报，结果国会没有表现出特别的兴趣，又适逢新旧国会的交替之际，该提案随之被束之高阁。[③]

第二轮的努力主要来自"国立大学特别委员会"主席、弗吉尼亚州的参议员埃帕·亨顿（Eppa Hunton）。1894 年 2 月 2 日，来自南达科他州的参议员詹姆斯·H. 凯尔（James H. Kyle）向参议院提交了一份提案，参议院将此提案交付给"特别委员会"予以研究。以亨顿为首的委员会对此提案并不满意，尤其是关于国立大学的管理机构设计，

---

① John Hoyt, "Memorial in regard to A National University," *Washington, D. C.: Government Printing Office*, (1892): 120.

② John Hoyt, "Memorial in regard to A National University," *Washington, D. C.: Government Printing Office*, (1892): 18, 121.

③ The U. S. congress, "Congressional Record," *52rd Congress, 2st Session*: 1173.

亨顿于 12 月 6 日向参议院提交并宣读了修改后的凯尔提案，[①] 13 日，经过一番争论后他向国会做了长篇演说进一步陈述建立国立大学的必要性与可能性。亨顿不无肯定地说道，“我丝毫没有夸张一所国立大学所能带来的好处”，“这份修订后的提案将会在短期内造就一所世界上最伟大的学府”，“它将为向往科学的学生们提供多么好的机会啊，他们该有多么渴望被录取啊”![②] 该演说在刊印时还附上了霍伊特收到的 62 封支持国立大学的来信，当天下午，威斯康星州的参议员威廉・F. 维拉斯（William F. Vilas）也发言表示对亨顿的支持，不过也有反对的声音。最终，在缅因州参议员尤金・黑尔（Eugene Hale）的阻扰下，该提案未付表决。亨顿先后于 12 月 17 日和第二年的 1 月 3 日继续向参议院提出该议案，凯尔在 18 日也发表了题为《国立大学法案：“我们教育系统的顶点”》的演说进行呼吁，无奈在参议员尤金・黑尔和弗朗西斯・科克雷尔（Francis Cockrell）以担心通过该提案过于匆忙和该提案干扰了既定议事日程为由使得参议院没有对提案做出进一步的讨论。

1895 年，詹姆斯・H. 凯尔取代埃帕・亨顿成为国立大学的主要呼吁者，在凯尔的努力下，这一年中共有四份提案分别提交到参众两院。而与此同时，霍伊特设立“国立大学办公室”已四年有余，这期间他不辞劳苦地向全国各界知名人士寄去亲笔信以寻求支持，他还成立了一个“国立大学百人委员会”（National University Committee of One Hundred），自任主席并邀请支持者加入，至 1895 年底，已有三百余人名列其中。11 月 30 日，“百人委员会”在华盛顿召开了第一次行政会议，明确了推动建立“美利坚合众国大学”并领导这一运动的宗旨，会议让乔治・F. 埃德蒙斯领衔起草一份国立大学的报告，报告于 12 月

---

① The U. S. congress, “Congressional Record,” *53rd Congress. 1st Session*: 76.

② The U. S. congress, “On Bill (S. No. 1708) to Establish the University of the United States, Delivered in the Senate of the United States,” *Washington, D. C.: Government Printing Office*, (1894): 20-21.

11 日获得行政会议的一致通过。于是，两个委员会于 1896 年 3 月 10 日通过凯尔一起向参议院提交了一份 200 页的报告并重新提交了上一年中约瑟夫·R. 霍利（Joseph Hawley）议员的国立大学提案。这份报告主要是“国立大学特别委员会”和“国立大学百人委员会”所搜集的各方赞成意见，在霍伊特的努力下，共有四百余封信件都对国立大学计划表示了不同程度的同情和支持。但更重要的是，报告的最后附上了“国立大学特别委员会”搜集的 14 页“少数派的观点”（View of Minority），即国立大学的反对意见，虽然数量不多但却让霍伊特很不悦，同时也反映了“国立大学特别委员会”中的分歧。两个委员会和霍伊特本人可以说都尽了最大的努力，尽管如此，当 5 月 9 日参议院宣布这份提案列入议程以备下次讨论的时候，来自密苏里州的参议员弗朗西斯·科克雷尔再次竭力阻挠，国立大学提案又一次停下了脚步。

四、迟到的合宪性正名与国立大学运动在全国教育协会的落幕

在国立大学问题上沉寂了许久的全国教育协会在 19 世纪 90 年代末又重新把这个话题提上了日程。1898 年 7 月，在首都华盛顿召开的第三十七届年会上，来自伊利诺伊州的督学牛顿·C. 多尔蒂（Newton C. Dougherty）提议设立一个委员会专门研究国立大学事宜并向全国教育协会下设的全国教育委员会（National Council of Education）汇报，于是一个以芝加哥大学校长威廉·R. 哈珀（William R. Harper）为主席的 15 人委员会成立了。

然而，作为全国教育协会的会员及国立大学最坚定的呼吁者的约翰·霍伊特却没有被选入这个委员会，尽管如此，霍伊特还是对哈珀主席和他的委员会抱有很大希望。芝加哥大学校长哈珀一直都被霍伊特视为国立大学的支持者，自从霍伊特来到华盛顿之后，他们之间关于国立大学问题就多次互通信件，哈珀在每封回信中都对国立大学表

示了非常热心的支持："我想你可以把我算作国立大学运动的支持者之一。我一直以来都是相信这样一所机构的，往后也将继续相信它。"[①]他还真诚地希望国会能够尽快通过国立大学提案，就在 1895 年 12 月"国立大学百人委员会"与"国立大学特别委员会"准备为国立大学提案而通力合作的时候，哈珀提出了一些建设性的意见："我认为在这所国立大学与美国可以称为'大学'的机构之间应该有着某种有机的联系，提案中应该包括这样一条内容，即可以从其他院校中分拨一部分教授来到华盛顿任教……"[②] 可以说，如何处理国立大学与美国已有的高等院校之间的关系一直是霍伊特的计划中一个非常棘手的环节，在霍伊特收到的所有支持国立大学的信件中像哈珀校长这样真正提出建设性意见的少之又少。在 1899 年一整年中，霍伊特与哈珀之间每月至少有一次关于国立大学的通信，并对哈珀及其委员会抱有很大期望。

1899 年 11 月 2 日，15 人委员会在华盛顿召开了第一次会议，主要讨论以下问题：是否应该建立一所法定的美利坚合众国大学？如果应该，那么如何建立和管理这样一所大学？如果不应该，是否可以让国会将政府部门的教育资源配置于非官方的高等教育机构上？[③] 会议的第一天就这些问题进行了充分的讨论，然而，反对国立大学的意见占了绝对优势，主要有：第一，美国现有的教育体系已经是"国家"性质的（national），因为各个学校都以不同的方式服务于美国人民。第二，世界上没有一所大学可以涵盖所有知识门类或达到最高等的知识，创建国立大学的出发点本来就是不符逻辑的。第三，华盛顿总统当年的担忧早已不再。第四，创建一所国立大学不是最充分、最有效利用首

---

① John W. Hoyt, *University of the United States* (Washington, D. C. : Government Printing Office, 1896), p. 71.

② John W. Hoyt, *University of the United States* (Washington, D. C. : Government Printing Office, 1896), p. 71.

③ Science, "Science, New Series," *New York : The McMillan Company*, (July 12 1901).

都的学术资源的唯一途径。① 第二天，与会的 12 位委员一致认为，“联邦政府对国内教育机构公认的职能是鼓励和资助而不是控制”，“不应当呼吁政府在首都维持一所国立大学”，国会所接收的国立大学提案都是不切实际的。② 当年 12 月份的《教育评论》月刊对此会议进行了报道。

自从 1869 年国立大学话题被引入全国教师协会的讨论开始，反对声不曾间断，尽管协会的态度飘忽不定，但总体来说还是赞成的，哈珀委员会是第一次以委员会决议的形式表示了对 30 年以来在全国教育（教师）协会中多次讨论和辩论的国立大学计划的否定。这让霍伊特大为不满，12 月 22 日，他知道了最后的决议，致信哈珀委婉地指责了他。两年以后在全国教育（教师）协会的年会上，经过霍伊特的多方努力，哈珀委员会的最后决议并未被接纳，③ 但是这已经太晚了也不重要了。哈珀委员会的决议本身就说明全国教育（教师）协会对国立大学计划的兴趣已经大减，而且反对意见已经占据上风了，此后，国会中的国立大学提案依然不断，但已经很少看到全国教育（教师）协会积极参与其中了。

不过，哈珀委员会在 11 月 2 日的讨论中，同样是来自芝加哥大学的公共管理学教授埃德蒙·J. 詹姆斯（Edmund J. James）提交了一篇报告《国立大学的合宪性》（“The Constitutionality of A National University”）。詹姆斯教授认为，第一，在制宪会议上，詹姆斯·麦迪逊（James Madison）和查尔斯·平克尼（Charles Pinckney）希望将建立国立大学写入国会职能条款中的时候，反对意见只是认为已有的国会职能包括了建立国立大学的权力，无须另列条款，这里没有对国

① Science,“Science, New Series,”*New York : The McMillan Company*, (July 12 1901).

② Science,“Science, New Series,”*New York : The McMillan Company*, (July 12 1901).

③ “Journal of Proceedings and Addresses of the Fortieth Annual Meeting Held at Detroit Michigan,”*Chicago : University of Chicago Press*, (1901): 355.

立大学本身提出反对，而且还默认了国立大学是宪法的题中之意。第二，1796 年国会就国立大学问题进行辩论时，反对意见中并不包括违宪的质疑，这说明在当时看来国立大学计划不涉及违宪。第三，宪法第一条第八款规定“国会有权规定和征收直接税、进口税、捐税和其他税，以偿付国债、提供合众国共同防务和公共福利”，而国立大学属于“公共福利”的范畴。詹姆斯引用美国最高法院大法官约瑟夫·斯托里（Joseph Story）对宪法的权威解释，“国会有权拨款用于任何有关共同防务和公共福利的目的”①，而不是限于宪法中列举的项目。法学家兼法官的詹姆斯·肯特（James Kent）和 J. I. 克拉克·黑尔（J. I. Clark Hare）都对此表示赞同。② 第四，从事实上看，联邦政府自诞生以来一直保持对教育事业的资助，在公共福利领域也做了很多宪法上不曾列举的事情，包括军事学院的建立，如果国立大学计划违宪的话，那么百余年以来所有这些行为都应该是违宪的。

自本杰明·拉什（Benjamin Rush）于 1786 年第一次明确提出国立大学计划，以及托马斯·杰斐逊（Thomas Jefferson）和詹姆斯·麦迪逊在 19 世纪初意识到国立大学的合宪性问题并呼吁为之增添一条宪法修正案以来，这是第一次专门系统地从法律和学术角度论述国立大学的合宪性。在今后提交到国会的国立大学提案中，这都是一份必须附上的标志性文献，这对国立大学运动具有重要的意义。但同时我们也要看到，这是一份迟到的合宪性正名之论，距国立大学理念的诞生已经过了一个多世纪，也错过了国立大学运动最高潮的时期，也恰恰是在詹姆斯教授提交这份报告的会议上，建立国立大学的主张被全国教育（教师）协会下设的委员会否决了。

---

① Joseph Story, *Commentaries on the Constitution of the United States* (Boston: Charles C. Little and James Brown, 1851), p. 154.

② Edmund J. James, *The Constitutionality of A National University* (New York: Henry Holt and Company, 1899), p. 461.

五、国立大学运动30年的检讨

从1869—1899年的整整30年中，全国教育（教师）协会、多位大学校长和政界人士及约翰·霍伊特本人都为建立一所国立大学做了很多努力，霍伊特在迁居华盛顿后直至去世都不知疲倦地为此事奔走。然而，全国教育（教师）协会的态度自始至终都是模糊不定的，最后哈珀委员会还直接否定了国立大学的主张，国会的多次提案总是遭到各种阻挠而无法进入辩论和表决阶段，如此长时间多方面的努力却没有使国立大学计划在实际操作中取得任何些许的进展，这样的结果不得不引起一些检讨和反思。

第一，对国立大学计划的本身来说，霍伊特和安德鲁·D. 怀特等主要的呼吁者都将其视为美国高等教育发展的一个方向和目标，并且将其与过去的美国高等教育之间画上了明显的界限。尽管他们对当时美国高等教育情形的担忧和批评都是比较客观的，对未来发展趋势的憧憬从今天来看也是符合历史发展潮流的，但是他们一直主张这所规划中的国立大学才是一所“真正的大学”（a true university），相比之下，美国已有的所有高等院校，尤其是那些古老的私立学校就都成为名不副实的“大学”了。这种逻辑安排使得所有美国高等院校都成了国立大学计划的对立面，这也是引起以哈佛大学校长查尔斯·艾略特和约翰·F. 赫斯特（John F. Hurst）为代表的很多私立学校和教会学校校长反对这一计划的主要原因：“它势必会成为已有大学的竞争者。……如果政府想介入大学领域的话，在我看来，与其另建一所大学还不如增强我们已有的大学。”① 哥伦比亚学院校长塞思·洛（Seth

① John W. Hoyt, *University of the United States* (Washington, D. C.: Government Printing Office, 1896), p. 13.

Low）虽然对国立大学表示赞同，但也认为其能否实现也要“取决于它的组织方式及它与其他高等院校之间的关系。”①

第二，在全国教育（教师）协会和国会指定的各种关于国立大学的委员会中都存在不同的意见，未能达成一致意见，甚至也没有能说服反对意见。在1896年凯尔提交提案的时候，同为国立大学委员会委员的爱德华·C.沃索尔首先站起来表示反对并提交了“少数派意见”。田纳西大学（University of Tennessee）校长查尔斯·威廉·达布尼（Charles William Dabney）虽然对国立大学本身不反对，但是反对建立这样一所大学的方式；1897年3月5日，他在《科学》周刊上发表长文《国立大学：生长而不是创造》。达布尼校长认为，一所国立大学应该像其他大学一样是逐步生长起来的，而不是人为地创造出这样一所巨型大学，他还指出美国人偏好大的事物，并且总是等不得事物的自然生长，在各种条件成熟之前就急于揠苗助长，“我们过分迷信用以达到我们目的的那些力量”，创建国立大学的计划就是这样一种“不成熟和缺乏经验”的表现。②

第三，从霍伊特本人来说，他可以说是这30年里国立大学运动的核心人物，是他从欧洲带回了详细的教育考察报告并重新开启了国立大学计划，全国教育（教师）协会和国会中的努力都少不了他的身影，同时他为美国的政治和文化事业都做出了不可磨灭的贡献。19世纪下半期，霍伊特多次作为美国官方代表参加欧洲的世界博览会，他曾担任威斯康星科学、艺术和文学学会主席，威斯康星州农业协会（Wisconsin State Agricultural Society）主管，威斯康星州铁路委员会（Wisconsin Board of Railroad Commissioners）主席，怀俄明领地的行

---

① John W. Hoyt, *University of the United States* (Washington, D. C.: Government Printing Office, 1894), p.:87.

② Charles William Dabney, *The National University: A Growth, not A Creation* (New York: The McMillan Company, 1897), p. 379.

政长官，参与了怀俄明建州事宜及其宪法和权利法案的起草工作，创建了怀俄明大学并担任首任校长等，这使得他根本没有太多精力用于国立大学，1875—1890 年霍伊特几乎没有为国立大学做什么努力。直到他因健康原因不得不放下很多事业并迁居华盛顿以后才把大部分精力用于国立大学，而这时的霍伊特已近暮年。

第四，霍伊特在华盛顿也确实做了很多工作，他不遗余力地写信给政界、教育界人士以寻求支持，也的确收到了几百封表示支持的回信，他都逐一列在 1896 年的国会提案中了。然而，如果仔细阅读这些回信的话就会发现，并没有很多人表现得很积极，像哈珀校长那样能提出建设性意见的已属少数，更有一些人只是礼貌性地回应，甚至对国立大学计划的具体内容都一无所知。正如安德鲁·D. 怀特 1895 年致信约翰·霍普金斯大学首任校长丹尼尔·C. 吉尔曼（Daniel C. Gilman）所担心的那样："我特别想知道的是，霍伊特先生在他给我的很多来信中提及的很多知名人士到底有多么真诚地希望推动这件事情。"[①] 此外，华盛顿大学（University of Washington）教授戴维·马德森（David Madsen）还找到了国立大学提案为何在国会屡屡受阻的原因，"1896 年一份关于国会议员和大学领导者私人文献的调查毫无疑问地揭示了许多反对霍伊特不知疲倦为之奔波的事业的努力"。

第五，1936 年明尼苏达大学教育学副教授埃德加·布鲁斯·卫斯理（Edgar Bruce Wesley）把国立大学计划失败的原因归于三个方面：公众的惰性（popular inertia）、少数有影响力的反对意见、许多大学和机构的建立已经实现了国立大学的部分功能。他认为第一个因素是最重要的，因为"很难向普通公众证明一所致力于学术和研究的大学对

---

① David Madsen, *The National University: Enduring Dream of the USA* (Detroit: Wayne State University Press, 1966), p. 93.

他们有什么样的重要性”，民众对此事的冷漠不是霍伊特等人可以唤醒的。①

第六，然而卫斯理副教授所归结导致国立大学失败的第三个原因也不容忽视，现实的原因或许比所谓的公众冷漠更为重要。首先，霍伊特在 1892 年的《国立大学备忘录》中就提到首都华盛顿的各种推进学术研究的职能机关、图书馆、博物馆，以及已经建立的各种学会、大学等，所有这些已经价值 3000 万美元，政府每年要花费 400 万美元用于各种资助和维护。② 这些资源一向被霍伊特等国立大学的主张者们视为建立一所国立大学的基础，但从另一个角度看，既然有了这些机构，它们已经可以履行计划中的国立大学的很多功能，尤其是科学研究职能，那何必再多此一举创建国立大学呢？这是霍伊特等人所无法破解的逻辑困境。其次，19 世纪下半期开始，随着国立大学运动的进行，美国现有大学中的研究工作已有明显的发展，1876 年成立的约翰·霍普金斯大学，10 年以后就已经拥有了 184 名研究生和 130 名本科生，至 1903 年的时候研究生数量已达 533 名，是本科生数量的三倍有余。③ 计划中的国立大学本来就是一个以研究为主的机构，以区别于普通的以教学为主的大学，然而美国高等教育的这种发展使得对国立大学成立的必要性又增添了一份质疑。

---

① Edgar Bruce Wesley, *Proposed : The University of the United States* (Minneapolis: The University of Minnesota Press, 1936), p. 22.

② John Hoyt, *Memorial in Regard to a National University* (Washington, D. C.: Government Printing Office, 1892), pp. 24-25.

③ David Madsen, *The National University : Enduring Dream of the USA* (Detroit: Wayne State University Press, 1966), p. 85.

结语

1899年的哈珀委员会决议无论是在赞成意见方面还是反对意见方面都成为国立大学运动在全国教育（教师）协会中的一个重要标志点，从负面来说这甚至可以成为国立大学运动中的一大挫折。但这并不意味着美国人追求国立大学的努力的停止，就在当年国会还收到了三份国立大学提案，霍伊特在1912年去世之前也从未放弃过努力。正如1936年明尼苏达大学的教育学副教授埃德加·布鲁斯·卫斯理与明尼苏达大学校长洛特斯·D. 考夫曼（Lotus D. Coffman）再次向国会提议建立美利坚合众国大学的时候说的，“一个理念的正确与否并不是由它表面的成功与失败来衡量的”，并且强调国立大学的提案从未失败过，只是被推迟了而已。①

回顾19世纪最后30年里国立大学运动的历史，此时正值“镀金时代”，美国社会的各个方面都获得了突飞猛进的发展，高等教育也在此时提出了新的发展需求，霍伊特的欧洲教育考察报告不过是这一需求的一支催化剂。当时也不仅仅是霍伊特意识到美国高等教育的危机和机遇，包括安德鲁·D. 怀特、查尔斯·W. 艾略特、丹尼尔·C. 吉尔曼、密歇根大学首任校长亨利·P. 塔潘（Henry P. Tappan）在内的很多人都开始思考什么才是美国大学发展的新方向、政府是否直接介入这样一场高等教育的变革之中、过去的大学和学院如何适应即将到来的高等教育新时代、高等教育的新职能与旧职能又该如何调节等。国立大学计划无非是对这些问题的一种回答而已，在霍伊特看来，“当前的重大问题就在于如何最有效地调动国家的教育力量”，让政府在高等

① Edgar Bruce Wesley, *Proposed: The University of the United States* (Minneapolis: The University of Minnesota Press, 1936), pp. 23, 25.

教育的调整和重组中扮演主导的作用。[①] 在对霍伊特、怀特等人的国立大学理念做一个具体考察之后会发现，他们心目中所谓的“真正的大学”与今天所说的“研究型大学”在主要功能上并无太多区别，最重要的就是研究代替教学成了高等教育机构的主要任务，大学在知识种类的规模、种类和深度上都获得了极大的扩展。

因此，所谓“真正的大学”其本质不是对已有大学的否定，而是一种对未来大学发展的憧憬，是对大学职能的扩充及其深度和广度的延伸的一种期盼。早在 1857 年，霍巴特学院（Hobart College）校长本杰明·黑尔（Benjamin Hale）在接受哥伦比亚学院咨询委员会咨询的时候就说道，“在我们国家，国会的权力并没有赋予学位以特殊的价值，也没有将大学教育作为任何一个职位必备的先决条件，我认为，一所大学必须是自然生长而成，而不是人为创造。但我们必须播下种子并关注公众的需要。哈佛学院在他的专业和科学学院中已经开始这样做了。它正在成长为一所真正的大学”[②]。霍伊特等人的国立大学梦终究没有实现，但是他们对一所“真正的大学”的期盼却早已实现。他们当年对美国和欧洲高等教育的考察是审慎的，他们所描述的美国大学与欧洲大学的差距，以及对美国高等教育的担忧也是客观的。尽管国立大学不成功，却更让美国人看清了时代对高等教育的新需求。正如吉尔曼在出任约翰·霍普金斯大学首任校长时做的就职演说所说的那样：“在持续了整整一代人的关于这个国家高等教育的目标、方法、不足和可能的前途的讨论之后……在许多我们吸取了经验而他人

---

① “Addresses and Journal of Proceedings of the American Normal School and the National Teachers' Association at Cleveland, Ohio, session of the year 1870,” *Washington, D. C.: James H. Holmes*, (1871): 181.

② Benjamin Hale, “Opinions and Testimony Taken by the Committee of Inquiry Appointed by the Trustees of Columbia College, Statement of President Benjamin Hale,” *New York: John W. Amerman*, (1857): 110.

承受了损失的高昂代价的冒险之后，我们开始了我们的工作。”①

参考文献

[1] Addresses and Journal of Proceedings of the American Normal School and the National Teachers' Association at Cleveland[G]. Washington, D. C. :James H. Holmes, 1871.

[2] HOYT J W. Report on education[R]. Washington, D. C. : Government Printing Office, 1870.

[3] HOYT J W. Memorial in regard to a national university[R]. Washington, D. C. :Government Printing Office, 1892.

[4] National Education Association. Addresses and Journal of Proceedings of the National Educational Association, sessions of the year 1873 at Elmira[G]. New York. Peoria: N. C. Nason, 1873.

[5] National Education Association. Addresses and Journal of Proceedings of the National Educational Association, sessions of the year 1874 at Detroit[G]. Michigan Worcester: Charles Hamilton, 1874.

① Daniel C. Gilman, "Addresses at the Inauguration of Daniel C. Gilman, as President of the Johns Hopkins University," *Baltimore : John Murphy & Co*, (1876): 26-27.

第二编 研究型大学的科研机制研究

科学研究与美国研究型大学*

R. 阿特肯森　W. 博兰皮得

直到二战以前美国大学还属二流，研究也几乎得不到政府的任何资助。但今天，美国研究型大学已经成为美国科技系统的核心，世界各国研究型大学效仿的榜样。这个转变是怎样发生的？有什么值得借鉴的经验与教训？美国研究型大学正在经历怎样的挑战？它们的未来如何？加州大学前校长阿特肯森（Richard C. Atkinson）和乔治城大学高级研究员博兰皮得（William A. Blanpied）撰文（“Research universities: Core of the U. S. science and technology system”）追溯了这段历史，并讨论了美国研究型大学应当如何应对全球化与知识经济带来的挑战，值得一读。原文较长，现编译如下，以飨读者。

以二战为界，可以把美国研究型大学的发展分为两个阶段。二战以前研究型大学处于美国科学研究体系的边缘，大学的科学研究几乎没有得到联邦政府任何的资助，特别是在基础研究领域，当时就连这样的想法都被认为是荒谬的。然而二战改变了这种状况。由于二战期间大学的科学研究为战争做出了至关重要的贡献。促使 V. 布什（Vannevar Bush）向杜鲁门总统提交了题为《科学——无尽的前沿》

---

* 本文原载于《复旦教育论坛》2009 年第 3 期。R. 阿特肯森（Richard C. Atkinson），加州大学前校长；W. 博兰皮得（William A. Blanpied），乔治城大学高级研究员。余慧萍，编译，华中科技大学教育科学学院硕士研究生。赵炬明，审校，华中科技大学教育科学学院教授。

的报告，这份报告说明了联邦资助大学研究的合法性和必要性，勾画了美国战后的科学体系，从此以后，研究型大学进入了新的历史时期。

1975 年以前研究型大学的科学研究主要由联邦政府资助。冷战结束后军事研究地位下降，联邦政府投入也开始下降。然而 1980 年代以来的知识经济和全球化竞争使得美国产业界把大学研究看成美国经济赢得全球竞争胜利的利器，于是大学开始和产业界结合，来自产业界的资助变成越来越重要。然而，强调研究和与产业结合也给美国研究型大学带来一系列问题，这些问题成为当代美国研究型大学所面临的挑战。如何妥善处理这些挑战，决定着美国研究型大学的未来。本文分三部分总结了这段历史。

一、美国研究型大学的早期发展

研究是研究型大学的一个基本特征。就此而论，研究型大学本身是一个相当晚近的创新。最早的欧洲大学出现在公元 11—13 世纪，如博洛尼亚大学、巴黎大学和牛津大学。它们几乎都是知识传授机构。学生到大学主要是听权威学者演讲。这些学者起初主要是传教士，后来才逐渐演变为以教书为业的教师。一些优秀学者也不时出版他们的演讲稿和研究成果，但他们的收入主要源于教学。当时大学教师最主要的任务是吸引学生。当时一些欧洲顶尖的大学是学术中心，它们为所在城市带来荣誉而因此获得王室或市政当局的资助，但大学本身仍致力于知识传授而非知识生产。

尽管当时大学变得越来越组织化，开设的课程也越来越多，但它们仍然是教学机构。大学并不是当时唯一的学术中心。16—17 世纪科学革命中诞生了一批自然哲学家，他们代表着一类新的学术知识中心。当时的科学家们都有其他正式身份，科学研究不过是他们的“业余活动”。例如，哥白尼一生大部分时间都在遥远的波兰教堂里当教士；开普勒是为神圣罗马皇帝占星卜卦的钦定天文学家；伽利略是帕多瓦大学的教师，他是在教书时出版了自己的第一批研究成果；牛顿先是剑桥大学数学教授，后来成了造币厂厂长，他以业余爱好者的身份进行研究。

第一批科研机构诞生于17世纪，其中最著名的要数1635年成立的法兰西学院和1640年成立的伦敦皇家学会。这些机构的出现显示了科学知识和科学研究日益增长的重要性。当时建立这些学术机构是为了促进学术交流，因此这些机构成了各自国家里大学的有益补充。

欧洲的学院模式和科学院模式被英国殖民者带到了北美洲。标志性事件是1636年建立的哈佛学院和1743年建立的美国哲学学会。大革命时期最显赫的科学家是富兰克林，他的收入全部来自他的印刷生意。1743年他按伦敦皇家学会模式在费城组建了美国哲学学会。今天人们常常把富兰克林看成政治家，但他的同时代人却首先把他看作是科学家。1776年富兰克林被任命为驻法大使，这是因为他有科学家背景，可以进入巴黎科学界，然后再通过这个途径打入法国政界。

18世纪末和19世纪初西部扩张运动中，人们在新扩张地区创办了很多为本地区年轻人传授实用知识的学院，同时还按照美国哲学学会和美国艺术科学学会（1790）模式，在各地建立了地方科学院。但是，那时科学研究还不被认为是一个正式职业，研究也主要是应用研究。最早的应用研究主要是在军事领域，如勘察与测量。地质调查从军队分离出来后，在民间得到了应用。当时的大学教授有时也为政府提供咨询并获得一些收入，但大学本身并没有从政府得到研究资助。有些大学教授也从事基础研究，最著名的要数普林斯顿大学物理系教授亨利（Joseph Henry）。他对电磁学做出了重要贡献，还是著名的史密森学会的首任秘书，并参与创立了国家科学院（1863）。

19世纪的普鲁士对以传授知识为主的传统大学进行了改革，主要表现为大学也开始从事研究，即大学既要传授知识也要生产知识。这首先发生在 19 世纪早期，特别是在古典文学领域，当时欧洲大学中的古典文学教授大量翻译古希腊罗马文献。1820 年德国的一些大学中的古典文学老师联合起来，专心致力于原始文献的语文学和语言学研究，研究风气由此形成。

按德国唯心主义哲学家的想法，只要能有一种宽松自由的环境，可以像教学生那样教育公民，就可以使国家和社会得到发展。亚历山大·冯·洪堡把这些理念融入了他的大学规划，并于 1809 年创办了一所新大学——柏林大学。

德国化学家李比希于 1826 年在吉森大学建立第一个同时用于教学和研究的实验室。19 世纪 60 年代德国各邦国开始发展以科学为基础的新工业，1870 年德国统一加速了这个进程，从事科学研究的大学教师被看成国家工业化的宝贵财富。

美国的第一批半研究型大学是赠地学院。赠地学院是 1862 年根据《莫雷尔法案》创办的。联邦政府把土地交给州，规定用卖地收入来创办学院。学院教授实用科学，主要是农业和机械方面的实用技术。这些学院后来进一步演变为大学。

1863 年国会通过决议建立美国国家科学院，这表明官方正式承认了科学的重要性。当时建立国家科学院的目的是让科学院成为一个咨询机构。不过直到一战前，美国政府都很少向国家科学院咨询。直到 1950 以后，国家科学院及国家工程院和国家医学院才为国会和政府各部门就广泛的科学问题提交了很多权威性的报告。

《莫雷尔法案》规定大学教师可以教书也可以从事研究，但这到内战后才成为事实。内战后一些赠地学院开始按德国大学模式建设大学，一些早期学院也开始这种转变。内战后新成立的大学多采用研究型大学模式，并迅速超过东岸的老牌学院。1876 年建立的约翰·霍普金斯大学是第一个以研究型大学模式建立起来的美国大学。其前 20 年培养的博士超过哈佛和耶鲁两校的总和。克拉克大学（1889）、斯坦福大学

（1891）和芝加哥大学（1892）学习和借鉴了霍普金斯大学。一些州立大学如加利福尼亚大学、密歇根大学、威斯康星大学、明尼苏达大学和伊利诺伊大学等也开始在校内建立独立的研究机构。

一战时研究型大学开始参与联邦政府科学实验室的研究工作，这些实验室里出现了专门化的科学研究。一战一结束，美国企业界开始建立致力于工业研究的工业实验室。到 1930 年代，工业实验室已经主导了美国的科学研究，其大部分成果都获得了应用。相比之下，学校和一些非营利研究机构如卡内基实验室和贝尔实验室等则承担了美国几乎所有的基础研究。大学也做了一些应用研究，通常是与企业和政府的合同研究。1930 年代的经济大萧条导致学校、产业、政府三方面研究工作大幅下滑，直到 1940 年后情况才逐渐好转。

二、二战以来的美国研究型大学

1940 年美国用于研究开发的资金总量估计已经达到 3.45 亿美元。其中企业投入为 2.34 亿美元，联邦政府投入 6700 万美元，大学投入 3100 万美元，分别占总经费的 67.8%、19.4%和 9.0%。其余的 1300 万美元是州政府和非营利机构投入。2004 年美国科研经费投入为 2884 亿美元，其中企业投入 1839 亿美元，联邦政府投入 863 亿美元，大学投入 103 亿美元，分别占总经费的 63.8%、30.0%和 3.6%。

二战显著地改变了美国科学技术事业，最明显的是学术研究部分。1940 年罗斯福总统认为美国必将卷入欧战，因此命令国防研究委员会探讨了如何整合美国的科学研究资源以满足战争需要。随后又在总统办公室下设立了科研发展局，负责审批与军事有关的研究合同。布什被任命为局长。布什原是麻省理工学院工程学院院长和位于华盛顿的卡内基研究所所长。国防研究委员会是科研发展局的下属机构之一，由哈佛大学校长柯南特任主席，成员还有麻省理工学院校长康普顿和科学院院长弗兰克朱。

科研发展局最重要的成功是在战争期间让科学家和工程师在他们熟悉的大学和企业实验室里从事研究工作。在二战期间科研发展局最负盛名的项目是曼哈顿工程，研制了世界上第一批核武器。科研发展局只负责监督不负责管理。如加利福尼亚大学在政府合同授权下负责管理位于新墨西哥的拉莫斯实验基地的研究工作，而由美国陆军工程兵部队负责管理相关设施。科研发展局还建设了橡树岭国家实验室、三文那核工厂、汉佛德核工厂等，这些设施由相关企业负责管理。麻省理工学院的雷达实验室也受益于科研发展局，顶尖科学家被集中到这个高度保密的实验室，在这里生产和调试当时世界最先进的雷达系统。

1944 年战争即将结束，罗斯福、布什及一批在战争期间从事军事研究的科学家们开始思考战后美国科研体系的问题。1944 年 11 月 17 日罗斯福总统给布什写了一封信，提出四个关于如何把从战争中学到的经验用于战后科研体系建设的问题。布什随即组织了四个委员会，让每个委员会回答一个问题，自己负责综述与总论，这就是著名的布什报告——《科学——无尽的前沿》。报告于 1945 年 7 月 5 日提交给杜鲁门总统。

“布什报告”最重要的观点是，政府有权利也有义务为大学的科研活动提供支持，特别是基础研究。二战前欧洲的基础研究是为应用研究和发展服务的，但欧洲的科研系统在战争中遭到毁坏，美国不得不依靠自己来为工业发展提供基础研究。布什打比方说，大学基础研究要像一个知识之池，能让工业不断地从中吸取知识。布什认为，美国工业需要基础研究，但是它们不适于做基础研究，因为基础研究的成果是通过科学出版物和专业科学会议来公开传播的，不具有垄断性。任何在基础研究中投入大量财力的公司都不太可能收回它们的投资。这样一来，联邦政府就应当承担起这个责任，把基础研究当作一项公益事业，积极支持和推动基础研究。“布什报告”对战后美国科学政策的形成做出了四点贡献：

第一，美国的科学政策应当是资助科学发展而不是科学应用。

第二，联邦政府原则上主要支持基础研究（国防除外）。

第三，联邦政府资助方式应当与成果受益者的实践标准一致。

第四，大学应当成为基础研究和培养研究人才的专门场所。

这些建议确定了美国战后应当建立怎样一个科学研究体系。二战前研究型大学位于美国科学研究体系的边缘，但“布什报告”提出，研究型大学要成为这个体系的核心。布什还主张建立一个新机构来协调所有联邦政府资助的研究，这个新机构就是国家科学基金会。

但是在“布什报告”中建议资助的是自然科学，不包括社会科学和人文学科。“布什报告”把人文社会科学列入了“其他”类，放在数学、物理、生物、工程等学科之后。事实上，政治保守的布什对社会科学从内心里不信任，这可能与 20 世纪 30 年代社会科学和人文学科的左翼人士推动社会政治运动给他留下的深刻印象有关。直到 1960 年国会修改国家科学基金法，才明确把社会科学列入资助范围。

1947 年国会通过了建立国家科学基金的法案。按照这个法案，国家科学基金会有 24 个成员，主席由总统任命，任期 6 年。国家科学基金会正式建立前，一些联邦机构已经注意到了“布什报告”。海军研究所和原子能委员会率先支持大学研究。由此开始，国防部其他部门也要求大学进行相关基础研究。激光、计算机、因特网等都是这类研究的衍生产品。

科学基金会成立后一直在资助大学基础研究方面发挥着积极作用。1957 年苏联发射了第一颗人造卫星，随后两年里，科学基金会的研究预算增加了大约 2.5 倍。至此，联邦政府应当支持大学基础研究的观点才被普遍接受。

科学基金会在项目审查上采用同行审查方法。国家医学研究院、原子能委员会、太空总署等联邦机构也如法炮制。从此形成一个模式：大学教师提出计划，基金会组织同行审查，然后根据审查结果划拨相应研究经费。

国家科学基金会的法案还要求对数学、科学和工程学等方面的教育提供经费支持。1952年首次为博士和博士后提供助研金，然后扩大到其他教育领域。苏联人造地球卫星发射成功使美国担心自身在培养科学家和工程师方面已经落后，于是通过了国防教育法，扩大了国家科学基金会对科学教育的资助。1959年国家科学基金会开始资助各学科专业协会，并通过它们推动高中课本改进，举办中学教师培训班等活动。1968年国会进一步授权基金会支持所有层次的科学教育。1984年授权基金会资助各种公共机构举办的以改进数学与科学教育为目标的活动。

1950年后研究型大学在美国科学技术体系中的作用，以1975年为界，大致可以分为两个阶段。在1950年至1975年的这20多年里，不仅联邦政府用于研发的经费快速增加，整个国家的研究经费也快速增加。1963年联邦政府开支占全国总开支的68%，工业界约占30%，其他仅为2%。此后联邦政府经费比例开始下降。到1979年，联邦政府和工业界在全国研发开支中大约各占48%。后来联邦政府研发经费比例继续下降，而工业界的投入则持续上升。

这一时期大学的科研经费也持续上升。1953年为2.73亿美元，占国家总研发经费51.8亿美元的5.3%，1960年略超过5.0%，1965年为7.9%，1975年为10.0%。

联邦政府对大学研究的资助也迅速增加。1953年在整个美国大学获得的研究经费中，联邦政府的投入为54.6%，工业界的投入为7.7%，剩余部分来自学校自筹或私人基金会。1970年联邦政府投入上升到69.7%，工业界投入下降到2.7%。1975年联邦政府的投入为67.2%，而工业界的投入为3.3%。

这段时间人们见证了研究型大学的蓬勃发展，并开始把美国研究型大学看成是美国科学技术系统的核心，社会科学和人文科学的地位也与日俱增。1960 年后大学的社会科学和行为科学研究得到了国家科学基金会和其他联邦机构的资助。后来建立了国家人文学科基金会，专门资助人文学科研究。但是，人文学科的研究仍然主要依赖私人基金会资助。由于人文学科研究获得的资助较少，有人认为人文科学陷入危机，把它们比作自然科学的穷亲戚。

从二战结束到 1950 年国家科学基金会成立的 5 年间，美国政府一直讨论“布什报告”关于联邦政府应该把大学基础研究看成公益事业的观点。随后的 25 年里，美国工业和经济获得了空前的发展。经济分析证明，科学研究是促进美国经济增长的重要因素。到 1970 年“布什报告”的核心思想已被广泛接受，即研究型大学对美国工业和经济增长具有重要作用。在这 25 年里，每个总统都建议政府应该支持大学的科学研究。到 1970 年，所有议员都达成一致意见，认为美国政府应该支持美国大学的科学研究。

在这 25 年里，美国研究型大学的成果已经可以测量了。例如，从 1950 年到 1975 年间每年的诺贝尔物理学奖不是被美国人囊括了就是被分享了；化学、生理学或医学奖则分别是占了 26 次中的 18 次及全部 26 次；1969 年起设经济学奖，此后 8 届中的 6 届有美国人获奖。这些诺贝尔奖证明了美国大学的研究能力。再如，美国大学研究生院发展出来的独特的教学与研究结合的方式，被公认为是全世界最好的科学训练。大量外国学生希望进入美国大学研究生院，这种情况一直在持续发展。

很多大学教师的研究是在国家实验室进行的。国家实验室由联邦政府提供资金，工业界、大学或非营利性机构管理，如位于芝加哥的费米实验室，位于伯克利的劳伦斯实验室、位于夏威夷和智利的双子天文台等，这些设施完全向大学生开放。能源部和科学基金会还为有效利用这些资源提供竞争性的研究经费。

相关资料显示二战后美国科技体系重要性的标志之一是设立总统科学咨询委员会和总统科学顾问。这个提议于1950年就得到官方认可，但是直到1957年才得以完善。因受到苏联第一颗人造地球卫星升天的威胁，艾森豪威尔总统指定麻省理工大学校长詹姆斯·克林为他的科学顾问，几星期后正式任命了总统科学咨询委员会成员。1962年肯尼迪总统在白宫设立了总统科技办公室，扩大了总统科学顾问的权力。总统科技办公室的职责是协调持续增长的科学技术体系。自此以后，总统科学顾问就一直承担咨询者和协调者这两种职责。

特别值得一提的是，艾森豪威尔的两个科学顾问都来自研究型大学。除此之外，总统科学咨询委员会最早的17位成员中，有14位来自研究型大学。总统科学咨询委员会对国防、空间研究、科学教育提出过很多重要建议。在委托其完成的研究报告中，有好几个是关于美国研究型大学的。

尽管美国研究型大学取得了相当的成就，但到了1960年代末，美国研究型大学和科学技术机构开始面临新的压力。1960年代以前美国工业在国际上几乎没有竞争者，但随着欧洲和日本工业的复苏，情况开始发生转变。面对竞争，人们开始怀疑联邦政府的科技政策是否还正确。

1960年代中期环保运动和越南战争不断恶化的局势，使得二战结束后美国普遍流行的积极乐观心态开始消失。一方面，由于技术不成熟导致的环境破坏，使得科学技术不再总是被认为有百利而无一害的了；另一方面，反战运动中还有人认为，美国军队仰仗着科学技术的支持，对越南进行了残酷践踏，因此科学家负有间接责任。

于是一些激进学生开始与科学家们发生冲突，其中还有少数反战的科学家。他们以帮凶罪名审判科学和科学家，这样做的后果之一是，原来立志从事科学研究的大学生们开始转向。很多科学家认为，只有少数年轻人还会把科学当作未来的职业来追求。

尽管按现值计算，自 1953 年以来联邦的研究预算及投给研究型大学的研究预算都在稳步增长，但按不变价格计算，这些预算在 1968 年达到高点之后就开始下降，直到 1974 年后再次上升。这次下降无疑是因为越战占用了联邦政府和美国经济中的大量资源，但美国总统的态度似乎也起了作用。约翰逊总统似乎看到多数在任大学教授都在反战，所以故意减少科研经费来惩罚他们。他的继任者尼克松总统更是经常表现出对大学教授的厌恶之情，因此更加会报复性地削减给大学的研究经费。

在约翰逊总统开始执政的头几个月里，总统科学咨询系统的影响力就开始下降了。总统科学顾问霍尼格曾说，“总统不太关心科学咨询系统”。约翰逊总统曾和霍尼格紧密配合，促成了几个国际科技合作协议，但由于学术团体参与反战，总统只好与学术界划清界限。约翰逊总统最重要的国内项目是他倡导的“伟大社会计划”，他还曾就规划和实施这个计划咨询过总统科学咨询委员会。然而由于此事涉及社会科学，该委员会不可能提出什么有效的建议，因为其成员几乎都是数学家和物理学家。

尼克松政府甚至公开对总统科学咨询委员会表示敌意。据尼克松政府的一个内阁官员透露，总统科学咨询委员会在白宫里早就形同虚设了。1973 年尼克松总统在第二任期的第一件事，就是解散总统科学咨询委员会，免除了爱德华·大卫总统科学顾问的职务。

1975 年，美国历史上最混乱的时期结束了。1973 年越战结束，1974 年尼克松总统因“水门事件”辞职。新总统福特宣称：“我们国家的噩梦终于结束了！”他马上着手修复政府与科学界的关系。1975 年联邦政府给大学的研究经费重新增长。他还要求副总统洛克菲勒负责探讨大学、工业界和政府研究部门之间合作的问题。1976 年福特总统签署了《科技政策、组织及优先项目法案》，其中包括重建总统科技办公室，办公室主任兼总统科学顾问。

1975 年到 1985 年这 10 年间的重要变化之一是研究型大学重新获得私人企业资助。二战之前企业对大学研究的资助是重要的，但 1950 年代联邦政府对大学研究资助很大，因此大学不太注意企业资助，企业也不愿意主动提供资助。1975 年企业对大学的资助只占美国科研经费总额的 3.3%，联邦政府资助为 67.2%。1975 年后企业对大学的资助开始上升，1990 年达到约 7.0%的水平，以后基本维持在这个水平上。

更重要的发展是联邦政府开始资助校企合作研究。1978 年国家科学基金会提出了一个鼓励校企合作研究的试行计划。根据法律，国家科学基金会不能为营利性组织提供研究资助，但可以资助校企合作中的学校部分。这个试行计划取得巨大成功后，其他计划也随之启动，包括对大学两类研究组织（工程研究中心和科技研究中心）的长期资助，资助期长达 11 年。校企合作研究使合作双方受益。

促成企业与大学积极参与合作研究的重要保证是 1980 年通过的《拜杜法案》。在这个法案之前，联邦政府资助项目的研究成果只能由联邦政府处理，包括从联邦实验室研发出来的成果。然而政府很少试图利用这些成果或授权他人使用这些成果，因此从来没人关心这些成果的进一步开发。《拜杜法案》改变了这一切。它规定，联邦资助项目的研究成果属于从事该项研究的组织，主要指大学。这样一来私立公司就会就研究成果分享问题与合作大学谈判，这产生了前所未有的激励效应。

在这个过程中，研究型大学学会了如何与企业进行合作研究，看到了这种关系的种种好处，于是大学开始建立新机制来开发教师们研究出来的有市场潜力的成果。许多大学教师开始自己开公司，把自己的成果市场化。1988 年到 2003 年美国大学教师获得的专利数量从 800 个增长到 3200 个。大学成立了技术专利许可机构，专门从事教师研究成果转让给私人企业的工作。由于《拜杜法案》把联邦资助研究成果的知识产权授予大学而不是研究者个人，因此大学可以建立一套方法在学校与从事研究的教师之间分配研究成果所获得的利润。不是所有的技术专利许可机构都能赚钱，只有少数可以得到丰厚回报。但是，技术专利许可机构成了帮助大学把闲置的研究成果转变成产品和商品的一个途径。

从最初大学与企业合作研究到研究型大学直接的商业化，都引起了一些担心。最主要的担心是大学与企业的这种关系会破坏大学创造与传播知识的基本功能。更有人担心研究型大学可能沦为企业的"劳务市场"。如果真是如此，研究型大学的基本使命——在公开刊物上发表基础研究成果——就会受到严重扭曲。在一些由企业资助大学进行的专利研究中，已经出现了这种情况。

就整体而言，大学及其企业伙伴似乎都清楚认识到，虽然学界和企业的目标不同，但它们可以通过协商找到进行合作研究的共同基础。欧洲国家和日本也在尝试鼓励大学与企业的研究合作，并获得了不同程度的成功。但它们对维持大学研究道德教育完整性也有同样的担忧。值得注意的是，中国还没有显现出这种担忧。

美国对研发资助的情况从 1975 年起就发生了改变。1975 年联邦政府投入的比例占总投入的 45%，而工业界投入的比例只占总投入的 42%。1979 年联邦政府和工业界的百分比已经相等。2000 年联邦政府投入下降到 22%，而工业界的投入接近 70%。

三、当代美国研究型大学

很多数据显示，美国的学术研究系统是世界上最好的。从 1975 年开始，美国研究型大学获诺贝尔奖的教师人数持续增长，比其他所有国家的获奖总和还要多。美国研究型大学在将研究成果商品化方面也做得更为出色。美国的研究生院把教育和科研完美结合，不仅为学生提供了宽阔的知识基础，还为他们提供了在世界名师指导下学做研究的机会。2005年上海交通大学对世界前500名大学进行了排名，前20名中有17所大学是美国大学，其余3所是剑桥大学、牛津大学和东京大学；前50名中有37所是美国大学。

其他国家的一些大学试图复制美国大学模式，但大多失败了。美国系统的独特之处是多样性，包括私立大学、州立大学、文理学校、技术学院及两年制社区学院等。这些学校都在为教师、学生、研究经费相互竞争。美国顶尖大学通常用自己的经费支持新老师前两三年的研究，但更多的研究经费是通过竞争机制从联邦政府或企业得到的。在美国这个系统中政府资助远高于学校资助，这个机制是促使美国科研质量提高的重要原因。很多国家不明白，这个竞争机制是促使美国大学达到一流的关键。此外，由于文化差异的原因，就是知道，它们也不可能复制这种竞争机制。

与美国相比，其他国家的很多大学是由国家教育行政部门管理的，所以它们理所当然地从政府部门获得研究经费。一些巨大研究项目的资金看起来好像是通过竞争获得的，但实际上更像是开会决定的。韩国的科学与工程基金会，中国的国家自然科学基金会，都是以美国国家自然科学基金会的模式建立起来的。但是这些国家基金会的成员是受中央政府控制的，因此单个大学很难脱颖而出，有效地参与竞争。

大学的研究经费在逐年增长。2004年，在研究发展投入方面，企业的投入约占全国总量的62%，相对2000年的68%有所减少；联邦政府的投入为28%，相对2000年的22%有所增长。这主要是由于企业投入下降所致，目前还很难说这是个长期趋势还是短期变动。大学研究投入的百分比稳步上升，从1953年的5.3%到1975年的10.0%，再到2000年的11.0%和2004年的13.6%。2004年美国大学投入总量为420亿美元，其中61.5%来自联邦政府，学校自筹为19.3%，非营利组织投入 9.0%，企业和州政府投入各占大约 5.0%。

根据卡内基教学促进基金会统计，2006 年美国大学约有 4387 所高等教育机构，包括职业学院、商学院和圣经学院，还有 1811 所社区学院。卡内基教学促进基金会根据博士学位授予数量和获得联邦研究基金数量来确定研究型大学。它把研究型大学分为两类：I 类研究型大学（密集地从事研究活动）和 II 类研究型大学（较多地从事研究活动）。在 199 所研究型大学中有 I 类大学 96 所，II 类大学 103 所。由此可见，美国高校中只有 4.5%的大学从事顶级科学研究。这些大学中有三分之一是私立大学，三分之二是公立大学。

根据 2003 年科研经费开支情况，前 100 所研究型大学的科研经费占全国高校研究经费的 79.6%；前 20 所研究型大学的科研经费占全国高校研究经费的 29.6%；前 10 所研究型大学的科研经费占全国高校研究经费的 16.9%。在前 20 所大学中有 12 所公立大学，8 所私立大学。

上述数字显示的是美国研究型大学好的一面，但它们也面临着一系列问题，有些问题还是非常棘手的。例如，研究资金已经严重向某些领域倾斜了。1973 年至 2003 年医学研究经费从约 30 亿美元上升到 120 亿美元，生物科学研究经费从接近 30 亿美元增加到 70 亿美元，工程研究经费从 10 亿美元增加到 56 亿美元。但是，其他学科领域如物理、地理、大气与海洋学、社会科学等，他们的研究经费从约 10 亿美元增长到约 20 亿美元。如人们常说的那样，说服国会议员支持与健康有关的研究要比说服他们支持其他方面的研究容易得多。

所有党派代表或地区议员都在国会力争给他们所在地区的大学拨款，这也加速了联邦研究基金的倾斜。国会每年给科学研究的拨款已经很少了，但这类专项拨款破坏了同行审查原则，而同行审查原则是研究型大学的基石。没有证据显示，给某校新建一个建筑或增添一套设施会使这所大学得到更多重视。进入顶级研究型大学行列是一个漫长而艰巨的过程，国会专项拨款不会缩短这个过程。

研究型大学面临的另一个问题是教师要花大量时间准备经费申请。研究型大学通常会为新教师提供一笔启动经费用于购买设备、进行预研究，然后期望他们从政府机构、企业或非营利组织那里获得经费资助自己的研究。这些年来数学、物理学、社会学等领域中的经费增长很慢，因此联邦基金竞争变得十分惨烈。例如，申请国家科学基金会的成功率约为30%，而刚毕业的博士的成功率还不到20%。

除非青年教师能在前三年获得研究经费，证明他们可以从事被认可的研究，否则就只能到差一些的学校去，或放弃学术到工业界工作。尽管这种人才流动对研究人员和对增强美国科技事业都有好处，但这也可以被看成是对优秀青年教师才华的一种浪费。从积极方面看，其他社会组织一直欢迎优秀博士加入，不仅包括传统制造业，还有投资业、银行业，以及国家和地方政府机构。对博士学位获得者来说，在这些组织里工作有机会从事“真正的工作”。

为了竞争到稀有的研究经费，教师们通常会选择提交所谓“安全”的课题申请，而不是提交可能导致重大突破的风险较高的课题申请。结果在科学期刊上发表的很多文章都是中不溜的，除了增加作者的出版数量之外没多大用处。

读博士花的时间过长也是一个问题。目前，攻读理工科博士至少要5年时间，一般是7年。然后为了在研究型大学里得到一份固定工作先得花上1—3年时间读博士后。这样一来，当他们开始独立从事研究时，最年轻的也得约35岁了。而这时他们的大部分大学同学已经在其他经济部门获得了稳定工作，拿令人羡慕的薪水。在这种情况下，就很难吸引有才华的优秀美国人从事科学研究工作。结果美国大学不得不依靠国外研究生来维持大学在科学与工程方面的研究。1983年至2003年，美国研究型大学注册的外国研究生从7万人上升到13万人，外国留学生所占比例从19%上升到27%。

美国研究型大学中工程、计算机科学、物理学领域中外国研究生的比例超过41%。1999年的外国留学生中，有中国学生3.3万人，印度学生2.3万人。他们中有很多人在求学期间就做出了杰出的成绩。美国能够把这些外国留学生纳入自己的研究系统，这是其他国家做不到的，也是美国引以为荣的地方。一些外国留学生毕业后继续从事教师工作，另一些则到美国产业界工作。毋庸置疑，这些宝贵的外国学生数量还将继续增长。

1998年亚洲的高等教育机构授予了两万个博士学位，此间美国授予在美的亚洲留学生的博士学位数量也是两万个，但亚洲大学颁发的博士学位数还在增长。许多例子表明，亚洲大学授予的博士学位增长与亚洲顶级大学的研究生教育质量提高有关。1995年以来愈来愈多的中国、韩国地区学生留在本地攻读博士学位，而再不到美国、法国、英国、澳洲这些曾经受欢迎的地方读书。由于亚洲经济发展迅速，亚洲大学也立志进入世界一流大学。若此，美国研究型大学仍然依赖不确定的留学生来充实自己的研究生项目和教师队伍的做法就可能变得不明智了。

美国研究型大学面临的另一个问题是专业分化。随着研究的进展，研究变得越来越专门化。大学分化为更多的独立学系，每个学系都致力于一个更加专门的领域。大学创立之初都是以一个文理学院为核心，再加上几个专业学院如法律、医学等。现在出现了更多的学系和学院，研究型大学组织被进一步分化。

忽视本科生教学也是一个问题。尽管研究型大学的角色包括研究、教学和公共服务，但教师晋升主要靠研究。教师通常对研究生很好，部分原因是需要研究生做研究，但本科生教育经常被教师忽视。研究型大学的本科生课程通常是一周2—3节讲课。讲课通常在一个坐满学生的大教室进行，由一名高级教授主持，然后是由研究生或是没有多少教学经验的博士后主持讨论课。这些助教中有很多外国留学生，他们中很多人英语都还不好，对美国大学中的师生互动也没有多少认识。

确实，从高质量本科学院毕业的学生进入研究生院或专业学院深造的比例，要比位居全国前列的研究型大学毕业的学生多。近年来研究型大学的本科生教育已经成为关注的焦点，在教学质量方面也取得了明显的进步。

过去20年里国家科学基金会、其他联邦机构、科学与工程专业协会等已经设立了一系列重要项目来鼓励更多的女性和少数族裔人士投身科学和工程研究事业，但结果却令人沮丧。令人印象深刻的是女性工程师数量明显增加，攻读物理科学博士的女性数量也有小幅增加，但有明显证据表明，很多有天赋的女性博士在保守且变化缓慢的学术阶梯上向前奋斗时，碰到了臭名昭著的“玻璃天花板”(glass ceiling)。

州立研究型大学面临的独特问题是，它们的预算依赖于变化无常的州政府和议会。虽然排名靠前的州立大学的研究经费部分来源于联邦经费，但州政府的经费是他们研究项目的基石。一任州长和州议会可能会认识到为本州大学的研究和教育提供资助的重要性，而他们的继任者在面对财政赤字时，可能会认为短期内大幅削减大学预算危害不大，但他们并不知道要恢复已被削弱的教育机构需要花很多年。

美国研究型大学基本上属于保守派，它们寻求改变时总是行动谨慎而缓慢。美国大学向研究型大学的转变是从内战后逐渐开始的，经过了60年才达到繁荣，成为美国科学技术体系的核心。美国研究型大学既不能满足已有的成就，也不应假定民众会了解并欣赏它们在促成社会基本目标实现方面所起的重要作用。

过去十几年里，东亚的大学的研究和教育质量都快速提高了。和世界其他地区一样，东亚的大学，特别是中国的大学，渴望成为有全球竞争力的大学，特别是和美国大学相比。其中很多大学已经取得了可观的成就。然而60年的历史表明，美国研究型大学在世界知识市场上仍然能够成功竞争，并继续取得成功，但前提是，大学和广大美国民众都了解所面对的挑战，并为适应这些变化而做好准备。

美国研究型大学跨学科研究中心与大学创新力的发展*

——基于制度创新视角的分析

耿益群

美国研究型大学跨学科研究中心的建立是应现代科学发展高度综合化的要求而产生的，它对促进知识创新、推动大学创新力的发展具有重要作用。跨学科研究中心作为当代大学制度创新的一个具体体现，具有其内在的因素：知识发展的要求、大学作为组织在社会经济发展中的作用、大学内在组织变迁需求等。美国研究型大学正是通过不断的制度创新，推动了知识创新和大学创新力的发展。其中，跨学科研究中心对促进大学创新力的发展具有重要作用。

一、跨学科研究中心的建立

对于跨学科制度（interdisciplinarity）的概念，克莱恩（Julie Thomposon Klein）认为，“跨学科”一词是指学科间互借互换、合作解决问题和为独立分割的学科之间搭建沟通桥梁等一系列活动。贝彻（Tony Becher）针对目前各个学科纷纷建立起自己的边界、走向不断地

---

* 本文原载于《比较教育研究》2008年第9期。耿益群，中国传媒大学高等教育研究所副教授，主要研究方向为比较高等教育。

分割的状况，极力主张实施跨学科战略，以跨越传统的学科分界，最终实现知识的统一。① 现代跨学科制度在美国高等教育领域的发展始于20世纪20年代。20世纪三四十年代，地区研究和美国研究这两个领域被认为是跨学科研究（interdisciplinary research，IDR）出现的标志。20世纪80年代，在美国的大学中还出现了一些私人研究小组，如加州大学伯克利分校、莱斯大学、康奈尔大学等都成立了类似的研究小组，很多研究小组成了极有影响的跨学科知识生产基地。② 跨学科研究是一种独特的协作研究方式，是一种密切联系实际的研究活动，为促进科学合作和技术服务提供各种机会。③ 在美国研究型大学中，跨学科研究更为普遍的表现形式是建立各种跨学科研究中心。

盖戈（Roger L. Geiger）从系的组织方式的局限性角度，说明知识的发展要求通过跨学科的组织形式进行研究，并提出了在大学中建立"有组织的研究单位"（organized research units，ORUs）的主张，以适应一些由于规模、时间和目标等而不适宜在系结构中进行的研究形式。ORUs能够进行系所不能进行的研究，能够使大学扩大选择研究问题的范围，而不影响学术系的基本教学任务。这类机构是由来自不同专门研究领域的研究人员组成，还包括一些非科学家人员，并发展出自己的评价标准、声望结构和职业模式。④ 这种研究组织形式通过跨学科研究满足知识发展的要求，在具有克服系的保守性特点的同时，也将社会需求和大学外部资源与大学密切联系在一起。跨学科研究中心强调

① Tony Becher, *Interdisciplinarity and Community in Ronald Barnett* (London & Bristol: Jessica Kingsley Publishers, 1994), p. 55.

② 朱丽·汤普森·克莱恩：《跨越边界：知识、学科、学科互涉》，姜智芹译，南京大学出版社，2005，第31—32页。

③ 刘仲林：《跨学科学导论》，浙江教育出版社，1990，第126页。

④ Tony Becher and Paul R. Trowler, *Academic Tribes and Territories: Intellectual Enquiry and the Culture of Disciplines* (England: The Society of Research into Higher Education & Open University Press, 2001), pp. 167-168.

以某学科的带头人为核心，形成优势互补的学者团队，是一个集约化的知识生产组织。跨学科研究中心的建立是知识生产方式的创新，也是美国研究型大学制度的创新，有利于促进知识创新，有利于促进大学创新力的发展。

二、跨学科研究中心与大学知识生产方式创新

美国研究型大学进行着各种各样的活动以营造跨学科语境，促进跨学科制度的建立，并推动知识生产方式的创新。爱默雷大学（Emory University）通过举办鲁斯讲座（Luce Seminar）这一跨学科交流项目，促使教师在广泛的领域内进行深层次的跨学科对话，以寻求一种进行知识交流的机制，实现不同领域之间知识整合的目的。讲座提高了参与者的学术工作（教学、科研和服务）水平，拓宽了参与者跨学科的互动领域，促使参与者在个人的学术努力和大学的使命之间寻求平衡。① 约翰·海厄姆（John Higham）曾将跨学科制度描述为“住在房间里的人在房门紧闭的情况下，从敞开的窗户里探出身去，与周围邻居愉快地交谈”②。事实上，美国研究型大学跨学科研究中心的实践已经远远超出了仅仅是探出身去与周围邻居愉快交谈的现状，更深入的交流与融合不仅成为新知识产生和新研究领域出现的重要源泉，而且也成为知识生产和科技创新的重要途径。哈佛大学肯尼迪公共管理学院（John F. Kennedy School of Government）的“全球环境评估项目”（The Global Environmental Assessment Project）研究中心尝试在科学研究、政策研究和国际关系等当代理论框架中进行研究方法的创新和

---

① Susan H. Frost and Paul M. Jean, *Bridging the Disciplines : Interdisciplinary Discourse and Faculty Scholarship* (The Journal of Higher Education, 2003), pp. 119-149.

② 朱丽·汤普森·克莱恩：《跨越边界：知识、学科、学科互涉》，姜智芹译，南京大学出版社，2005，第 23 页。

对研究结果进行全新解释。同时，这个项目中心还通过各种途径确保研究结果能纳入实际的政策考虑范畴，能够通过不同渠道将实践者、客户和学者集聚在一起，进行观念和经验的交流与沟通，在促进科学研究成果倍出的同时，推动全球环境问题的解决。该中心在全球环境评估方面的研究成果卓著，受到来自全球的学者和许多组织机构的重视。其研究成果从全球的视野出发，应用多学科的理论框架和研究方法，对政治权威、政府治理、实际决策及国际关系等与全球环境评估等问题之间的关系进行探讨，极大地推动了全球环境问题研究。

美国研究型大学的发展轨迹是一个不断进行制度创新的历程。美国大学最初是以英国大学为模版建立起来的，继承了古典大学的传统。19 世纪，美国大学汲取德国大学科研和教学并重的理念，又一次实现了制度创新。20 世纪三四十年代以来，美国研究型大学又在德国模式的基础上，引入了企业的制度，突破了德国大学制度中的学科封闭性和组织封闭性，形成了一种大规模和高效率的知识生产模式。通过建立跨学科研究中心，美国大学制度在一定程度上实现了知识的社会化大生产和流通。这是人类知识生产力的进一步解放，① 也是研究型大学创新力发展的重要动力来源之一。

三、跨学科研究中心与大学资源整合途径创新

作为一种超越系和学院层次的研究组织形式，跨学科研究中心有效地提高了高等教育资源的利用率，有利于资源的优化整合，实现了大学资源整合途径创新。

---

① 罗燕：《国家危机中的大学制度创新——“世界一流大学”的本质》，《清华大学教育研究》2005 年第 5 期。

（一）跨学科研究中心与人力资源整合途径创新

跨学科研究中心是由多个学院、系的教师和学生，以及大学以外的研究人员所组成的，独立设置的正规学术常务机构，直接向常务副校长办公室汇报，监管人一般为常务副校长或负责研究的副校长，存在于有组织的学院或系之外，有利于整合大学内部、大学之间及大学与社会之间的人力资源，进行重大科学研究项目的攻关。

加利福尼亚大学的跨学科研究中心和组织一律统称为“有组织的研究单位”（ORU）。加州大学的有组织研究单位包括由一群跨学科教师和学生组成的研究群体，可以设立于一个分校中也可以分布在加州大学不同校园中。这类机构的建立和解散由加州大学校长负责，并要征求各分校校长和学术评议会的同意。加州大学校长要将对 ORU 的任何重组活动汇报给加州大学董事会。ORU 要接受定期评估。ORU 的主要学术负责人是一名具有终身教授职位的教师，其他事务可由校长特别授权。每个分校内部的 ORU 主任由各分校校长指定，整个大学范围内的 ORU 主任由加州大学校长指定。大学制定和规范此类机构的建立、资助、运作和评估的规则。建立此类机构的目标是服务于大学的总体目标，强调由教师所进行的跨学科项目的研究和教学。同时，它也为学生提供研究生和博士后研究的机会、设备和帮助。ORU 的研究内容应重视应用研究和能够解决目前实际问题的研究，要有别于目前已有系的研究内容，避免建立重复性机构。每个 ORU 都要为其他校园的教师提供应用设施的便利条件。各 ORU 的财政资助既可以来自大学，也可以寻求外部资助。ORU 不为教师提供财政资助，也不授予任何学术职位，但这些教师的工作应在各系里得到认可。[①] 加州大学的 ORU 虽然名称各异，有的称为“研究所”（Institute），有的称为“实

---

① University of California, “Policy document,” accessed December 12, 2006, http://www.university of california.edu/regents/policies/6075.html.

验室”(Laboratory),有的称为“中心”(Center),但都具有跨学科研究性质。以加州大学伯克利分校的运输研究所(Institute of Transportation Studies)为例,来自不同学科领域的研究人员在这个中心从事跨学科的研究工作。目前,这个研究所已经成为一个由对运输各个方面感兴趣的研究人员组成的多样化的大规模共同体。从在运输方面的技术进步,到运输对社会和环境的影响等,囊括了多方面的内容。每年研究所项目的研究资金高达 2000 万美元,这在大学所有的研究机构和系中,属于资金最为充足的机构之一。该研究所中有 200 多名教师、研究人员和 100 多名研究生。作为一个跨学科研究机构,研究所进行的研究项目都是由来自不同学科的研究人员共同合作进行的,有效整合了各方面的人力资源。

跨学科研究中心在其各自设定的研究领域内打破学院、系和学科界限,采用研究团队自组、研究项目自选、学者牵头的方式开展研究,并有技术平台作支撑。哈佛大学的全球环境评估研究中心是由 50 多名高级学者、博士后研究人员,以及来自自然科学、社会科学和政策科学领域的学生组成的研究和培训中心。此外,该中心还将研究和培训延伸到大学和学术界以外,组织 50 多位来自环境评估领域的实践者和管理者进行研讨,发表了 40 多份工作报告,其中很多报告在同行评议的期刊上发表。

(二)跨学科研究中心与大学物质资源整合途径创新

跨学科研究中心的物质资源整合途径创新主要体现在两个方面:一是资金来源的多样化及对不同来源的资金进行有效整合;二是对各种实验设备的利用和有效整合。跨学科研究中心的资源具有资金来源多样化的特点。如斯坦福大学的卡弗里粒子物理、天体物理和宇宙学研究所(KIPAC)由大学和美国能源部及弗莱德·卡弗里和卡弗里基金会资助。基金会成为资助跨学科研究中心的重要机构。1920 年至 1930 年,美国一些大的基金会,如洛克菲勒基金会(Rockefeller

Foundation）就开始资助研究型大学中的跨学科研究。[①] 建立于 1998 年的斯坦福 Bio-X 跨学科研究中心主要由基金会资助。凯克基金会（W. M. Keck Foundation）非常支持跨学科研究。如，2004 年在该基金会资助下，伊利诺伊大学厄巴纳-香槟分校出资 120 万美元建立了跨学科研究项目，研究脑损伤和脑疾病问题。同样，加州大学伯克利分校的运输研究所也获得了来自基金会、联邦政府和州政府、汽车制造商的资助。哈佛大学肯尼迪公共管理学院的“全球环境评估项目”研究中心，主要是由美国国家科学基金提供资助。此外，国家海洋和大气全球项目管理办公室、能源部、国家航空航天局等部门也对它提供资助。这些跨学科研究中心统一支配所有资源，不受大学中各个系和学院的限制，使资金充分发挥其效用。充足的、多样化的资金来源使这些跨学科研究中心能够有稳定的资金保障，进行跨学科研究，实现知识创新。此外，跨学科研究中心的建立提高了大学及大学之间的资源和设备的利用率。跨学科研究中心通过对大学内部不同学院、系的设备的利用，实现了大学内部物质资源的整合。大学之间的跨学科研究中心也以跨学科研究作为纽带，共享了不同大学中的实验室和各种设备，充分提高了设备的利用率。

（三）跨学科研究中心与大学管理资源整合途径创新

跨学科研究中心在管理上突破了传统的院、系管理束缚，具有较大的灵活性。跨学科研究中心一般都是直接对主管教学的副校长负责，不挂靠到某一学院或系，摆脱了传统学院和系僵化的管理体制，在资源配置、人员分配等方面都有较大的灵活性。这些跨学科研究中心的特点要求大学改进传统的人员招聘和雇佣办法，实现跨系招聘，更加强调招聘具有宝贵的跨学科经验背景的人员。此外，跨学科研究中心

---

① Roger L. Geiger, *To Advance Knowledge: The Growth of American Research Universities, 1900-1940* (New York: Oxford University Press, 1986), pp. 157-158.

对学术人员的聘用和晋升标准也有很大影响，需要对传统的教师聘任和终身教授评定及晋升中的做法和准则进行调整。它要求在教师聘任和晋升标准中对教师跨学科活动进行充分考虑，形成一个具有活力的机制，合理分配跨学科研究领域中教师的职位，形成跨越不同系的终身教授评审和晋升机制。

跨学科研究中心大多采用多样化的激励措施，从而使内部成员的主观能动性得到更大程度的发挥。其中普遍的做法是发放奖金和提供实践机会，哈佛大学国际发展研究中心（Center for International Development）在这一点上做得较为突出。针对学者的激励措施有提供开拓创新奖、初级科研补助、合作研究奖、研讨奖和机动性的小补助五项，面向正、副教授，博士生，助教等各个级别的研究学者。此外，还提供很多机会，鼓励博士后、研究生及优秀本科生加入中心的学术队伍。哈佛大学还设立了专门的“教师合作校长基金”（Provost’s Fund for Interfaculty Collaboration），鼓励教师进行跨学科交流和研究。资金主要提供给哈佛大学具有助理教授、副教授和正教授职称的教师，合作教师必须来自两个不同的学院。此外，还向一些来自哈佛大学以外的教师提供类似资助，资助的金额为每年 25 000 美元，作为种子基金。由于跨学科研究中心的人员来自不同学科，人员的层次组成也是按照跨学科研究项目的需要进行组织协调，不存在所谓的“学术权威”。所有人员通力合作，对共同的跨学科研究项目进行攻关，有利于来自不同学科的学者和研究人员打破学科壁垒，走出学科的偏狭视阈，形成开阔的学术胸襟，促使学者产生思维和研究方法的突破，实现科学创新。这无疑会极大地推动科学研究的创新，对大学创新力的发展具有极大的促进作用。

四、跨学科研究中心与大学评价方式创新

这里所涉及的评价包括对跨学科研究中心项目的评估，以及对在跨学科研究中心工作的教师的评估。目前评估跨学科项目的过程尚不完善，应该吸引具有跨学科研究经验的专家参加评估，而不仅仅限于单一学科的专家。在对跨学科研究中心的评估中，需要相应的内部评估和外部评估。在外部评估中，要求评估委员会中有来自研究中心研究成果的应用者，比如企业界人士、政府人士和政策制定者。在评估中为了应对跨学科研究的复杂性，评估关注两方面质量机制：一是核心学科和相关学科专家专业知识的精深度，二是完成跨学科研究的过程。评审还对跨学科研究中心的新知识生产能力进行评估，以帮助这类中心确定新的发展战略和研究方向。内部评估即各研究型大学对研究中心的自我评估。自我评估一般包括以下方面：（1）中心的特点，具体涵盖中心的使命、正式合作和相关的附属机构。（2）领导力，包括组织结构、研究项目清单和各项目领导者。（3）研究战略，包括组织背景、短期和长期计划。（4）资源和基金，包括财政状况、研究合同、职业生涯计划和人员流动。（5）研究支持过程，包括团队工作、指导博士生人数、质量保证等。（6）声望，主要表现在引证率、获得奖项和奖励等。① 此外，大学还对这些跨学科研究中心的学生培养状况进行评估。这些都与传统上大学对系和学院的评估有所不同，是对传统评价方式的创新。

传统的同行评议方式已经不再适用于跨学科背景中的人员评估。由于跨学科研究中心涉及多个学科及多学科的专家，打破了专业界限，

---

① Committee on Facilitation Interdisciplinary Research, "Committee on Science, Engineering, and Public Policy. (2004). Facilitating Interdisciplinary Research," accessed May 15, 2008, http://www.nap.edu/catalog/11153.html.

需要对教师跨学科研究成果的评价方式和理念进行突破，形成全新的评价方式，实现对教师跨学科研究成果的科学评价。在评价中要考虑以下一些因素：（1）在跨学科研究中心工作的教师是否在从事高质量的跨学科研究工作。（2）教师所从事的研究议题是否是在其母学科中所不能解决的问题。（3）教师是否拓展了其研究领域和寻找到了新的研究方向。（4）教师在各自的研究工作中能否涵纳来自其他学科的学生和学者。（5）是否参与了新的亚研究领域的建设。（6）是否让跨学科研究中心的学生融合了不同学科的知识。（7）是否参与了多学科咨询和评审委员会。（8）是否接受其所在系、学院的多学科评审委员会的评审。（9）跨学科研究中心的教师的工作是否得到认可。（10）是否受到其学科领域以外的邀请，讲解其跨学科研究成果。

五、跨学科研究中心与大学科研成果的转化机制创新

研究型大学的科研成果一般都是通过大学的科研成果转化办公室之类的机构进行的，程序比较复杂，转化的时间较慢。在大学中建立跨学科研究中心打破了僵化的学科和学院结构，将大学内部及大学以外的学者聚集在一起，研究跨学科的问题。这些跨学科研究中心是将大学与工业领域中的需求联系起来的一个有效的制度形式，跨学科研究中心的研究人员面对同一个问题，进行协作研究，这种研究方式是应用技术研究的最佳模式之一。通过大学、企业、国家实验室等多方的合作，形成了科研成果转化机制的创新，其研究成果很容易实现科研成果的转化，直接为社会和企业服务。同时，这些跨学科研究中心也直接进行应用技术研究，直接为企业服务。此外，跨学科研究中心最有利于培养跨学科领域的博士生。不少跨学科研究中心直接与用户挂钩，提供了建立网络的机会，提供了跨学科能力的培训和氛围，在这样的跨学科研究中心里培养的博士研究生具有很强的跨学科能力，

并能够将社会和企业的实际需求与其学习和研究密切联系在一起，成为促进科研成果转化的重要力量。

参考文献

[1] 克莱恩. 跨越边界：知识、学科、学科互涉 [M]. 姜智芹，译. 南京：南京大学出版社，2005.

美国研究型大学对城市经济和产业的贡献*

郄海霞

德里克·博克在论述研究型大学与社区的关系时曾经指出，“我们不知道一个没有大学的城市会更富有还是更贫穷，因为谁也无法预知一个没有像大学这样的大机构存在的社区会是怎样的一种情况。但是，我们相信，相对来说，很少有其他方式可以像大学那样给一个城市带来如此大的经济效益”①。大学对城市的经济影响主要通过与产业界的互动来体现。大学为城市产业结构的调整和优化提供了智力基础，在知识、技术和人才方面为城市产业组织提供支持，成为新兴产业的智力源和城市经济的发动机。本文通过分析美国研究型大学对城市经济和产业的贡献，期望对我国研究型大学与地区经济的互动发展有所启示。

一、知识经济时代大学知识在城市经济中的作用

早在20世纪60年代，克拉克·克尔就在《大学的功用》中指出了知识在社会中的重要性，“知识是社会的核心。越来越多的人和越来越

---

* 本文原载于《清华大学教育研究》2007年第6期。郄海霞，天津大学高等教育研究所讲师，主要研究方向为比较教育、高等教育。

① 德里克·博克：《走出象牙塔：现代大学的社会责任》，陈军、徐小洲译，浙江教育出版社，2001，第252页。

多的机构从来没有像现在这样需要，甚至是要求知识。大学作为知识的生产者、批发商和零售商，不可避免地要向社会提供服务”①。时至今日，大学知识对企业和社会的作用得到了进一步重视。密歇根大学安娜堡分校荣誉校长、联邦未来高等教育委员会成员詹姆斯·杜德尔斯达认为，“高等教育机构，特别是研究型大学提供的知识基础，如果不比为吸引和保留公司总部和新工厂而私下达成的免税和房地产交易更重要的话，至少是同等重要的”②。特别是对于当前的经济发展而言，知识的作用更加重要。教育界、工商界和专业领域的人士已经达成共识：创造并分享新知识是促进经济发展并保持经济活力的关键。③ 城市经济是整个国家经济发展的关键，当前美国城市经济以第三产业为主，聚集了大量非农劳动力人口，对知识的需求更甚。城市经济的发展、生产率的提高、企业效益的增加、技术的创新、人才素质的提高都离不开知识的开发和应用。研究型大学是知识的主要载体，在城市经济中的作用不可低估。

哈佛大学经济学教授爱德华·格莱泽和芝加哥大学公共政策助理教授克里斯托弗·贝里发现，在“高技能”人群聚集的地区，拥有大学学位的人数在增加，1980 年 25％以上的成人拥有大学学位，到 2000 年增加到 45％。④ 在加利福尼亚州的海湾地区，大学同样为当地以知识

---

① 克拉克·克尔：《大学的功用》，陈学飞等译，江西教育出版社，1993，第 80 页。

② Karin Fischer, "The University as Economic Savior," *The Chronicle of Higher Education*, Section: Government & Politics52, Issue 45: A18, 2006, accessed September 16, 2006, http://chronicle.com/weekly/v52/i45/45a01801.html.

③ Mary Lindenstein Walshok, *Knowledge without Boundaries: What America's Research Universities Can Do for the Economy, the Workplace, and the Community* (San Francisco: Jossey-Bass Publishers, 1995), p. 45.

④ Karin Fischer, "The University as Economic Savior," *The Chronicle of Higher Education*, Section: Government & Politics52, Issue 45: A18, 2006, accessed September 16, 2006, http://chronicle.com/weekly/v52/i45/45a01801.html.

为基础的产业输送了大量的科技人才。海湾地区共有 68 所高校，1990 年以来，仅加州大学伯克利分校和斯坦福大学就授予 125 000 多个本科生和研究生学位。很多毕业生留在海湾地区，被这里高质量的生活和繁荣的经济所吸引，他们是海湾地区经济繁荣的重要推动力量。[①] 城市人口受教育程度的总体提升能够提高整个城市人口的智力水平，带动城市创造性经济的增长。

大学里的研发活动也促进了地区经济的发展。以哈佛大学为例，其研究吸引了大量科研补助金，从而有助于发展地区经济。2002 年，科研经费总额为 5.22 亿美元，其中 75%来自联邦资助。[②] 大学通过专利和许可等方式将自己的知识和技术转让给当地公司，当地公司再将其开发为有用的产品，从而间接刺激了城市经济的发展。一份题为《创新与机会：哈佛大学对波士顿地区经济的影响》的报告指出，到 2003 年为止，波士顿地区 14 家公司的建立至少部分得益于哈佛转让的技术。同时，大学的知识光环和牢固的研究基础不断吸引着著名的大公司到本地投资，诺华（Novartis）公司和默克（Merck）公司在哈佛大学的吸引下开始在波士顿地区建立新的研发公司分部，其雇佣的员工将达 1400 人。[③]

总之，大学通过人才培养、科学研究、技术转让等方式成功地将学术性知识和研究创新从实验室带入市场，将抽象的理论用于解决城市社会的现实问题，大大推动了城市经济的发展。特别是研究型大学，在城市经济和产业发展中发挥龙头和表率作用，几乎成为所在城市经

---

① Sedway Group, *Building the Bay Area's Future: a Study of the Economic Impact of the University of California* (Berkeley: University of California, Berkeley, 2001), p. 7.

② Harvard in the Community, accessed April 18, 2006, http://www.community.harvard.edu/economic.php.

③ Harvard in the Community, accessed April 18, 2006, http://www.community.harvard.edu/economic.php.

济的主要创收来源。表1列出了美国部分研究型大学对所在城市及地区经济的影响。通过数据可以发现，美国研究型大学为所在城市及地区带来了巨大的直接或间接的经济影响。

表1　美国部分研究型大学对所在城市及地区经济的影响

类型	部分研究型大学所影响的地区			
	加州大学伯克利分校（海湾地区）	哈佛大学（波士顿地区）	哥伦比亚大学（纽约市）	约翰·霍普金斯大学[1]（巴尔的摩地区）
财政年度	1999	1998	1997	1999
支出				
直接影响	$842479835	$1159000000	$925800000	$1216800000
多重绩效	1.67	1.45	1.82	1.41
间接/连带影响	$567785416	$523000000	$766000000	$499400000
总体影响[2]	$1410265251	$1682000000	$1691800000	$1716200000
工作				
直接工作	21550个	15003个	18400个	38159个
多重绩效	1.81	1.52	1.36	1.64
间接/连带工作	17528个	7843个	6640个	24470个
工作合计[2]	39078个	22846个	25040个	62629个

注：(1) 包括霍普金斯大学和霍普金斯卫生系统；(2)“总体影响”或“工作合计”等于“直接影响”或“直接工作”乘以“多重绩效”。

资料来源：Sedway Group, *Building the Bay Area's Future: a Study of the Economic Impact of the University of California* (Berkeley: University of California, Berkeley, 2001), p. 3.

二、研究型大学对城市产业的技术支持

技术是现代城市产业发展的核心要素，目前，高新技术、信息通信技术已经成为城市主导产业结构优化和升级的主要途径。大学里的技术与城市产业结构升级所需的技术之间具有密切联系。那么，大学通过何种方式将自己的新知识和新技术从校园转移到市场，将知识转化为现实的生产力？综观大学与产业界合作的历史，研究型大学的技术转让主要包括以下七种方式：研究生教育、教师咨询、专利和许可、技术推广服务、合作研究、创办非营利性组织、建立孵化器和科学园。根据大学与产业界关系的变化，可以将这些方式归纳为两种主要模式：传统模式和创新模式。

（一）传统模式下的技术转让方式

传统模式指大学或者科研实验室主要通过传统的大学使命与产业界建立联系，大学直接将毕业生和知识转移到公司，或者将大学研究者的知识以咨询和学术成果的方式转移到企业的研发机构。在这种模式下，大学与企业之间建立的是直接的、单向的关系。斯坦福大学美亚技术管理中心主任理查德·达舍博士将这种模式称为线性模式（linear hand-off）。[①] 在这种模式下，大学主要通过以下三种方式实现技术转让：大学培养并向工业部门输送毕业生，特别是研究生；教师和研究人员为工商业部门和政府提供技术咨询；专利和许可。

1. 研究生教育。研究生教育是研究型大学的主要任务之一，所有的研究型大学都培养研究生，他们在完成研究生教育以后，将学到的新知识和新技术带到企业，为企业发展做贡献。此外，研究型大学还

---

① "The Emergence of New Technology Transfer Patterns: from the Experience of Stanford University with China", 2006, accessed February 13, 2007, http://www.ryutu.ncipi.go.jp/seminar_a/2006/pdf/25/D3-4.pdf.

特别鼓励学生毕业后进行自主创业，亲自把学校的专利技术产业化。联邦电报公司最初就是由斯坦福大学一位叫赛·埃尔韦尔的毕业生建立的，最后发展为美国最大的无线电公司之一。惠普公司的创立者戴维·帕卡德和威廉·休利特是斯坦福大学弗雷德里克·特曼教授的得意门生，他们的创业活动成为硅谷早期发展的基础，这对后来硅谷创业企业的发展起了重要作用。

2. 教师咨询。大学教师和研究人员一般站在科学的前沿，对新理论和先进技术具有较好的把握，他们的学术研究成果为企业的技术创新提供了理论基础。除了培养技术人才和进行科研之外，很多大学教师和研究人员还与城市的工商企业部门建立起直接联系，参与企业的人力资源管理和决策讨论，或者充当企业的技术顾问，为企业提供技术咨询。

3. 专利和许可。专利和许可是美国研究型大学进行技术转让的主要方式，研究型大学的基础研究成果和应用研究成果主要是通过专利保护和技术许可的方式转移到产业界，再由产业界通过进一步开发将成果最终产业化。这种方式在20世纪80年代得到了联邦政府的大力支持。1980年美国政府通过了《拜杜法案》。该法案规定，联邦政府资助大学研究产生的科技成果，只要大学愿意花钱申请专利，把专利许可给企业界，以及监督企业实施专利，则专利所有权归大学。① 该法案的出台对研究型大学科研成果向企业转化起到了巨大的推动作用，1980年以后，大学的专利数量逐年增多（见图1）。同时，大学也越来越重视知识产权的经营问题，几乎每所研究型大学都设立了技术转让办公室。

---

① 罗涛：《当代西方大学知识产权经营》，国务院发展研究中心《调查研究报告》2003年第100号，http://www.gx-info.gov.cn/guoyanreport/viewreport.asp? id=27，访问日期：2007年2月13日。

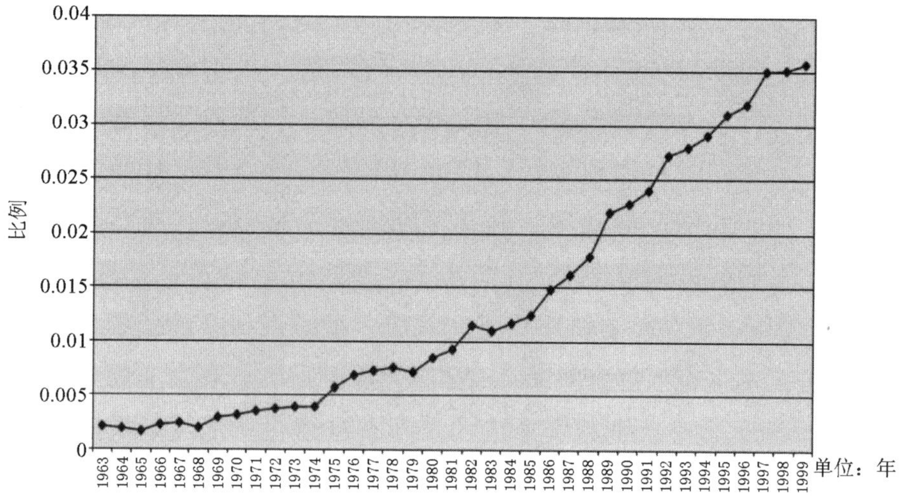

图 1　1963—1999 年美国高校专利占美国国内专利总数的比例

资料来源：David C. Mowery,"The Bayh-Dole Act of 1980 and University-Industry Technology Transfer:a Model for Other OECD Govemments?,"accessed February 13,2007,http://siepr. stanford. edu/programs/SST_Seminars/ HBSemulationtalk. pdf.

（二）创新模式下的技术转让方式

创新模式强调大学与政府和产业部门建立多种联系，是一种更加综合的技术转让模式。这种模式形成于 20 世纪 80 年代，其中比较有代表性的倡导者是加州大学戴维斯分校的理查德·多尔夫教授。他认为，技术转让是指为了促进新产品和新的生产过程的发展及其商业化而将基础研究和应用研究从大学转移到工业中的行为。① 创新模式既承认传统模式的作用，又将技术转让的内涵和外延进一步扩大，主张大学与产业界建立双向联系，形成共同的技术市场，通过技术推广服务、合

① Mary Lindenstein Walshok, *Knowledge without Boundaries : What America's Research Universities Can Do for the Economy , the Workplace , and the Community*(San Francisco: Jossey-Bass Publishers,1995),p. 48.

作研究、创办非营利组织、孵化器和科技园等多种方式将大学的新知识、新技术应用到产业部门。

1. 技术推广服务。赠地大学的农业推广服务为新的工程和技术推广服务带来了启发，研究型大学同样可以像赠地大学那样，针对当地企业的需要，在工程和技术领域为当地公司提供服务。1983 年，马里兰大学建立了技术推广服务中心（Technology Extension Service，TES），其主要目的是向小型和中等规模的公司提供技术援助，并提供技术转让的途径。加州大学圣迭戈分校也建立了类似的在拓展中的技术推广项目——CONNECT，该项目将教师、当地公司、风险资本家集中起来，实现共同的利益。[①]

2. 合作研究。合作研究是研究型大学与城市产业组织互动的一种常见方式。大学通过基础研究和应用研究为城市产业组织提供科研和技术成果，城市产业组织则为大学提供实验基地。合作研究有多种形式，如个别公司与大学之间建立的合同式研究（contract research）、大学为解决企业的现实问题而开展的专门研究、政府支持下建立的伙伴关系等。具体而言，大学与企业间的合作研究主要通过以下几种形式展开：（1）由企业发起的合同式研究，如数字设备公司（Digital Equipment Corporation，DEC）通过设备津贴、技术专家、教师与 DEC 研究人员之间的交流为大学的计算机研究提供支持。（2）企业附属项目。公司通过支付会员费使用大学实验室的基础研究成果，会员费根据公司规模按比例缴纳，支付全部费用的成员有权使用更大范围的技术转让项目。（3）专门的大学-工业研究协议，如华盛顿大学医学院孟山都（Monsanto）公司的生物医学研究项目。该项目的目标是解决公司面临的一个特殊研究问题，作为回报，孟山都公司在八年半的时间里为研究者提供

---

① Mary Lindenstein Walshok, *Knowledge without Boundaries : What America's Research Universities Can Do for the Economy , the Workplace , and the Community* (San Francisco: Jossey-Bass Publishers, 1995), p. 49.

6000万美元经济支持。（4）协商会、研讨会、讲座、短训班等。这些是大学和企业的科学家们组织的单一目的的交流活动，这些活动既可以与上述三种形式结合进行，也可单独进行。[①] 加州非线性科学协调委员会（The California Coordinating Committee for Nonlinear Science，CCCNLS）是加州大学研究人员建立的一个跨越整个大学系统的网络联盟，经常召开研讨会或协商会，并邀请企业界科学家参加。

3. 创办非营利组织。非营利组织一般是为了教育、慈善或其他特殊目的而创办的法人实体，如基金会、慈善机构或其他非营利组织。创办非营利组织是大学将科研成果转化为生产力的一种新途径。20世纪90年代以来，随着科技的重要性的加强，美国的产业界形成了一种“科技市场”（technology marketplace）。这种市场主要包括两种活动：一种是技术许可，大学出售自己的知识产权；另一种就是大学创办非营利组织。

大学本身是进行教学、科研和社会服务的学术性机构，不直接参与各类工业公司的活动，但是，非营利组织允许大学和工业公司通过建立第三方关系进行合作，这样大学既能够为工业公司提供服务，又能够从中争取到公司的资金支持，合作的目的是使双方的利益最大化，风险最小化。加州能效协会（The California Institute for Energy Efficiency，CIEE）就是这样一个组织，协会作为一个非营利组织，从加州公用事业中为校园和实验室的研究人员争取研究经费。[②]

4. 孵化器和科技园。孵化器和科技园是为刺激地区经济发展而建

---

① Mary Lindenstein Walshok, *Knowledge without Boundaries: What America's Research Universities Can Do for the Economy, the Workplace, and the Community* (San Francisco: Jossey-Bass Publishers, 1995), pp. 49-50.

② Mary Lindenstein Walshok, *Knowledge without Boundaries: What America's Research Universities Can Do for the Economy, the Workplace, and the Community* (San Francisco: Jossey-Bass Publishers, 1995), p. 50.

立的，是大学技术转让的结果，对那些缺乏启动资金的小公司而言尤其具有吸引力。大学孵化器和科技园衍生出大量新公司，它们主要利用大学实验室衍化出的科技成果推动公司的发展。在波士顿地区2001—2002年吸引外部投资新建的50个公司中，有23个（包括前10个）与一所或几所大学有关，它们或者在大学的孵化器中产生，由研究生建立，后来实现了技术的商业化；或者其首席执行官是大学的毕业生。[①] 大学科技园是大学进行大规模技术转让的主要渠道，美国研究型大学在这方面成为世界的典范，最成功的例子是波士顿地区的128高速公路、斯坦福附近的硅谷、北卡罗来纳州的科研金三角（包括教堂山的北卡罗来纳大学、达勒姆市的杜克大学和罗利市的北卡罗来纳州立大学）。这些科技园的早期形成是大学技术转让的结果，随着科技园逐渐走向成熟，反过来又促进了大学的基础研究和应用研究，提高了大学的科研实力。现在，大学与科技园之间形成了一种互惠互利的共生关系，共同推动着所在城市及地区的发展。

三、研究型大学对城市产业的人才支持

在知识经济时代，知识是联结大学与企业的主要媒介，而“人”是知识的创造者、接受者和使用者，由此决定了“人力资源”在知识传播过程中的主体地位。研究型大学对城市的贡献除了技术上的支持外，更重要的是人才方面的支持。高层次人才可以为企业带来更多新知识、新技术和企业家精神，成为城市经济创新的主要推动力。研究型大学对城市产业的人才支持主要体现在三个方面：为各产业部门提供优秀的毕业生，特别是研究生；大学教师通过咨询服务、技术顾问、

---

① Harvard University, accessed July 17, 2006, http://www.hno.harvard.edu/gazette/2003/03.13/01-economic.html.

合作创业等方式为本地区做贡献；实施推广教育计划，为企业员工提供参加教育和培训的机会。

（一）为城市输送毕业生

研究型大学不仅将科研成果转化为生产力，而且培养了大批专业技术人才。他们毕业后大都留在读书的城市，成为当地政府、公司和企业创新的核心力量。1990—1999年，仅加州大学伯克利分校和斯坦福大学就授予学士学位、硕士学位和博士学位12.5万个。[①] 这些毕业生为知识工业的发展和经济的繁荣做出了突出贡献。克利夫兰州立大学经济发展教授奈德·希尔说，“城市经济健康的最大指标就是大学毕业生的比例”。他指出，为了有更好的发展，城市必须要吸引受过良好教育的人。[②]

随着高等教育的普及，美国大学毕业生的总体数量在逐年增加。据统计，1970年，美国全国平均每100位居民中有11位大学毕业生；到2000年，全国平均每100位居民中有24位大学毕业生，增长了1倍多。[③] 从空间分布来看，大学毕业生主要集中在城市地区，特别是大城市地区。图2分别对1970年和2000年美国部分城市每100位大学毕业生数与全国平均数（图中以数字“0”表示）进行了对比。通过比较发现，到2000年，圣何塞、旧金山、波士顿、西雅图、亚特兰大等大型都市区的大学毕业生数量增长最快；一些以制造业为主的工业城市如布法罗、匹兹堡、圣路易斯的大学毕业生数量与全国相当。

---

① 刘宝存：《大学对地方社会经济发展的贡献——加州大学伯克利分校的个案研究》，《清华大学教育研究》2005年第6期。

② 胡乐乐：《美国大学毕业生带动城市变革》，《科学时报》，http://www.sciencetimes.com.cn/col37/co185/article.html? id=73062，访问日期：2006年9月27日。

③ Richard Florida, "Where the Brains Are," *The Atlantic Monthly*, accessed October 9, 2006, http://creativeclass.org/rfcgdb/articles/Where_the%20Brains_Are.pdf.

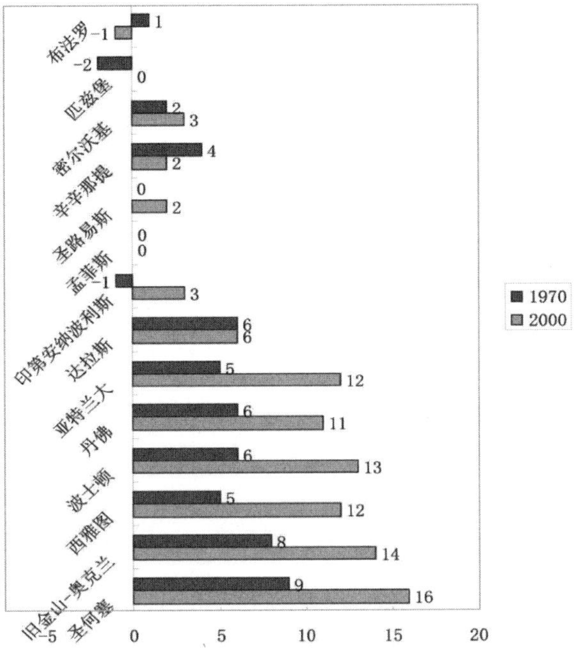

图 2　美国部分城市每 100 位大学毕业生数与全国平均数对比情况

注：图中的数字 0 表示全国平均数。

资料来源：Richard Florida, "Where the Brains Are," *The Altantic Monthly*, accessed Octorber 9, 2006, http://creativeclass.org/rfcgdb/articles/Where_the%20Brains_Are.pdf.

大学毕业生给城市带来了知识和技术，提高了企业员工的整体文化素质，成为城市工商企业部门人力资源的核心。更重要的是，很多毕业生自己创业，极大地推动了城市经济的发展。以加州大学伯克利分校为例，该校校友（包括获得本科和研究生学位的毕业生）在海湾地区创建了许多成功的公司，如 Intel、Chiron 等。加州大学校长办公室提供的数据表明，247 位校友在海湾地区创建了公司，其中很多是高科技公司，如软件开发、通讯和生物技术公司。表 2 列出了加州大学伯克利分校校友在海湾地区建立的主要公司。在这 247 位校友中，128 位在加州大学伯克利分校获得了本科学位，94 位获得了研究生学位，25 位获得了本科和研究生两个学位。[①] 这些数据表明，加州大学伯克利分校的毕业生已经成为海湾地区一支重要的创业力量。

表 2　加州大学伯克利分校校友在海湾地区建立的主要公司

公司名称	所在城市	从事的主要产业活动
Powerbar, Inc.	伯克利	食品生产
Virolab, Inc.	伯克利	生物技术
Holtsmark Architects	伯克利	建筑业
Eco Timber	伯克利	木材生产
Adax, Inc.	伯克利	电讯
Chez Panisse	伯克利	餐饮
Versata, Inc.	奥克兰	软件
Amot Controls	里士满	电子零件
Genesys Telecom Labs	旧金山	电讯
Media Arts Group, Inc.	圣何塞	家庭装修
Corio, Inc.	圣何塞	软件

资料来源：Sedway Group, *Building the Bay Area's Future: a Study of the Economic Impact of the University of California* (Berkeley: University of California, Berkeley, 2001), p. 26.

（二）教师的作用

大学教师也是城市的重要人力资源，他们以各种直接或间接的方

---

① Sedway Group, *Building the Bay Area's Future: a Study of the Economic Impact of the University of California* (Berkeley: University of California, Berkeley, 2001), p. 26.

式与城市企业建立私人或团体联系，推动着城市经济的发展。

第一，大学教师通过技术转让在城市的科技创新中发挥着主导作用。大学教师开办的公司在本地占很大比例，为本地区居民提供了大量的工作机会。以波士顿地区为例，该地区集中了美国最著名的研究型大学，拥有最优秀的教师队伍，他们成功地创办了很多公司。表3列出了大学教师在波士顿地区创办的部分公司情况。此外，大学周围科技园的形成、大量创业公司的建立最初都与大学教授的企业家精神有很大关系，麻省理工学院的万尼瓦·布什、斯坦福的弗里德里克·特曼、加州理工学院的罗伯特·米利金和冯·卡门分别在128号公路、硅谷和航空街（Aerospace Alley）的最初形成中发挥了重要作用。第二，大学教师是大学与企业合作研究的主体，大学与企业之间签订的研究合同和协议主要是通过大学教授的科研工作完成。没有教师的参与和工作，大学与企业之间的合作研究很难顺利实现，企业面临的一些现实问题很难得到有效解决。第三，著名大学的教授非常忠实于自己的学科，他们常常作为城市相关部门的顾问为城市提供服务，或者与相关部门的员工进行私人信息交流，了解本学科领域的实际问题。第四，著名大学的明星教授和杰出的研究人员还具有吸引人才的磁性效果。杰出的教授一方面可以吸引更多教师到本校工作，另一方面也能够吸引大量优秀的研究生到本地区求学。外地公司、风险资本家、实验室和研究所为了能够充分利用大学的人才和基础设施，纷纷集中到大学周围创业，大大提高了大学周围房地产的价格和经济发展水平。

表3 波士顿地区大学教师创办的部分公司

公司名称	总部所在地	建立时间	教师所属的大学	地区就业人数
Genome Therapeutics	坎尔瑟姆	1961	布兰德斯大学	165
Archemix	坎布里奇	2001	布兰德斯大学	40

续表

公司名称	总部所在地	建立时间	教师所属的大学	地区就业人数
Biogen	坎布里奇	1978	麻省理工学院、哈佛大学	1250
Aspen Technology	坎布里奇	1981	麻省理工学院	130
Cambridge Systematics	坎布里奇	1986	麻省理工学院	100
Ascent Technologies	坎布里奇	1986	麻省理工学院	23
Alkermes	坎布里奇	1987	麻省理工学院	400
Machado and Silvetti	波士顿	1974	哈佛大学	45
Monitor Group	坎布里奇	1984	哈佛大学	450
Cambridge Energy Research Associates	坎布里奇		哈佛大学	200
Boston Medical Technologies	韦克菲尔德	1991	哈佛大学	18
NitroMed，Inc.	波士顿	1988	波士顿大学	38
Modular Genetics	坎布里奇	2000	波士顿大学	9
Delphi Communication Systems，Inc.	梅纳德	1993	东北大学	25

资料来源："Engines of Economic Growth: The Economic Impact of Boston's Eight Research Universities on the Metropolitan Boston Area," accessed April 19, 2006, http://www.community.harvard.edu/economic_impact_report/economic_growth_engines-full.pdf.

不过，大学教师带给城市产业组织的影响并非总是积极的。一方面，由于高校对大学教师的评价考核主要以教学和科研成果为主，教师的企业家精神并没有获得与教学和科研相同的地位。因此，很多教师为了谋得终身教职，不愿意承担为地方社会服务的任务。罗切斯特大学电子和计算机工程学教授艾比·弗里德曼形象地指出，“有些人给教授下了个学术性定义，很多学术人员不想弄脏他们的手”①。另一方面，一些大学教师参与商业活动并非抱着服务的态度，而是以兼职获取更多经济利益为目的。这种做法违背了企业的初衷和大学的使命，常常引起大学和企业界的不满。

（三）大学的推广教育计划

推广教育计划是大学向地方社会服务的一种重要方式。大学与地方企业通过推广教育计划，既加强了大学与地方社会的文化和信息交流，又为企业员工提供了学习和培训的机会，因此，大学的推广教育计划很受市民的欢迎。本文以加州大学伯克利分校的推广教育计划为例进行说明。

加州大学伯克利分校的推广教育计划主要为海湾地区居民服务。为了方便在职人员的学习，推广课程一般在晚上或周末开设。最受欢迎的专业为计算机科学、工商管理和工程学，学生通过学习这些专业，补充在地区大型工业部门就业所需的知识和技能；也有不少学生注册历史、文学和宗教等课程，以提高个人修养。1998—1999 学年，共有 61 279 名学生注册伯克利分校的推广课程，学校共开设 2857 门课程，其中学位学分课程 596 门，占 21%；专业教育学分课程 1222 门，占 43%；专业教育和普通教育非学分课程 1039 门，占 36%。从授课地点来看，有 834 门在伯克利市授课，占 29%；1283 门在旧金山授课，占 46%；557 门在海湾地区的其他地方授课，占 19%。②

---

① Karin Fischer, "The University as Economic Savior," *The Chronicle of Higher Education*, Section: Government & Politics52, Issue 45: A18, 2006, accessed September 16, 2006, http://chronicle.com/weekly/v52/i45/45a01801.html.

② Sedway Group, *Building the Bay Area's Future: a Study of the Economic Impact of the University of California* (Berkeley: University of California, Berkeley, 2001), p. 28.

四、研究型大学对传统工业城市的改造

美国的研究型大学不仅为城市带来了直接的经济收入，提供了技术和人才支持，而且为城市营造了有利的发展环境，推动传统产业的转型。阿克伦、伯利恒、费城、巴尔的摩和里士满就是在研究型大学的推动下从传统的制造业向新的高科技产业转型的典型城市。①

作为古德里奇和古德伊尔（Goodrich and Goodyear）轮胎公司的故乡，阿克伦市几乎一个世纪以来主导着世界的轮胎产业。但是随着国外竞争的加剧，制造业不断巩固、多样化，甚至脱离了轮胎业和整个阿克伦市。为了振兴轮胎业，城市领导决定加强城市在聚合体方面的地方实力，特别是发挥阿克伦大学的作用。在大学的带动下，阿克伦成为全美聚合体研究和创新中心，支撑着中小型聚合体公司的发展。

伯利恒市曾经是宾夕法尼亚州著名的钢铁工业城市，20 世纪 80 年代，这座城市的钢铁业开始走向衰落，20 年后，钢铁厂开始关闭。伯利恒市试图通过发展化学制品、卫生保健和金融服务等产业恢复当地的经济。在恢复城市经济的过程中，大学发挥着举足轻重的作用。2006 年 6 月辞去里海大学（Lehigh University）校长职务的格雷戈里·法林顿指出，该地区的经济发展与私立大学的成功"交织"在一起。大学的小型商业发展中心（Small Business Development Center）为企业家提供培训和建议，而附属的制造业资源中心（Manufacturers Resource Center）则为制造公司提供战略规划。一个校内商业孵化器发展出了三十多个公司。

费城是宾夕法尼亚州最大的城市，也是高校集中的城市，大约有

① Karin Fischer, "The University as Economic Savior," *The Chronicle of Higher Education*, Section: Government & Politics52, Issue 45: A18, 2006, accessed September 16, 2006, http://chronicle.com/weekly/v52/i45/45a01801.html.

80 所学院和大学，每年招收 30 万世界各地的学生。近年来，由于大学与产业界联系较少，出现了人才外流现象。据统计，只有 29%的非本土毕业生留在该地区，而波士顿地区留下的非本土毕业生则占 42%。对城市人才流失的关注使工商部门、市民和大学的领导建立了知识产业伙伴关系（Knowledge Industry Partnership），目前处于合作的第四年，伙伴关系设法将最聪明的学生吸引到该地区，为他们在大学期间提供实习机会，并劝他们毕业后留在这里。三年前，巴尔的摩市一个被称为“巴尔的摩大学城”（Baltimore Collegetown）的大学联盟也开展了类似的工作。大学城的执行理事克里斯坦·坎贝尔指出，巴尔的摩市的官员们深受最近一项关于地区大学生调查结果的激励，调查结果表明，大约有 32%的学生计划毕业后留在巴尔的摩市，比三年前增加了 19%。

弗吉尼亚州的里士满市在历史上曾经以烟草业为主，十多年前，当这个城市的领导确立经济发展的重点时，他们把目光转向了弗吉尼亚联邦大学（Virginia Commonwealth University）这所公立研究型大学。他们希望通过与这所大学的合作实现两个愿望：建立一个生物科技园和创建一个工程学院。该大学的校长、大里士满商会主席尤金·特兰尼说，该校拥有 1.6 万名员工和 20 亿美元预算资金，就像一个“市区巨大的航空母舰和巨大的就业基地”。弗吉尼亚联邦大学分别于 1995 年和 1998 年建成了生物科技园和工程学院。同时，学校鼓励教师将专业知识用于地方项目，如研究非洲裔美国人教会的历史，或者为非营利团体开发最好的商业实践。300 多名教授参与了这一计划，该计划允许他们减少教学工作量。

结语

从以上分析可以看出，美国研究型大学在城市产业中发挥着举足轻重的作用，是所在城市最大的雇主，其贡献主要体现在为企业提供新知识、新技术和高素质人才。大学科研成果通过各种技术转让形式应用到企业中，大大提高了企业的效益和城市的经济实力，大学毕业生和大学教师则成为企业的重要人力资源库。特别是在高校集中的城市，高校的集聚效应比任何一所高校所产生的经济效益都大。我国也存在一些高校比较集中的城市，如北京、上海、广州、武汉、西安等，高校集中的优势无疑为城市经济的发展和城市竞争力的提升发挥了重要作用，但研究型大学与所在城市之间依然存在诸多问题。第一，我国研究型大学与城市之间的互动主要依靠政府的政策引导来实现，如部委所属院校与地方城市“共建”，双方限于被动的初步合作，研究型大学缺乏为地方城市服务的自主意识。第二，研究型大学与城市产业组织之间缺乏有效的互动机制，因而很难将大学的学术研究和科技成果及时地应用到城市社会中，这是制约我国城市经济发展的重要原因之一。第三，城市本身对研究型大学的认识不充分，一些经济比较发达的城市认识到大学为其带来的好处，它们既给予市属研究型大学充分支持，也为部属研究型大学提供更大的发展空间，但很多正在发展中的城市则不肯牺牲眼前的经济利益，不愿意为部委所属的研究型大学提供经济或土地支持，这反过来制约了其经济发展。通过分析美国研究型大学对城市经济和产业的贡献，我们可以得出的启示是，城市经济的发展和竞争力的提高切不可忽视研究型大学的作用，城市不仅要看到研究型大学所带来的直接经济效益，更要意识到它所潜在的经济影响，因此要为研究型大学提供更好的发展空间；研究型大学则要勇敢地承担起为城市服务的责任和义务，通过知识、技术和人才优势提升整个城市的实力。

参考文献

[1] FISCHER K. The university as economic savior[EB/OL].

[2006-09-16]. http://chronicle. com/weekly/v52/i45/45a01801. html.

[2] Sedway Group. Building the bay area's future: a study of the economic impact of the university of California[M]. Berkeley: University of California, Berkeley, 2001.

[3] WALSHOK M L. Knowledge without boundaries: what America's research universities can do for the economy, the workplace, and the community[M]. San Francisco: Jossey-Bass Publishers, 1995.

大学群落的地域性经济贡献探究*

——以美国波士顿地区的8所研究型大学为例

李茂林

随着社会经济和高等教育的迅速发展，高校聚群的现象越来越明显。众多大学共存于同一个城市或地区，形成了一个大学群落。较之一所大学与所在地区的关系而言，大学群落作为一个整体，对所在地区社会和经济的发展有着更加直接的推动作用。美国波士顿就是这样一个极具代表性的地区。波士顿地区高校林立，波士顿市人口不到60万，却有16所大学，而整个波士顿地区的大学数更是多达52所。众多高校所发挥的整体优势使波士顿地区成为世界上建立人力资本经济区最为成功的案例之一，成为一个充满文化气息的知识经济发源地。

一、波士顿经济区和该地区的8所研究型大学

就地理范围来讲，波士顿地区主要是指由波士顿市及其周围的5个县——艾塞克斯（Essex）、米德尔塞克斯（Middlesex）、诺福克（Norfolk）、萨福克（Suffolk）和普利茅斯（Plymouth）所构成的大波

---

* 本文原载于《比较教育研究》2009年第1期。李茂林，北京外国语大学高等教育研究所实习研究员。

士顿地区。2001 年，大波士顿商业议会（Greater Boston Chamber of Commerce）出版的一份报告显示，主要有五大产业群为整个 20 世纪 90 年代波士顿地区的经济增长提供了强大动力。它们分别是：（1）高端技术产业，包括电脑软件和硬件、通讯、生物工程等。（2）金融服务业，包括银行业、保险业和风险投资等。（3）知识产业，包括高等教育、咨询行业及科研机构等。（4）医疗服务业，包括医院、疗养院、门诊部和家政服务等。（5）旅游业，主要是指每年来波士顿地区的参观者的食宿、购买、娱乐、参观及交通花费等。① 其中第三项所指的主要就是波士顿地区丰富的高等教育资源。

波士顿地区的 8 所研究型大学是推动波士顿地区社会经济发展的主要力量之一，这 8 所研究型大学（以下简称“八校”）分别是波士顿学院（Boston College）、波士顿大学（Boston University）、布兰迪斯大学（Brandeis University）、哈佛大学（Harvard University）、麻省理工学院（Massachusetts Institute of Technoloy，MIT）、东北大学（Northeastern University）、塔夫茨大学（Tufts University）和马萨诸塞大学波士顿分校（University of Massachusetts Boston）。“八校”在保持波士顿地区经济的持续增长和构建波士顿地区的人力资本方面做出了重要贡献。鉴于人们对哈佛大学和 MIT 已经比较熟悉，这里只简单说明一下其他 6 所大学的情况。波士顿学院建校于 1863 年，是美国最古老的耶稣教和天主教大学之一，以人文学科教育为主。该校以连续获取高额的社会捐赠而著称，位于全美接受捐款额最多的前 50 名大学之列。波士顿大学建校于 1839 年，该校第三任校长莱缪尔·默尔林（Lemuel Murlin）将大学定位为“位于城市的中心、以服务城市为其使命”。布兰迪斯大学建于 1948 年，是美国唯一一所由犹太人主办的非宗

① Greater Boston Chamber of Commerce,“Greater Boston's Leading Industries: Drivers of the Regional Economy,”*Greater Boston Chamber of Commerce*,(2001):6-15.

派大学，崇尚小班教学，是美国著名的“科研集中型”大学之一。东北大学建校于1898年，以“学生中心、实践导向和城市导向”为特色，在“八校”中拥有最大的本科生招生规模。塔夫茨大学建校于1852年，以“培养各个领域——尤其是政界、医学界——的领军人物”而著称。马萨诸塞大学波士顿分校建校于1964年，该校旨在以低廉的收费为波士顿地区的居民提供优质的高等教育，被公认为是全美城市大学的样板。“八校”都是综合性研究型大学，其中马萨诸塞大学波士顿分校属公立，其他7所为私立。

二、8所研究型大学对波士顿地区经济发展的贡献

2003年，“八校”的相关研究人员联合发表了一份名为《经济增长的引擎——8所研究型大学对波士顿主要地区的经济影响力》的研究报告。[①] 该报告从各个方面具体分析了“八校”所形成的大学群落从整体上对波士顿地区的经济影响力。本文以该报告为主要依据，详细分析“八校”对波士顿地区的经济贡献。

（一）发展波士顿地区的人力资本

1. “八校”为波士顿地区的经济发展提供优秀的劳动力资源

加州大学学者詹姆斯·瑞奇（James Rauch）发现，对一个地区而言，如果该地区居民的平均教育年限增加1年，那么该地区的总经济产值便可增加2.8%。[②] 作为全美高校最密集的地区之一，波士顿地区的

---

① Researchers from Eight Research Universities of Boston, “Engines of Economic Growth: The Economic of Boston's Eight Research Universities on the Metropolitan Boston Area,”Harvard in the Community, 2003, accessed July 22, 2006, http://www.community.harvard.edu/economic_impact_report/economic_growth_engines-full.pdf.

② James Rauch, “Productivity Gains from Geographic Concentration of Human Capital: Evidence from the Cities,”*California : Journal of Urban Economic* 34, No. 3, (1993): 398-399.

高等教育质量在全美首屈一指。“八校”每年的新生入学人数占整个波士顿地区高校入学总数的45%。2000年秋季，共计有118 000名本科生、研究生和接受专业教育的学生进入“八校”学习。“八校”吸引了全美乃至全世界的学子就读，2000年入学学生中的70%都是来自波士顿以外的地区或国外。具体而言，哈佛大学和MIT的学生中有90%以上是来自波士顿地区以外；波士顿学院、波士顿大学和塔夫茨大学为70%；东北大学为60%；马萨诸塞大学波士顿分校为50%。而这些来自美国乃至世界各地的学生在毕业之后却有相当一部分留在了波士顿地区工作，为该地区的经济发展提供了优秀的劳动力资源。截至2001年，“八校”毕业的学生中，共有31万人在波士顿地区工作和居住，占“八校”历年来全部毕业学生总数的31%。

2. “八校”为波士顿地区的居民提供接受继续教育的机会

在知识经济时代，尤其是像波士顿地区这样以知识和技术为主导的经济增长区，知识和技术必须周期性地不断更新才能跟上知识经济发展的步伐。这就需要人们不断地返回大学接受再教育。而“八校”都设有继续教育中心或者学院。它们所提供的课程当中有为想获取学位的公司员工开设的夜校和周末教育课程；有为需要提升职业技能和丰富自身文化生活的人们开设的专业教育课程；还有为已经受过大学教育的人们开设的职业导向的证书课程。如波士顿大学工程学院的“晚入学加速教育项目”和波士顿学院伍兹学院的“进步学习项目”都办得有声有色，受到社区居民的好评。值得注意的是，与那些接受全日制教育的学生相反，接受继续教育的学生绝大多数都是波士顿地区的居民。以哈佛大学继续教育学院为例，该院93%的学生都是波士顿地区当地的居民。这个比例刚好是哈佛大学其他学院来自波士顿地区之外的学生所占的比例。“八校”凭借它们强大的师资和科研实力，可以在继续教育方面提供一些其他两年制或四年制高校所无法提供的专业性、学术性较强的课程。这也正是吸引大量社会人士来“八校”接受继续教育的主要原因。

（二）以强大的科研优势推动波士顿地区的经济发展

1. “八校”以汇集科研经费的方式拉动波士顿地区经济增长

近年来，“八校”的科研经费一直在增长。从 1995 年到 2000 年，“八校”的科研经费共增长了 25.6%——平均每年增长 4.7%。其中增长最快的是波士顿学院和东北大学，分别为每年增长 16%和 12.4%。“八校”科研经费的 80%以上都是由联邦政府各个部门赞助的，包括卫生部、国家科学基金会和国防部等；另外，还有 18%的资金来自私营组织、基金会及私人捐款等；只有仅仅不到 0.5%的资金是来自波士顿地区。2000 年，“八校”的科研支出是 15 亿美元。据估算，这批科研经费中有 95%都是花在了波士顿地区。也就是说，“八校”起到了一种“聚宝盆”的作用，它们使得大量的科研资金流向波士顿地区。

2. “八校”与工业界的合作研究为波士顿地区的经济发展起到了积极作用

“八校”与波士顿地区的工商界进行了大量的科研合作项目，这些科研项目直接给波士顿地区的经济注入了活力。如“制造业领头项目”成立于 1988 年，是 MIT 的工学院和斯隆管理学院共同主持的一个项目，目的在于改进制造业中的操作流程。除了大学的科研人员之外，该项目的参与者还包括艾克利斯、康柏、柯达、英特尔、摩托罗拉和飞利浦等世界知名企业的相关研究人员。再如，波士顿大学的光子学研究中心成立于 1994 年，在光子学技术的实际应用方面为大学科研人员和企业中的科研人员提供了一个合作交流的平台。

3. “八校”通过技术转让等形式积极推动波士顿地区新产业的发展

自从 1980 年美国国会通过《拜杜法案》（*Bayh-Dole Act*）以来，越来越多的研究型大学开始参与到各种形式的新技术转让项目中来，积极寻求专利权的获得。这较 1980 年以前多出了许多倍。[①] 2001 年，“八校”一共签订了 280 项新科技发明的转让许可协议，专门致力于将大学的科技成果应用于市场，这些协议中包括建立 41 家新公司。同时，在波士顿地区还有其他 112 家公司主要依靠大学科研成果的转让来运作。按照一项新技术许可协议可以带来 100 万美元先期投入来计算，“八校”与公司企业所达成的 280 项技术转让协议，在未来 5 年内将会带来 14 亿美元的先期投入。此外，“八校”还对新注册的公司和处于早期发展阶段的公司提供一种更为直接的支持。如哈佛大学的技术许可办公室和波士顿大学的公共技术基金都为大学科研成果的转让提供专门支持；MIT 的技术转让办公室也为发明者的发明是否具有投放市场的可行性提供建议；波士顿大学的光子学研究中心 23 500 平方英尺[②]的孵化器空间足够容纳 14 家新成立的公司。

（三）“八校”自身运转对波士顿地区经济发展的推动

1. “八校”通过雇佣关系为波士顿地区创造了更多的就业岗位

2000 年，“八校”共提供了 48 750 个工作岗位（包括为学生提供的兼职工作岗位），其中 36 925 个全日制和 11 825 个部分时间制岗位。这个数量超过了波士顿地区的金融业和信息技术等行业所提供的岗位数量。该年所支付的薪水约为 25 亿美元，其中的 22 亿美元支付给了波士顿地区的居民。并且，由于大学相对其他行业来讲具有更大的稳定性，所以“八校”是维持波士顿地区经济稳定的一个重要因素。如 2000 年 10 月至 2002 年 10 月，受经济波动的影响，波士顿地区的就业岗位数量减少了约 58 000 个，约占全部岗位数的 2.8%。但是，“八校”所提供的岗位数量却增加了 2000 个。并且，“八校”给其雇员所支付的工资在波士顿地区乃至全美都是最高的。2000 年，“八校”所雇员工

---

① Derek Bok, *Universities in the Marketplace: the Commercialization of Higher Education* (Princeton, N. J.: Princeton University Press, 2003), p. 141.

② 1 平方英尺＝0.09290304 平方米。

的平均年薪是 51 000 美元，比该地区所有行业雇员的平均工资高出 7%。“八校”还给雇员提供了大量的接受继续教育的机会。如在布兰迪斯大学工作的非正式全日制员工每个学期可以在该大学免费学习一门课程，并且他们的子女在进入该大学学习时可以享受只交纳 75%的学费的优惠政策。

2. “八校”通过购买和建筑花费推动波士顿地区的经济发展

“八校”不但是波士顿地区最大的雇主之一，也是波士顿地区商品和服务的最大买主之一。2000 年，“八校”从波士顿地区的其他行业部门中共购买了价值 13 亿美元的商品和服务。其中哈佛大学的花费为 2.75 亿美元，波士顿大学的花费为 1.26 亿美元，规模不太大的波士顿学院也花费了 3400 万美元。而大学的建筑花费通常是通过这样几种方式进行的：（1）雇佣当地的承包商和建筑工人。（2）经常性地更新和购买新的教学科研设备。（3）建造一个好的工作和学习环境，吸引有才能的学者和学生到此工作与学习。2000 年，“八校”在建筑方面花费总额约为 5.5 亿美元，创造了 3300 个就业岗位。

3. “八校”作为消费群体的大学生和游客对波士顿地区的经济发展也做出了贡献

“八校”众多的学生本身也是一个庞大的消费群体，他们在波士顿地区学习和生活，每天都会产生大量消费。同样，因各种原因——参加学术会议、探访好友、与学校进行商业合作及旅游观光等——而访问“八校”的参观者也要在波士顿地区进行各种消费。以 2000 年为例，该年“八校”的学生和旅游者花费总数为 11 亿美元。其中，学生在食宿、衣物、娱乐、个人服务及其他方面的日常开销共花费 8.5 亿美元；而以各种原因参观“八校”的参观者的花费至少为 2.5 亿美元。

（四）致力于为波士顿地区的经济发展创造一个良好的空间环境

1. “八校”利用自身优势改善波士顿地区的教育环境

“八校”对波士顿地区公立中小学体系最突出的贡献就在于为这些

学校的教师和学生提供了各种教育和培训的机会。波士顿学院、波士顿大学、哈佛大学、东北大学、塔夫茨大学和 MIT 都开设有本科和研究生层次的教育类专业课程。更为重要的是，“八校”创建了一系列改善社区教育环境的项目。如波士顿学院的“波士顿合作伙伴计划”，每年都会支持一些大学教师和大学生到奥斯顿-布赖顿（Allston-Brighton）去，为当地的教育行政人员和教师提供各种培训，提升他们的管理能力和教学水平；MIT 的“教师科学和工程项目”是一种带有集中性质的、为期一周的培训项目，在每年的 7 月末实施，该项目目的在于为波士顿地区的中小学教师讲授数学、物理、化学和生命科学领域的最新进展，提高他们的专业教学技能；波士顿学院的“联五计划”，由来自波士顿学院的教育学院、社会工作学院、护理学院、法学院和管理学院 5 个学院的师生，为波士顿的奥斯顿-布赖顿和米申希尔（Mission Hill）地区的 9 所公立学校的学生提供各种教育培训等。

2. “八校”积极改善波士顿地区的社区环境

努力改善大学周边社区的环境，是大学为所在地区的经济发展做出贡献的重要途径之一。大学有时会参与社区的重建项目，与社区的一些基层机构或其他一些参与社区服务项目的机构进行合作，共同致力于社区建设，以保持社区活力。① MIT 就一直致力于改进学校周边社区的居住和工作环境。它最近的举措包括：为周边社区的公路、信号系统、排水设施等基础设施的建设资助了 2850 万美元。马萨诸塞大学波士顿分校的“环境、海岸和海洋科学计划”项目自 1980 年开始实施以来，就一直致力于海港清理的研究工作。该校多学科合作共同解决海港清理问题，并负责监控整个波士顿港全面恢复工作的进程。“八校”在为中低收入的家庭提供他们能够承担的商品房方面也功不可没。

---

① Tracy M. Soska and Alice K. Johnson Butterfield, *University-Community Partnerships: Universities in Civic Engagement* (Binghamton, NY: Haworth Social Practice Press, 2004), p. 26.

一些大学在它们的社区内，直接给中低收入的家庭提供他们能够承担得起的商品房。如 MIT 在东坎布里奇、北坎布里奇和坎布里奇港三地为老年人建造了 700 套单元房；东北大学的达文波特-考门斯项目（Davenport Commons Project）除了为学生提供住宿外，还为社区居民提供 75 套商品房。

结语

大学在社会进步和经济发展中起着动力源的作用，而众多的大学聚集在同一地区形成一个大学群落，更能对所在地区的经济发展产生持久而深远的影响。大学群落对所在地区的社会进步和经济发展的推动是以其学术性作为基础的，它所发挥的作用是其他任何机构都无法替代的。德里克·博克说："我们不知道一个没有大学的城市会更富有还是更贫穷，因为谁也无法预知一个没有像大学这样的机构存在的社区会是怎样的一种情况。但是，我们相信，相对来说，很少有其他方式可以像大学那样给一个城市带来如此大的经济效益。"① 从文中对 8 所研究型大学对波士顿地区经济发展贡献的分析中可以看出，波士顿地区的 8 所研究型大学已经影响到了波士顿地区社会经济发展的方方面面，已经成为该地区的一个不可或缺的和极为重要的经济实体，"八校"给波士顿地区带来的各种财富的总和要远远大于从该地区获得的资源的价值。作为一个整体，"八校"所产生的强大经济生命力和竞争优势令全美乃至全世界的任何一个地方都刮目相看。在一个越来越以"月"而不是"年"为单位来计量竞争优势周期的时代，"八校"可以说是波士顿地区保持其区域经济竞争优势的主要源泉之一。同样，在

① 德里克·博克：《走出象牙塔——现代大学的社会责任》，徐小洲、陈军译，浙江教育出版社，2001，第 252 页。

我国，随着社会经济和高等教育自身的迅速发展，大学聚群现象也越来越明显。如北京、上海、南京、武汉和西安等地都是高校的集中地。在这些城市中已经明显地形成了一个个大学群落。其他一些省会城市、沿海城市等也同样开始出现高校聚群现象。在“如何与所在地区建立和谐发展的关系”“如何通过多种途径为所在地区的经济发展做出贡献”方面，我们可以从波士顿地区 8 所研究型大学的做法中得到些许启示。

参考文献

[1] DEREK B. Universities in the marketplace: the commercializationof higher education[M]. Princeton, N. J. : Princeton University Press, 2003.

[2] Greater Boston Chamber of Commerce. Greater Boston's leading industries: drivers of the regional economy[R] Boston: Greater Boston Chamber of Commerce, 2001.

[3] TRACY M S, ALICE K B. University community partnerships: universities in civic engagement[M]. Binghamton, NY: Haworth Social Practice Press, 2004.

从“科学推动”到“技术商业化”*

——美国研究型大学-产业部门合作创新机制的形成

王志强　闫温乐

一、《拜杜法案》：研究型大学从“科学推动”到“技术商业化”的转变

美国国家创新系统的形成过程伴随着美国高等教育系统的变革。从 1980—1987 年，美国国会通过了多项法案以促使科研成果商业化，其核心法案是《拜杜法案》。《拜杜法案》的核心要点是：允许美国各大学、非营利机构和小型企业为由联邦政府资助的科研成果申请专利，拥有知识产权，并通过技术转让而商业化；允许进行独家技术转让以使企业更主动地寻求转让技术。① 根据美国大学技术经理人协会（AUTM）对美国主要研究型大学的调查，1985 年美国研究型大学获得专利 589 项，到 2010 年则超过 4000 项。2001 年签订技术转让合同 4284 项，技术成果转让费达到 20 多亿美元，到 2010 年继续保持运营

---

* 本文原载于《高等工程教育研究》2014 年第 1 期。王志强，温州大学创业人才培养学院讲师；闫温乐，上海师范大学教育学院讲师。

① Bhaven N. Sampat, "Patenting and US academic research in the 20th century: The world before and after Bayh-Dole," *Amsterdam: Research Policy*, No. 35(2006): 772-789.

的新创企业达到 3657 个。[①]

《拜杜法案》通过之后带来美国研究型大学专利和技术许可活动的急剧增长。由大学产生的专利占美国所有专利的比重从 1975 年的 1% 增加到 2010 年的 2.5%，1975—2010 年研发支出在大学里的专利比率翻了两番，研究型大学每 10 亿美元 57 个专利增加到了 2010 年的 221 个。类似数据表明，除大学外美国所有的专利在下降，从 1975 年的 780 个下降到 429 个。[②] 基于这些趋势，许多学者和政策制定者都将《拜杜法案》追溯为美国大学创新活动增加和经济贡献的关键加速器。实际上，经济合作与发展组织（OECD）的研究也认为《拜杜法案》是促成美国 1990 年代后期在生产率提升、收入增加、就业增长等方面获得成功的重要因素之一。[③] 鉴于创新过程的复杂性，研究型大学与产业部门之间在科学技术方面的合作不仅需要法律、政策、市场需求的驱动，更重要的是为之配套一个完整的创新机制，这就包含了大学-企业间的合作平台的建立、大学组织结构的变革、大学创新文化的培育。

二、研究型大学如何影响产业创新——基于技术转移过程的分析

创新已经成为推动知识经济发展的核心，创新过程中不同行为主体之间在知识、信息、技术等方面的流动则是创新系统健康运作的动

---

① AUTM US, "Licensing Survey: FY 2010," accessed March, 2013, http://www.autm.net/FY_2010_Licensing_Survey/7019.htm.

② Yukio Miyata, "An empirical analysis of innovative activity of universities in the United States," *Amsterdam: Research Policy*, No. 4(2010): 317-331.

③ David C. Mowery, "The growth of patenting and licensing by U. S. universities: an assessment of the effects of the Bayh-Dole act of 1980," *Amsterdam: Research Policy*, No. 30 (2001): 99-119.

脉。罗森博格（Roscnberg）、莫利（Mowery）等人的研究指出，传播和运用知识本身就是一个昂贵的知识创造过程。这个被新古典主义在对研发活动的经济分析中忽略的问题，受到创新体系中不同的部门分工、体系内部的网络结构及其合作机制的影响。①

《拜杜法案》及随后一系列鼓励大学技术转移的政策法规极大地激励了研究型大学与产业部门之间进行技术转移的规模与质量。这些制度保障简化了大学-产业技术转移（UITT）的程序，通过形成一个统一的专利政策来消除大量的关于大学授权许可方面的限制，从而推动大学研究成果的市场化。除此以外，它还允许研究型大学拥有这些专利及随之而来的各种实际利益。根据AUTM的报告，美国大学年度专利数量从1980年的300个增加到了2010年的超过4000个，同时新技术的许可自1991年以来也增长了3倍。从专利中获取的收益也从1991年的1.6亿美元增加到了2010年的20亿美元——构成了目前美国大学研发支出总额的2.5%。② 在1980年《拜杜法案》及一系列补充法案实施之前，美国并没有从制度上设计出使研究型大学从技术转移中获取经济回报的机制。因此，美国研究型大学的技术转移活动也无法有效进行。据美国大学技术经理人协会统计：2005年美国高校研发经费超过420亿美元；自1980年《拜杜法案》实施到2005年，美国大学高新技术衍生公司数量达5171家，2005年成立依托大学的新衍生公司628家；大学技术许可数量达28 349项，仅2005年就审批4932项新许可证。另外，到2005年美国大学的技术转移办公室拥有员工数达16 950

---

① 陈桂尧、孙伯灿：《国家创新系统中的高校、市场与技术转移》，《高等工程教育研究》2003年第4期。

② AUTM US, "Licensing Survey: FY 2010," accessed March, 2013, http://www.autm.net/FY_2010_Licensing_Survey/7019.htm.

名。[1] 大部分技术转移办公室的目标是：提升许可收入回报，维系或扩张产业部门对大学研究的支持，促进区域经济发展，推动大学科研成果的商业化。[2]

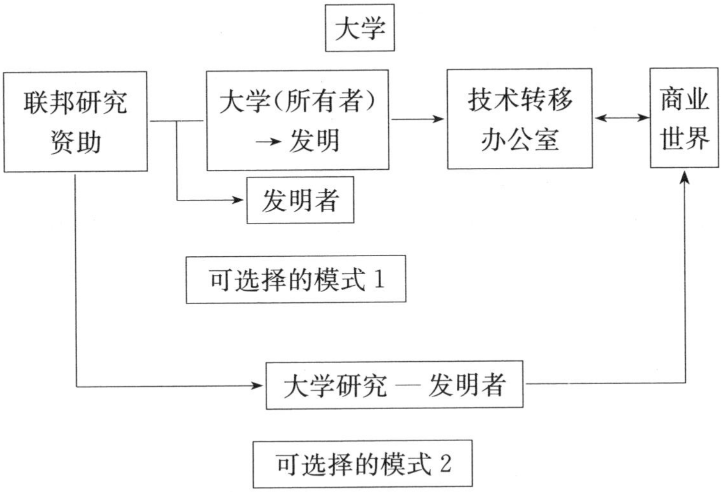

图 1 研究型大学技术转移路线图

从图 1 可见，《拜杜法案》之后美国的研究型大学与产业部门之间在技术转移过程中的变化非常明显。研究型大学逐渐进入创新活动的中心，通过开展专利注册、授权许可等活动扩展与产业部门间的关联并增加自己的经济收益，这一过程也伴随着大学研究从封闭走向开放的路线。

各方参与技术转移过程的动机和激励因素是不同的。研究型大学的教师最主要的动力就是得到学术界的认可，从发表文章、参加重要

① 武学超、徐辉：《美国研究型大学技术转移影响因素研究新进展与启示》，《高教探索》2008 年第 3 期。

② Paul M Swamidass,"Why University Inventions Rarely Produce Income? Bottlenecks in University Technology Transfer,"*Missouri：Technology Transfer*,No. 34(2009)：343-363.

会议到获取大型研究项目等；技术转移办公室和大学行政人员的主要动力就是保护大学的知识产权，同时通过将大学科研成果的商业化技术转让给企业而获取额外的研究资金以进一步支持大学研究。“对大学-产业技术合作进程来讲，技术转移意味着我们使用了这个技术来为我们的利益相关者获取利润。但是更重要的是这一过程也产生了大量的社会回报，如经济发展、创造就业、促进劳动力的素质提升等”。① 实际上，很多研究表明技术转移过程的核心是所谓“know how”的非正式信息的转移，这种默会知识在创新过程中起到的作用才是研究型大学作为知识中心所表现出的、与其他社会组织完全不同的优势所在，大学与企业间的技术转移“更多的是将技术转移称作是信息转移、知识转移。这并不意味着立刻就能获取实际的‘产品’，而更有可能是通过知识帮助某人在发展努力上的改进”②。

大学研究是创新的一个重要源泉——生成知识并扩散到合作的企业。大学建立技术转移办公室来繁荣与产业和研究商业化之间的活动。相关研究的结论表明给介入到技术转移中的教师提供更多回报和荣誉的大学更能够产生专利许可和版税收入，大学所处的区域关注高技术企业的话，也会产生更多的技术转移活动；此外，如果研究型大学具有明确地支持技术转移的发展战略和相对较为丰富的技术转移管理经验的话，那么研究型大学的技术转移活动会呈现良好的发展趋势。表 1 向我们呈现了 1995—2004 年美国研究型大学利用技术转移机构所获得的授权许可收入的变化情况。总体来看，这 10 年间伴随着美国各大学对技术转移活动的重视，开设专门的技术转移机构的研究型大学也从

---

① Paula E. Steaphan, "Educational Implication of University-Industry Technology Transfer," *Missouri : Technology Transfer*, No. 6(2001): 199-213.

② Donald S. Siegel et al., "Commercial knowledge transfers from universities to firms; Improving the effectiveness of university-industry collaboration," *New York : The Journal of High Technology Management Research*, No. 14(2003): 111-133.

1995 年的 127 所增加到了 2004 年的 164 所，专利披露的数量则翻了一番，专利申请的年均增长率则达到了 9.7%。研究型大学技术转移活动的繁荣所带来的最明显结果就是各大学收入上的增加，每所研究型大学的平均技术许可收入回报从 1995 年的 235 万美元增加到了 2004 年的 663 万美元。收入的增长也反过来刺激了研究型大学对创新活动的热情，自 1995 年以来，美国研究型大学中许可收入占大学整体研究支出的比例也增长到了 6%。

表 1 1995—2004 年美国研究型大学授权许可收入的变化情况

内容/项目	1995 年	1995 年（每所大学）	2004 年	2004 年（每所大学）	自 1995 年以来的增产率	自 1995 年以来每一所大学的增长率
大学数量	127 所	—	164 所	—	—	—
专利披露	7427 项	58.4 项	15002 项	91.5 项	5.1%	6.3%
专利申请	5100 项	40.2 项	12347 项	71.2 项	7.3%	9.7%
许可授权	2142 项	16.9 项	4087 项	24.9 项	4.2%	5.2%
许可收入	299 百万美元	2.35 百万美元	1088 百万美元	6.63 百万美元	12.2%	20.2%
新创企业	169 个	1.33 个	425 个	2.59 个	7.6%	10.5%
研究支出	17211 百万美元	135.5 百万美元	37162 百万美元	226.6 百万美元	5.9%	7.5%
许可收入作为研究支出的百分比	1.7%	—	2.9%	—	6.0%	7.8%

资料来源：AUTM US, Licensing income Survey: 1995-2004, https://autm.net/.

此外，对很多研究型大学来讲，成功进行一项技术转让活动要耗费大量的时间和资源。由于很多大学研究者非常缺乏与产业部门之间相应的沟通和了解，使得大学研究与企业技术研发、市场需求之间出现“断裂”的现象。从现有的研究成果来看，影响研究型大学与产业部门之间技术转移活动的因素主要包括如下几个方面：

第一，大学技术转移的成功主要依赖于机构的组织能力和激励措施。根据对美国两大区域中5所研究型大学的调研发现，阻碍大学技术转移有效性的因素包括了文化冲突、管理体系的不灵活、缺乏有设计的回报系统、大学技术转移办公室无效的管理等。① 从实际运行情况来看，大部分的大学技术转移缺乏资源和必要的胜任力。赛吉尔（Siegel）等学者对美国亚利桑那州和北卡罗来纳的5所研究型大学的100名大学技术转移利益集团（包括学术界和产业界科研人员、大学技术转移管理者、公司管理者和企业家等）进行了55项个人专访，并据美国大学技术经理人协会（AUTM）的统计结果，通过定性和定量分析，结果表明：知识产权政策和组织实践潜在地对技术转移的有效性产生影响；大学和公司之间的信息和文化差异是影响技术转让过程的重要因素。鲍威尔（Power）等在对美国108所研究型大学技术转移的机构因素分析中发现，机构资源（如财政、人力资源、环境、组织等）与技术专利，许可和许可收入等存在一定关系，主要表现在：联邦政府和产业界是大学专利活动的重要支持者，但对许可及其收入的生成影响不大；大学科研人员的科研水平是影响专利、许可及其收入生成的重要资源；公立大学与私立大学在技术转移方面没有明显差别；风险公司的资本化与许可数量及许可收入之间、州政府对大学的支持与

① Donald S. Siegel et al.,“Commercial knowledge transfers from universities to firms; Improving the effectiveness of university-industry collaboration,”*New York ：The Journal of High Technology Management Research*, No. 14(2003)：111-133.

大学许可收入之间存在明显的负相关性。①

第二，研究型大学所处的地理位置及其外部环境是影响大学-产业技术转移的最重要因素。根据肯尼（Kenney）和李（Lee）的研究，大学与产业之间成功的技术转移活动几乎都发生在以研究型大学为知识源、以一大批创新型企业为主体的区域中。这些区域还有一个特征就是有着支持和鼓励创新和创业的文化，将创新的社会结构看成是创新型企业和观念发展的关键激励因素。创新的社会结构是"大学，技术导向型企业，高技能的劳动力，大量的公共或私人研发支出，广泛的供应商、制造商和销售商网络、支持性厂商（如专门从事高科技领域的律师事务所和咨询公司），强大的创业网络，信息交流与技术转让的非正式机制等多种要素的综合系统"②。此外，创新开始呈现地理集群趋势。因此，创新活动更加有可能发生在地理上紧密集中的、能够提供知识的区域，如大学研究实验室、公司的研发机构或者内嵌在有技能劳动力身上的知识等。林克与斯考特则分析了美国大学科技园中新风险公司创建的影响因素。他们指出，衍生公司创建的两个关键因素是：大学的科研环境和衍生公司所在科技园的特征。大学科研越密集，学者的创新可能性就越大；学者的创新能力越强，衍生公司所依赖的技术开发的可能性就越大。他们在对美国 51 家大学科技园的调研结果显示，衍生公司在大学研究环境更密集的科技园中的比例较大，大学衍

---

① Anthony Warren and Ralph Hanke, "Models for university technology transfer: resolving conflicts between mission and methods and the dependency on geographic location," *Cambridge*: *Cambridge Journal of Regions*, *Economy and Society*, No. 1(2008): 219-232.

② Anthony Warren and Ralph Hanke, "Models for university technology transfer: resolving conflicts between mission and methods and the dependency on geographic location," *Cambridge*: *Cambridge Journal of Regions*, *Economy and Society*, No. 1(2008): 219-232.

生公司在地理位置上靠近大学和生物技术主导的科技园的比例较大。①

第三，研究型大学技术转移部门的有效性依赖于与其他机构的合作。理查德・詹森（Richard Jensen）、杰瑞・瑟斯比（Jerry Thursby）和马克・瑟斯比（Mark Thursby）则认为研究型大学的技术转移办公室、科研人员、大学行政组织三者间的互动是促成大学技术转移有效性实现的关键要素。技术转移办公室通过将大学的知识产权或发明创造授权给产业部门而刺激技术扩散的实现。正如上述研究者所发现的，这一过程中最关键的"供应者"就是增强大学的发明创造者即科研人员申请专利和披露其成果的积极性。正是这些人将各种创新性的成果提供给大学中的技术转移组织。实际上，相关研究发现美国许多大学技术转移办公室主管的报告中表明，发明披露量往往只能达到预估程度的一半，很多发明披露也是低于标准的。造成这一现象的原因是大学-企业技术转移的过程非常复杂，往往是一个漫长的博弈过程。在这个过程里，各方的利益诉求和行动模式不尽相同。大学行政影响了技术转移办公室与教师的披露情况，研究型大学已有的政策则影响了授权许可收入的分配及后续的研究资助。一般来讲，如果一个发明得以披露，那么技术转移办公室负有责任寻找合适的企业来转让此项发明并进行相应的谈判协议。整个过程被认为是一种"平衡的行动"，即它可以影响发明披露的速度和效果等。在这种状态下，一个教师是否愿意披露和何种程度披露与他们所获取的授权许可收入及教师的地位有关。②

---

① Albert N. Link and John T. Scott, "The economics of intellectual property at universities: an overview of the special issue," *New York : International Journal of Industrial Organization*, No. 21(2003): 1217-1225.

② Albert N. Link and John T. Scott, "The economics of intellectual property at universities: an overview of the special issue," *New York : International Journal of Industrial Organization*, No. 21(2003): 1217-1225.

三、大学-产业部门之间合作创新机制的构建

进入 21 世纪之后，注重科学研究和研究生教育的美国研究型大学与产业部门之间的合作日益密切。研究型大学通过为企业提供咨询服务、科研成果的合作发表、建立产业联系项目、成立大学-企业合作研究中心和工程研究中心及建立大学研究区（科技园）等形式与产业部门之间建立了广泛的研究伙伴关系。伴随着知识经济时代的到来与国际竞争的加剧，研究型大学与产业部门之间的合作创新已经成为美国培育区域创新集群、促进区域经济技术发展，进而提升美国整体创新能力的重要战略措施。

从产业部门与研究型大学之间所进行的合作研究数量来看，自 20 世纪 80 年代起，美国企业界与大学的合作研究开始大量增加。国家科学基金会（National Sciense Foundation，NSF）所引用的一项全国性调查显示：20 世纪 80 年代由企业和大学合作建立的研究中心共 286 个，是 20 世纪 70 年代的 4 倍；截至 2010 年，从事生物化学研究的企业 90%以上与研究型大学建立了合作研究关系。[①] 另一项全国性调查结果则指出：与大学研究联系密切的企业比其他同类企业具有更高的生产效率；[②] 另有统计表明，在快速成长的美国公司中，41%的公司同大学有合作研究关系，它们的生产率比同行平均高出 59%。[③] 在 2006 年，大学与其他机构之间，尤其是产业部门之间的合作创新已经成为美国

---

① National Science Board,"Science and Engineering Indicator-2010,"*Washington, D. C.: Government*,(2010).

② David Blumenthal et al."Relationships between academic institutions and industry in the life sciences-An industry survey,"*New England: New England Journal of Medicine*, No. 8(1996):368-373.

③ 于惊涛、武春友：《美国校企合作案例及评价标准研究》，《研究与发展管理》2004 年第 5 期。

机构间在创新领域合作的主流，这种趋势也体现出创新的系统性因素正发挥着越来越重要的作用，过去那种单独依靠某一类机构进行研发与创新的模式已经被淘汰，随之而来的则是大学、产业部门、政府实验室之间积极互动、全面合作的创新模式。

从大学与产业部门合作的领域来看，生物技术和生物医学领域的合作构成了美国大学-产业部门合作研究的主体。进入 21 世纪，随着生物技术和生物医学领域研究的飞速发展，美国联邦政府对重点资助生物医学领域的国立卫生研究院（NIH）的资助大幅增加，从 2000 年到 2010 年，NIH 的研究经费增长了 53%。① 2005 年，NIH 的研究与开发（R&D）经费预算为 279.23 亿美元，占联邦政府 R&D 经费预算总额的 21.2%，其中近 55%的经费将用来资助美国各大学和研究机构的科研课题。② 在 NIH 科研经费的大力支持下，美国研究型大学积极开展生物技术和生物医学领域的研究工作，研究力量得到了很大的加强并在此研究领域中做出了重要的贡献。其中麻省理工学院的成绩较为突出：1990—1995 年，每年获得 100 多项专利，其中包括 30—40 项生物技术专利；自 1986 年以来，与生物技术公司签订了 100 多份生产许可协议，获得了 6.3 亿美元的开发投资。③ 如今，美国已经出现了依托大学和研究机构建立起来的波士顿、旧金山湾、华盛顿、圣迭戈和北卡罗来纳研究三角园 5 大生物产业基地，代表了研究型大学与产业界的合作研究领域重点向生物技术和生物医学领域转变的总体趋势。

从大学与产业部门合作的形式来看，莫里和罗森博格在对美国大

---

① 美国联邦政府 R&D 经费分配趋势，http://www.stic.gov.tw/stic/policy/sr/sr8904/SR8904T2.HTM.

② Intersociety working group, *Research and development FY 2005* (Washington, D.C.: American Association for the Advancement of Science, 2005), p. 66.

③ 殷朝晖、沈红：《美国研究型大学与产业界的合作及其启示》，《江苏高教》2006 年第 2 期。

学与产业部门之间合作关系的研究表明产业部门与大学之间的合作在最近几年来呈现出多样化的形式，从对个体的研究资助到大型的联合研究项目，大学-产业部门之间逐步形成了合作创新的机制：大学教师与产业部门的研究人员之间合作研究并共同发表科研成果，研究型大学不断鼓励学科领域的交叉与渗透加速科研成果的技术转让，研究型大学为推动创新进行的一系列组织创新，以研究型大学为主体形成的大学研究区、大学-产业部门合作研究中心等。这种合作创新机制的形成过程对美国的大学来讲更像是一种类似于有机体的"自我更新"过程：研究型大学一方面深化了与外部组织的关联与互动，另一方面则引发了自身组织结构的变革——随着 20 世纪 70 年代开始的高等教育扩张，美国大学在迅速发展的同时，也逐渐地陷入了规模庞大、机构臃肿、效率低下的泥沼之中。正如奥德兹（Audretsch）所言："美国大学中所拥有的巨量'财富'——那些充满想象力和创造力、富有科学精神且贡献于科学事业发展的才智之士——正在被不合时宜的、僵化的、繁文缛节的官僚体系和不合逻辑的政府规制而耗费掉。"① 伴随着高等教育机构在国家创新系统中的地位与作用的凸显，美国的研究型大学开始通过一系列组织变革的方式提升其研究能力，激发每一个个体的创新潜力。

对于近年来研究型大学与产业部门之间合作深化的原因及产生的影响，不同的学者进行了不同的研究。罗森博格和纳尔逊认为研究型大学提升和促进了产业部门的研发活动，帕维蒂则描述研究型大学与产业部门之间的合作"提升了企业解决复杂问题的能力"。曼斯菲尔德研究了 66 个企业和 200 个学术研究者，研究结果体现了不同产业所认为的与大学合作的重要性。也有一些报告认为研究型大学与产业部门

---

① Allan P. Rudy, *Universities in the age of Corporate Science* (Philadelphia: Temple University Press, 2001).

之间的合作源于两个方面：首先是站在产业部门角度而言的“需求方”，其次则是从大学立场来考虑的“供给方”。经过对需求方的研究发现，研究型大学与产业部门之间的合作与企业规模有一定的关联，特定产业部门在其早期发展阶段也对大学-产业合作关系的形成产生了影响。此外则是大学与产业部门的地理接近程度。一般来讲，越是离本地企业近的大学，越容易与企业建立各种合作研究的关系；从供给面来讲，主要包括了两种因素：大学的行动和大学的态度。总体来看，研究型大学与产业部门之间的“关联”体现在三种形式中：（1）大学的教育与培训为产业部门提供了优质的人力资源。（2）在创新系统内，由研究型大学与产业部门构成的各种社会网络及非正式的“契约”促进了知识和信息在不同机构间的流动，激发了各种新思维、新理念的出现。（3）研究型大学日益繁荣的知识产权保护与授权许可透过各种技术转移的形式进入产业部门中，在节省企业研发成本的同时也提升了大学的研究能力。

参考文献

［1］LINK A N，SCOTT J T. The economics of intellectual property at universities：an overview of the special issue［J］. International Journal of Industrial Organization，2003，(21)：1217-1225.

［2］SIEGEL D S，WALDMAN D A，ATWATER L E，et al. Commercial knowledge transfers from universities to firms；Improving the effectiveness of university-industry collaboration［J］. Journal of High Technology，2003(14)：111-133.

［3］WARREN A，HANKE R. Models for university technology transfer：resolving conflicts between mission and methods and the dependency on geographic location［J］. Cambridge Journal of Regions，2008(1)：219-232.

研究型大学科技创新能力提升的政策变量*

——以美国科技政策为中心的考察

王凤玉　寇文淑

当今，美国高等教育事业的发展获得了极大成功，特别是研究型大学的实力和影响力得到举世公认。而研究型大学的核心竞争力、科技创新能力及高层次创新型人才培养成就是研究型大学能够立足和博得声名的基础。美国研究型大学肇始于 1876 年创建的约翰·霍普金斯大学，到第二次世界大战后，美国研究型大学群体性崛起，成为世界高等教育的中心。而美国这一成就的获得，研究型大学在其中发挥着至关重要的作用。美国研究型大学之所以能在二战后迅速崛起，这其中既包含着研究型大学内部治理体系、内容和规则的持续变革为其发展提供强大的动力机制，又有政府、社会和议会等组织的政策扶持为其发展创造良好的外部制度环境。但从国家宏观层面看，主要是美国联邦科技政策导引的结果①。自二战后以来，美国联邦政府为捍卫其在科技领域的领先地位，相继制定和颁布了多项科技政策，对推动研究型大学科技创新能力的提升起到了强有力的助推作用。而这其中有五次大规模的政策调整对美国研究型大学群体性崛起产生了重要影响。

---

* 本文原载于《湖南师范大学教育科学学报》2019 年第 2 期。王凤玉，沈阳师范大学教育科学学院教授；寇文淑，沈阳师范大学教育科学学院研究生。

① 肖广岭：《国家科技政策与一流大学建设——美国的经验及其对我国的启示》，《科学学与科学技术管理》2002 年第 2 期。

本文以美国联邦科技政策的五次大规模调整为中心，考察美国研究型大学科技创新能力提升的发展历程，希望能够从政策变量的角度揭示美国研究型大学骤然崛起、长盛不衰的促因。

一、《科学——无尽的前沿》：研究型大学科研主体地位的明确

二战前，美国联邦政府的科研资金大都流入政府实验室或实验站。联邦政府与研究型大学少有交集，也很少向其提供科研经费。而二战的到来却使这一现象得到极大改变，为美国研究型大学科技创新能力的提升带来新的契机。1939 年 9 月二战爆发，为在战争中做好充分准备，罗斯福总统（Franklin Delano Roosevelt）在布什（Vannevar Bush）等科学人士的提议下成立国防研究委员会（National Defense Research Committee，NDRC），加强对军事武器的研究与开发。在其组织与引领下，美国在二战期间相继完成了原子弹、雷达、无线电引信雷达和固体燃料火箭等项目的研制，对战争的早日结束做出了突出贡献。然而，纵观这些军事项目的研发过程可以发现，项目的核心基地和主要工作均由研究型大学承担（见表 1），研究型大学的参与是这些项目取得成功的关键。

表 1　研究型大学在二战时期科研项目中的贡献

项目	项目核心基地和主要工作分配
雷达研制	实验室地址：麻省理工学院辐射实验室 实验室主任：罗切斯特大学李·杜布瑞基教授 项目总经费：15 亿美元

续表

项目	项目核心基地和主要工作分配
原子弹研制的核心研究	哥伦比亚大学：气体发散研究 加利福尼亚大学伯克利分校：地磁分离和钚研究、理论研究 芝加哥大学：武器理论和链式反应研究 提供辅助数据的大学：明尼苏达大学、威斯康星大学、哈佛大学、康奈尔大学等 项目总经费：20 亿美元
固体燃料火箭研制	在加州理工学院进行
无线电引信雷达研制	在约翰·霍普金斯大学进行

注：国防研究委员会的主要成员构成：麻省理工学院校长卡尔·康普顿、哈佛大学校长詹姆斯·科南特、加州理工学院院长理查德·托尔玛。

资料来源：沈红：《美国研究型大学形成与发展》，华中理工大学出版社，1999，第60页。

1944 年，伴随着德国军队的节节败退，战争即将结束。面对新形势，以取得战争胜利为目的而形成的联邦政府与研究型大学之间的战时科研合作体制，在战后和平时期该如何发展，成为当时必须应对与解决的首要问题。美国此时迫切需要制定和颁布一部联邦层面的科技政策，以此对政府与大学之间的关系及未来国家科研事业的发展方向做出宏观管理和规划。1945 年，由万瓦尼尔·布什组织撰写的科学报告《科学——无尽的前沿》（以下简称为“布什报告”），被看作是美国第一部联邦科技政策。它以增强政府对大学科研活动的宏观管理为核心，拉开了美国联邦政府全面资助大学科研活动的序幕。其内容主要包括：一是增强联邦政府对科研活动的协调，加大联邦政府对科研活动的资助。二是明确联邦政府对基础研究的责任，高度重视基础研究的发展。三是研究型大学是基础研究与创新型人才培养的主力，联邦政府应增强对研究型大学的关注力度。四是设立联邦层面的科研管理机构，体现政府对科研的重视与支持。

报告中，布什关于联邦政府职责和基础研究价值的深刻揭示，以及研究型大学在国家科研体系中主体地位的明确定位，对战后几十年里美国科学技术和研究型大学科技创新能力的提升产生了重要影响。其具体表现为，一批以资助基础研究活动、推动科研发展为目的的联邦政府科技管理组织相继成立。如致力于资助医学研究的国立卫生研究院（National Institutes of Health，NIH）、重点支持国防基础科学研究的原子能委员会（Atomic Energy Commission，AEC），以及以教育和大学科研为支持重点对全国科研发展进行广泛资助的国家科学基金会（National Science Foundation，NSF）等。它们通过拨款或签订合同的方式与大学、研究机构和工业实验室展开合作，自此形成了联邦政府大规模资助大学科研活动的新局面。而研究型大学作为国家科研体系的主力军，成为这些机构的重点合作单位和首要资助对象。如，原子能委员会成立后与美国多所研究型大学（加州大学伯克利分校、芝加哥大学、哥伦比亚大学、普林斯顿大学、约翰·霍普金斯大学和麻省理工学院等）签订了合同，形成了科研合作伙伴关系。据统计，到 1950 年，该机构共向非营利机构提供科研经费 9760 万美元，其中 8000 万美元流入到大学管理的科研实验室①。正是由于各科研机构的支持，美国研究型大学在二战中形成的高水平的科研势头得以继续保持，取得了诸多科技成就。如，加州大学伯克利分校发现了中介子的存在，确认了原子序数高于轴的第 97 号、第 98 号和第 101 号元素；普林斯顿大学冯·诺依曼（John von Neumann）教授主持发明了第一台电子计算机；麻省理工学院发明了计算机磁芯记忆材料、微波预警系统等。

---

① 谷贤林：《美国研究型大学管理：国家、市场和学术权力的平衡与制约》，教育科学出版社，2008，第 66 页。

二、《国防教育法》：研究型大学科研发展的“黄金时代”

“布什报告”颁布后的12年间，科技管理组织的建立、政府大规模的资助，不仅极大地刺激了美国大学的发展，也促使美国社会的经济实力和综合国力得以保持世界领先地位。然而，1957年10月，苏联第一颗人造卫星的成功发射使美国感到极大震惊与恐慌。美国公众在对其国土安全感到担忧的同时，也陷入了反思，寻找致使美国落后的根本原因。最终，他们把原因归咎于美国科研体制和教育的落后。认为本国科研项目多以军事服务为目的，基础研究资助力度仍然有限。在教育方面，政府对教育的支持不够充分，导致大学未能为维护国家安全提供充足的“脑力资源”。为加强国家对科学研究与教育的扶植，美国由此展开了一场大范围的改革运动。仅在1957年到1958年，美国国会就收到了1500余份改革议案，最终国会以非常时期的决策速度，于1958年9月2日通过了这份具有重要战略意义的《国防教育法》。

《国防教育法》共10条52款，具体内容主要包括：一是为加强自然科学、数学、现代外语等学科教学计划的实施，从1958—1959财政年度开始，联邦政府每年要向州政府拨款2.8亿美元。二是联邦政府要向在科学、数学、工程和现代外语方面有较高能力的本科生和研究生，向学习成绩优异、毕业后有志于从事中小学教师工作的学生提供低息贷款。三是设立“国防奖学金”，于1959年向1000名成绩优异的全日制研究生提供奖学金，并在此后的3年中每年再增加1500名。可以看出，该法案尤为注重加强科学课程教育、研究生教育及对未来教师的培养。而这些又进一步促使美国联邦政府的科研资助方向发生了“大角度”的转移。从以短期功利性科研为重点转变为同时资助符合国家长远利益的科研项目和基础教育的发展，而这些正是研究型大学教育与研究的长处。因此，在“国防教育时代”，美国研究型大学又一次获得了重要的发展机遇。

伴随着《国防教育法》的颁布与实施，美国联邦政府投入到大学的科研经费开始迅速增加。据统计，1959—1964 年，美国联邦政府对大学科研经费的支出总额达到了历史最高峰。5 年中，联邦政府对大学科研的资助，同比分别增加了 33%、23%、23%、24%、21%。到 1964 年，美国联邦政府投入到大学的科研经费是 1959 年投入数额的 2 倍。[①] 而研究型大学作为推动国家科技创新发展的主力，美国联邦政府提供的这些经费基本上都流入研究型大学中，极大地促使研究型大学科技创新能力的提高。1958—1968 年，美国不仅有 30 多位教授获得诺贝尔奖，[②] 而且在麻省理工学院、加州理工学院等研究型大学的参与帮助下，于 1972 年 12 月成功实现了“阿波罗登月计划”。另外，在《国防教育法》对研究生教育与培养的高度重视下，美国联邦政府先后设立了多项研究生资助方案，如国防奖学金、研究生无息贷款、研究生带津贴培训、高校科研基地拨款等，提高了对研究生教育的关注度，加大了对研究生教育的资助力度。从 1940 年到 1960 年，美国联邦政府在研究生教育方面的投资增加了 29 倍。政府投资的增加，使美国研究生人数急速增长。1957 年，美国获得硕士学位和博士学位的人数分别为 6.2 万人和 0.87 万人，到 1969 年，前者增至 19.3 万人，后者增加到 2.61 万人。[③] 为接纳激增的入学人数、培养优质的科研人才、获得更多的联邦资助、推动学科专业的发展，美国研究型大学迅速扩大了自身的办学规模。到 1970 年，美国具备硕士学位授予权的学校已有

---

① Roger L. Geiger, *What Happened after Sputnik? Shaping University Research in the United States*, *Minerva 35* (Netherlands: Kluwer Academic Publishers, 1997), pp. 353-355.

② 1958—1968 年美国诺贝尔物理学奖、化学奖、生理学或医学奖获得者名单，http://www.nobelprize.org. 访问日期 2018 年 12 月 1 日。

③ 高飞：《美国研究型大学本科教育发展研究》，人民出版社，2012，第 156 页。

800 余所，具备博士学位授予权的学校已有 200 余所，与法案颁布前相比，增加了近一倍。

三、《拜杜法案》：科研型大学科研成果的商业化

20 世纪 60 年代，政府对大学的科研支持达到了历史最高值，研究型大学取得了大量举世瞩目的成果，迎来了科研发展的"黄金时代"。但到 20 世纪 70 年代末期，美国人却发现，他们投入大量人力、物力所创造的科研成果并未给本国带来经济和市场上的优势，相反，其在国际市场中的工业竞争力正在明显减弱，与日本、德国、苏联等国家相比优势差距正逐渐缩小。这主要是因为，美国联邦政府规定，在政府不主动放弃的前提下，政府在其资助的项目中拥有项目产生的发明创造的专利权。而联邦政府的这种收权政策，极大地阻碍了美国各大学、非营利机构和小企业的科研成果转化动力，使大量专利被积压无法发挥其应有的价值。到 1980 年，美国联邦政府共拥有专利 2.8 万项，但其中用于生产的专利仅为 5%。而作为科研主力军的美国大学在 1980 年以前每年获得的专利也从未超过 250 项[①]。

为提高大学的科研热情、提升科研成果的转化率、推动美国科技的发展，美国联邦政府在这一时期制定和颁布了一系列关于科研成果转化的政策措施，而这其中最具影响力的当属由美国参议员伯奇・拜耶（Birch Bayh）和鲍勃・杜尔（Bob Dole）提出的《拜杜法案》。该法案是美国联邦政府出台的第一部关于专利归属问题的统一政策。其核心内容是：允许各大学、非营利机构和小企业对在联邦政府资助的项目中取得的科研成果进行专利申请，并拥有相关科研成果的知识产

① Douglas W. Jamison and Christina Jansen, "Technology Transfer and Economic Growth," accessed December 1, 2018, http://journals.Sagepub.com/doi/pdf/10.5367/000000001101295650.

权。如果各大学、非营利机构和小企业同时有意愿为这些科研成果的转让或转化承担费用，那么成果的专利权就归其所有。该法案颁布与实施的主要目的是想通过改变政府资助项目中科研成果专利权的归属，刺激各大学、非营利机构和小企业提高自身科研成果的专利转化率，促进科技成果在美国的应用。

受《拜杜法案》影响，美国各研究型大学纷纷开始建立技术转让机构，大学内从事科研成果技术转让的人也开始迅速增加。据美国大学技术经理人协会（Association of University Technology Managers，AUTM）的相关调查显示，1980 年以前，校园内设有技术许可证颁发与转移办公室的美国大学仅为 25 所，而如今，美国共拥有大约 150 个技术转移办公室，[①] 且几乎所有的研究型大学都已设立了该类管理机构，逐步形成了政府、大学与产业三方共同参与的大学技术转移机制。在不断完善的大学技术转移制度的推动下，美国研究型大学的专利数量大幅度增长。1958 年，美国专利和商标办公室（United States Patent and Trademark Office，USPTO）授权的专利数共有 71 567 件，其中大学获得的专利数为 594 件，占总数的 0.83%；到 2012 年，大学获得的专利数量增加了 8 倍以上，多达 4797 件，占专利和商标办公室当年授权专利总数 253 155 件的 1.89%。此外，以美国部分研究型大学为例，在 1992—2012 年，加利福尼亚大学专利获得数从 79 件上升至 357 件，增加了 4.5 倍以上；斯坦福大学专利获得数从 42 件上升至 182 件，增加了 4.3 倍以上（具体情况见表 2）。[②] 而随着大学专利数量的迅速增加，一方面，大学从专利申请与许可方面获得的收入有了较为明

① 朱雪忠、李闯豪：《AUTM 的新发展及其对我国构建高校技术转移信息平台的启示》，《科技管理研究》2016 年第 16 期。

② USPTO,"U. S. Colleges and Universities-utility Patent Grants, Calendar Years 1969-2012,"accessed December 1, 2018, https://www. uspto. gov/web/offices/ac/ido/oeip/taf/univ/org _gr/all_univ_ag. htm.

显的增长；另一方面，依托于大学技术专利许可而成立的公司有了大幅度的增加。据统计，在1991财政年度，美国大学从专利申请或许可方面获得的收入就已达到2.18亿美元；到2015财政年度，大学所获收入又在此基础上增加了11倍以上，金额高达25.2亿美元。另外，1991—2015年美国约有11 000家新公司的成立紧紧依托于大学的技术专利许可，其中在2015年这一年，就有1012家新公司的成立是由大学的技术专利许可促成的。①

表2　1992—2012年美国部分大学专利获得情况　　单位：项

大学名称	1992年	1995年	1998年	2002年	2005年	2008年	2012年
加利福尼亚大学	79	203	386	430	388	237	357
麻省理工学院	125	104	138	135	136	134	216
斯坦福大学	42	54	79	102	90	120	182
加州理工大学	32	37	93	110	101	96	136
得克萨斯大学	73	89	96	91	89	79	141
威斯康星大学	39	44	83	80	77	90	155
约翰·霍普金斯大学	20	28	79	81	71	66	79
密歇根大学	21	30	50	47	71	66	97
哥伦比亚大学	17	18	55	46	57	54	78
宾夕法尼亚大学	26	25	69	45	43	45	78

资料来源：USPTO,"U. S. Colleges and Universities-utility Patent Grants, Calendar Years 1969-2012," accessed December 1, 2018, https://www.uspto.gov/web/offices/ac/ido/oeip/taf/univ/org_gr/all_univ_ag.htm.

① AUTM,"Highlights of AUTM's U. S. Licensing Activity Survey FY2015," accessed December 1, 2018, http://www.autm.net/AUTMMain/media/SurveyReportsPDF/AUTM_FY2015_Highlights_US_no_appendix_FINAL.pdf.

四、《政府与大学》《更新诺言》：研究型大学竞争力的提升

自第一部联邦科技政策颁布以来，在政策的宏观导引下，美国研究型大学取得了突出的科技成就。然而，随着时代的变迁，科学研究的自身状况发生了许多改变，跨学科研究的重要性日益凸显、科学理论的产生和应用之间的时间越来越短等，增加了不同研究体系、不同学科的研究人员之间，以及政府、大学、企业之间相互合作的需要。此外，研究型大学自身也面临着多方面的压力。如，有关研究型大学教授伪造、剽窃研究成果和滥用科研基金的报道，损害了公众对研究型大学的信任；学术研究与工业研究之间长期存在的差异，阻碍了大学与产业界进行有效的交流等。因此，为顺应科研发展的需要、解决公众的质疑，必须更新 50 多年前联邦政府对人民许下的诺言，对现行科技政策做出有效调整。

1992 年《政府与大学》《更新诺言》两份报告，通过对新时期政府与大学关系发展新方向的指引，开创了研究型大学发展的新时代。报告强调，新时期政府对大学科研的扶持应注重以下问题：一是改变以前只资助不评价的状态，对大学研究予以评价。二是在大学科研项目与政府机构科研项目之间寻求扶持的平衡点，持续加大对大学科研项目的扶持力度。三是对大学研究的支持应将直接与间接费用都包含在内，而大学也必须承诺充分利用资金以达到政府的研究目的。四是不过分期待研究结果。五是为科研人员提供最大限度的灵活空间。六是为科研小组提供长期稳定的支持，尽可能签订 3—5 年的长期合同。七是项目资助更倾向于风险型研究。总而言之，此时美国联邦政府在增强对大学科研资助的同时，将科研成果置于突出位置，更为注重资金的实用效率。

新政策首先带来的是研究型大学之间的激烈竞争。随着科学技术

的迅猛发展，大学的科研成本逐渐升高。而在 1992 年两份报告的影响下，联邦政府对大学科研的资助正缓步提高（见表 3）。故争取国家科研项目、获得政府经费资助对美国大学科技创新能力的提升而言就显得尤为重要。但随着新世纪政府科研资助方式的改革，研究型大学只能通过“参与竞争、赢得竞争”的方式，获得政府的科研经费资助。而这种在项目选择上更为注重“卓越质量”标准与“公平竞争”意识的原则，也促使研究型大学的核心竞争力不断提升。如，2001—2012 年，哈佛大学、斯坦福大学、麻省理工学院分别在《自然》（*Nature*）杂志上发表论文 1395 篇、633 篇和 629 篇，在世界高校论文发表总数中均名列前茅。[①] 另外，《泰晤士高等教育》对 2000—2016 年各国诺贝尔奖获得情况的统计显示，美国在此期间共获得诺贝尔奖 72 项，是第二位英国获奖总数的 4.5 倍。[②] 其次，政府资助原则的改变，使大学的跨学科研究获得了长足进展，许多以研究型大学为基地的跨学科研究中心纷纷成立。而研究型大学更是以此为契机，主动寻求与产业界合作，实现了自身的跨越式发展。例如，以“关注国家乃至世界需求，造福人类”为办学宗旨的麻省理工学院，为探究那些具有跨学科性质的复杂问题，现已成立跨学科组织 57 个，业界合作伙伴高达 200 多个，仅 2013 财政年度，学院共获得 678 项新发明，获得许可收入 8000 万美元。[③] 再如，以“提升公众福利”为建设目的的斯坦福大学，非常注重跨学科的研究与合作，现已在自然、人文、环境、生物领域共设 18 个

---

① Jacek Bogocz, Andrzej Baka and aroslaw Polanski, “No Free Lunches in Nature? An Analysis of the Regional Distribution of the Affiliations of Nature publications,” *Berlin : Scientometrics*, No. 1(2014):547-568.

② The Top 10 Universities for Producing Nobel Prizewinners 2016, accessed December 1, 2018, https://www.timeshighereducation.com/features/top-10-universities-producing-nobel-prizewinners-2016.

③ 陈婵：《高校跨学科研究管理体制探析》，博士学位论文，浙江大学，2015，第 74 页。

跨学科研究机构，获外部资助项目5100余个，仅2013—2014年度学校资助项目的总预算就高达13.5亿美元①。

表3 美国大学科研经费支出总额及来源统计

单位：百万美元

年份	高校科研总支出	联邦政府		州及地方政府		高校自筹		产业界		其他	
		经费	占比/%	经费	占比/%	经费	占比/%	经费	占比/%	经费	占比/%
1992	18821	11095	59.0	1491	7.9	3548	18.9	1279	6.8	1409	7.5
1993	19954	11960	59.9	1559	7.8	3589	18.0	1360	6.8	1486	7.4
1994	21035	12654	60.2	1555	7.4	3828	18.2	1423	6.8	1575	7.5
1995	22179	13337	60.1	1690	7.6	4048	18.3	1489	6.7	1614	7.3
1996	23055	13847	60.1	1812	7.9	4172	18.1	1606	7.0	1619	7.0
1997	24380	14321	58.7	1910	7.8	4699	19.3	1737	7.1	1712	7.0
1998	25867	15159	58.6	1945	7.5	5004	19.3	1889	7.3	1871	7.2
1999	27544	16112	58.5	2022	7.3	5382	19.5	2033	7.4	1995	7.2
2000	30084	17548	58.3	2200	7.3	5925	19.7	2156	7.2	2255	7.5
2001	32801	19227	58.6	2320	7.1	6614	20.2	2218	6.8	2422	7.4
2002	36383	21856	60.1	2504	6.9	7133	19.6	2191	6.0	2698	7.4
2003	40077	24753	61.8	2645	6.6	7663	19.1	2161	5.4	2856	7.1
2004	43238	27627	63.9	2879	6.7	7752	17.9	2129	4.9	2851	6.6
2005	45774	29187	63.8	2940	6.4	8265	18.1	2291	5.0	3092	6.8

资料来源：NSF,"Higher Education Research and Development Survey: Fiscal Year 2015," accessed December 1, 2018, https://www.nsf.org/.

① 陈婵：《高校跨学科研究管理体制探析》，博士学位论文，浙江大学，2015，第79页。

五、《国家创新法》《国家创新教育法》：研究型大学创新力的发展

进入 21 世纪，随着知识经济时代的到来，国际竞争愈加激烈，尤其是以中国、印度、俄罗斯、巴西为代表的“金砖四国”的崛起，使美国朝野感受到了前所未有的“危机感”。而这种“危机感”不仅源自新一轮的国际竞争，同时又来自国家自身所拥有的创新能力，即发明创造最新科研成果，并将其应用于现实世界的能力。正如美国竞争力委员会（Council on Competitiveness）在 2004 年《创新美国：在挑战和变革的世界中达至繁荣》（“Innovate America：Thriving in a World of Challenge and Change”）报告中所描述的，美国目前正处于全球竞争和创新本身所形成的独特且微妙的历史交合点上。[①] 对此，美国联邦政府再一次将目光聚焦在高等教育领域，希望通过政策引领的方式刺激高等教育的变革脚步，推动高校科技创新力的提升，从而确保其在世界经济与科技竞争中的优势地位。而在美国联邦政府为提升本国科技创新力而颁布的一系列政策文本中，由美国参议员约翰·恩西尼（John Ensign）和乔·利伯曼（Joe Lieberman）分别于 2005 年 12 月和 2006 年 6 月提交的《国家创新法》和《国家创新教育法》，对美国研究型大学的影响最为深远。其中，《国家创新法》着重强调了美国为维持其在新一轮国际竞争中的领先地位、提高自身创新能力，所必须应对与解决的三大问题，即鼓励联邦机构支持科学研究，增强国家对基础研究的投入；提高政府对研究生奖学金和培训补贴的资助，加强科技人才的培养；完善创新所需的基础设施建设，推动全美技术创新区域

---

① 赵中建：《用立法确保人才培养和教育创新——《美国竞争法》教育条款评析》，《全球教育展望》2007 年第 9 期。

集群的发展。《国家创新教育法》主要内容包括：提升学前至十六年级教育，促进中学后教育的学业成功；加强国家科学基金会对地方教育机构的财政援助，帮助这些机构提升自身的创新与竞争能力；建立教师专业发展学院，通过持续的培训增强教师对学科内容与教学技能的掌握；加强有关数学、科学、技术、工程方面的教育，鼓励相关研究的发展。

在今天创新热潮风起云涌的时候，美国联邦政府通过两项法案的及时颁布，为美国研究型大学指出了一条创新发展的路径，并提供了相应的支持。而研究型大学在其扶持下，不仅获得了大量的科研经费，完善了基础设施建设，加强了科技人才的教育与培养，同时更为明显的表现是，与产业界的联系日益密切，大学的主流发展模式发生了改变。受法案影响，美国研究型大学通过建立大学-企业合作研究中心和大学科技园、构建产业联系项目和为企业提供咨询服务等方式与企业建立合作伙伴关系。通过这种合作，一方面，企业的生产效益得以稳步提升；另一方面，大学的科研成果能在更大范围内扩散，迅速提升自身的科技创新实力。相关调查显示，在美国有 41%的企业与大学建立了合作伙伴关系，它们的生产率要比同行平均高出 59%；另有统计表明，近年来美国经济实力的迅速提升，与 5000 家规模不大的芯片和软件企业密切相关，而这些企业的成立或发展均离不开研究型大学。① 可以说，大学与企业之间优势互补、互惠互利的合作关系的形成，已成为研究型大学及企业发展的大趋势，成为美国培育技术创新集群、促进区域经济发展的重要战略措施。此外，随着大学与企业联系的日益密切，研究型大学的主流发展模式也发生了改变。从“追求普遍学问，促进知识增长”的传统大学模式向“注重运用知识创新成果服务

---

① 王志强：《研究型大学与美国国家创新系统的演进》，中国社会科学出版社，2014，第 153 页。

社会和学校、热衷吸引外部资金开办自身产业领域”的创业型大学转变。以威斯康星大学研究区为例，到 2009 年该区域内共建有高科技企业 126 家，为 9000 余人提供了工作岗位，企业所创价值达到 10 亿美元，为整个威斯康星州的经济发展做出了巨大贡献。①

六、思考与启示

美国经验表明，科技政策适度、有效的引领是产生世界一流大学的重要动因。从美国联邦科技政策五次重大调整的过程可以发现：第一，联邦政府通过对研究型大学科研主体地位的明确，加大了对大学基础研究的投资力度，为研究型大学科技创新能力的提升提供了有力支持和充分依靠。不论哪个时期，美国联邦政府始终将支持大学基础研究作为科技政策的重要内容予以贯彻和执行。而政府持续充足的科研经费，为研究型大学科技创新能力的提升提供了强有力的保障，大学取得了诸多科技成就，博得了声望与名誉。第二，美国联邦政府尤为关注科技人才的教育与培养。二战后，美国联邦科技政策一直在随着国内外局势的发展变化而不断调整，但“注重科技人才培养、强调研究生的教育与培养”却始终作为政策的一项重要内容加以贯彻和执行。研究型大学身为相关人才培养的主阵地，不仅获得了大笔经费，改善了办学条件和科研环境，同时也培养了大批高层次创新型人才，有力地推动了自身的科研发展。第三，美国联邦政府尤为注重研究型大学科研成果转化率的提升。1980 年以来，美国联邦政府为提高国家的经济竞争力及产品的市场占有率，相继制定了多项针对专利申请和知识产权保护的政策，鼓励高校科研成果的市场化，推动产学研合作

---

① 王志强：《研究型大学与美国国家创新系统的演进》，中国社会科学出版社，2014，第 128、223 页。

机制的构建。而科研成果转化的过程，不仅能为研究型大学带来一笔可观的收入，同时也加强了研究型大学与产业界的联系，改变了研究型大学的主流发展模式。第四，美国联邦政府实施“竞争性”的科研资助方式。这种科研项目选择模式，既避免了资助的盲目性，提高了资金的使用效率，也促使研究型大学的科技创新能力在竞争中不断提高。

美国联邦政府通过对科技政策的宏观调控，把控研究型大学核心能力的发展方向，以此来为美国科技创新能力的不断进步贡献力量，给中国带来了某种借鉴和启迪。一是应对我国现行的科技政策进行调整和完善，把“支持大学科研发展与注重科技人才培养”作为政策的重要组成部分，并明确研究型大学在国家科研体系中的主体地位。二是协调政府各部门加大对大学科研的经费投入，注重科研项目的择优选择，强调科研经费的合理应用，在为高校提供学术独立空间的同时，提高政府科研项目的扶持质量。三是将科技政策的资助更多地向大学基础研究倾斜，增强政府对于基础研究的财政援助，为大学从事基础研究活动提供物质保障。四是通过加强研究生专业知识的教学，重点关注研究生专业素质能力的培养，为在读研究生提供无息贷款、学业奖学金和生活津贴，积极组织、参与重大国际科技合作项目，增强国际科研项目之间的人员流动等方式，吸引海内外英才，加快科技人才队伍的建设。五是增强对技术转移法律制度的重视，制定完善相关法律法规，建立健全知识产权保护机制，为大学科技创新和成果转化提供法律支撑。与此同时，以政府资助为保障，建立专门性技术转移服务平台，加强各科研院所、企业与高校之间的科研合作和知识流动。

参考文献

[1] 高飞. 美国研究型大学本科教育发展研究 [M]. 北京：人民出版社，2012.

［2］谷贤林. 美国研究型大学管理——国家、市场和学术权力的平衡与制约［M］. 北京：教育科学出版社，2008.

［3］GEIGER R L. What happened after Sputnik? shaping university research in the United States, minerva 35［M］. Netherlands: Kluwer Academic Publishers, 1997.

美国研究型大学与军事科研的互动发展*

高云峰　陈　希

美国是世界上综合国力最强的国家。为了保持其超级大国和霸权地位，美国历届政府都十分重视加强军事能力，尤其重视科技发展对提升其军事实力的重要作用。

二战以来，美国高度重视高等学校在发展军事科技中的作用。大学，特别是研究型大学被纳入美国的军事科研体系当中，成为实现美国国家军事科技发展战略的重要力量，并为此做出了重大贡献。原子弹、雷达、激光制导系统，以及一些新能源、新材料、计算机、互联网和数字信息技术等方面的发展，最初都源于国防部对大学研究的支持。

一批研究型大学因为广泛地参与军事研究，构建了高水平的科学研究和人才培养平台，获得了大量高精尖的研究项目和巨额的经费支持，也极大地促进了自身的快速发展。

需要指出的是，所谓军事研究，是指涉及军事科学（包括自然科学和哲学社会科学）和技术装备领域的研究活动。军事行为既可包括本国自身防卫（御）含义的，即国防含义的，也可包括非本国自身防卫（御）含义的两种性质的行为。本文作者认为美国的军事行为体现

---

* 本文原载于《清华大学教育研究》2004 年第 5 期。高云峰，清华大学教育研究所硕士研究生；陈希，清华大学党委书记。

了本土防卫和非本土防卫两个方面，因此，本文中用“军事研究”而不是传统使用的“国防研究”来界定美国研究型大学所参与的相关研究。

一、美国研究型大学参与军事科研的发展历程

概括而言，美国研究型大学参与军事科研起始于一战，突破于二战，发展于冷战，并在后冷战时期得到进一步的巩固。

早在一战时期，在国家意识的驱使下，麻省理工、哈佛等著名研究型大学就积极参与了美军的武器研制任务。麻省理工学院（MIT）的教授们参与了新型坦克、飞机、反潜艇装置的研究，哈佛大学则参与了毒气及防毒面具的研制工作。[①] 这一时期，大学参与军事科技研究仍处于自发性的初级阶段。大学对战争的主要贡献体现在对军事人员的培训，以及大学教师个体参与的军事研究活动。一战结束后，大学基本上又恢复到战前的状况，美国政府在军事科研领域基本上没有依赖大学的力量。

二战的爆发使研究型大学首次被政府纳入军事研究体系，承担重大军事科研任务，开创了研究型大学参与军事研究及大学与联邦政府间合作关系的新纪元，并取得了重大的研究成果。这首先是由于二战的爆发对军事研究提出了空前高的需求。其次是相当长一段时间，在洪堡教学与科研并重教育思想影响下，美国一批研究型大学科研能力大增，已经基本上具备了承担重大军事科研任务的实力。还有一个很重要的原因是，美国政府战时科研开发办公室（Office of Scientific Research and Development，OSRD）的领导成员中，有一批是曾任和

---

① Karl L Wildes and Nilo A. Lindgren, *A Century of Electrical Engineering and Computer Science at MIT 1882-1982* (Cambridge, Massachusetts: The MIT Press, 1986), p. 56-62.

现任的大学领导者，他们对大学的科研能力十分了解，也有意于发挥大学在国家重大事项——战时科研中的作用。

1940年对美国研究型大学参与军事研究而言，是具有划时代意义的一年。美国政府第一次把一项重大军事科研项目——雷达的研制任务，交给了一所研究型大学——MIT，并建立了第一个以承担重大军事研究任务为目标的大学军事研究实验室——辐射实验室（Radiation Lab）。军方为此项目投入了大量的研究开发经费，总投资达15亿美元，MIT从中获得了1亿美元，“在5年的战争期间，MIT根据军事合同规定的花费，相当于建校80年以来正常办学开支的总和”①。

除MIT外，芝加哥大学、加州大学等高水平研究型大学还参与了著名的“曼哈顿工程”。二战期间研究型大学大范围参与军事研究，对美国科技和军事技术的发展具有重要意义。正如中科院前院长周光召院士所言：“第二次世界大战以后，科学中心转移到了美国。美国利用未受战争破坏的强大的经济实力，从战争年代开始就大量吸引欧洲和世界的人才，开展军事科研，战后扩大研究规模，建立了很多国家实验室和国家科学基金会，以军事的研究来带动尖端的技术，形成了世界最强大的研究开发力量和世界的科学中心。”②

二战期间研究型大学参与军事研究的成功，促使二战末期美国开始考虑为战后制定新的联邦科技政策。应罗斯福总统的要求，万尼瓦尔·布什于1945年7月提交了重要研究报告：《科学——无尽的前沿》，提出要“加强联邦政府对科学研究的宏观管理，加强联邦政府对教育的责任，加强联邦政府对基础研究的责任”③。报告还建议联邦政府成立“国家研究基金会”，负责统筹全国的基础科学研究。这份报告奠定

---

① Karr Taylor Compton,“*Report of the MIT President 1944-1945*,”p. 30.

② 周光召：《历史启迪和重大科学发现产生的条件》，《科学决策》2000年第8期。

③ 沈红：《美国研究型大学的形成与发展》，华中理工大学出版社，1999，第67—73页。

了美国战后科学政策的基本蓝图，对战后美国科学技术和高等教育的发展，具有重大和深远的影响。

冷战使美国研究型大学参与军事研究模式得以确立并长期发展。政府全面资助大学的科学研究，也由战时的短期需要，转变为冷战时期美国科技、教育和军事研究的长期政策。冷战时期美国研究型大学参与军事研究的发展历程，与美国所经历的几次重大事件密切相关，几次大规模战争使得大学与政府机构和军方关系的紧密程度，以及参与军事研究的活跃程度呈现上下起伏的波浪状发展之势。朝鲜战争促使二战后美国研究型大学继续大规模参与军事研究活动。1957 年苏联人造卫星发射成功，对美国有极大的促动，政府通过了《国防教育法》用以加强基础研究和对高等教育的投入，取得了重要成果，并迎来了美国高等教育发展的黄金十年。20 世纪 60 年代中期越南战争的爆发，初期美国政府对研究型大学参与军事科研是重视和支持的，后期由于美国公众特别是青年学生产生了强烈的反战情绪，并付诸示威行动，一些大学教授也开始对大学过度参与军事科研表示担忧。反战运动对美国政府的政策和大学都产生了影响，政府减少了对大学军事科研的经费支持，一些直接参与军事应用研究和武器研制的大学军事科研实验室（如 MIT 的德雷珀（Draper）实验室）脱离了大学，研究型大学与军事研究的发展处于相对低潮，这一状况，从越战后期一直延续到 20 世纪 70 年代末。20 世纪 80 年代初期日本经济的崛起，使美国开始反思 20 世纪 70 年代的政策是否削弱了其综合实力。在朝野的推动下，美国重新加强科技投入和军事研究，以迎接挑战。里根政府提出“星球大战”计划，大力加强军事研究与开发投入。① 这一切，使得大学参与军事研究又迎来了新的发展机遇。

---

① Daniel J. Kevles, *Principles and Politics in Federal R&D Policy , 1945-1990* (Washington, D. C. : United States Government Printing Office, December1989), Prepared.

冷战结束后的初期，美国政府在逐渐减少军事研发预算的同时，更加注意将军事研究成果转化为民用以促进经济的发展。一些源于战争需求的军事科研成果，特别是电子计算机、网络和信息技术转为民用引发了新一轮的产业革命，成为 20 世纪 90 年代以来美国经济高速发展的增长点。此外，由于冷战结束以来美国继续推行霸权主义和单边政策，并全面介入海湾战争、科索沃战争、入侵伊拉克及"9·11"事件之后的反恐斗争，使得美国政府从 20 世纪 90 年代末开始又重新加大对军事研究的投入，又一次加强了研究型大学在美国军事研究中的作用，并为研究型大学今后的发展提供了新的发展机遇。图 1 显示 20 世纪 70 年代以来美国军事科研经费的变化情况，从中可以清楚地看出 I、II 两个阶段美国军事科研呈现出的波浪状发展状态。阶段 I 中的 1976 年至 1988 年，美国军事研究经费出现了较为显著的增长高峰。在阶段 II 中，1989 年至 1996 年冷战结束初期的几年间，美国军事研究经费的增长总体呈现下降趋势，1997 年后不再下滑，2001 年开始，美国的军事研究经费又出现了显著增长的趋势。

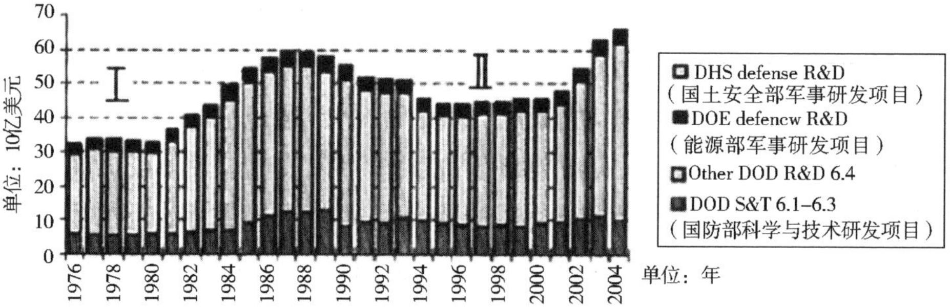

图 1　1976—2004 年美国军事 R&D 经费及联邦政府各部门出资情况

资料来源：AAAS,"FY 2003 Budget Trends in Defense R&D, FY 1976-2004," https://www.aaas.org/.

二、美国研究型大学参与军事科研的主要特点

经过几十年的发展，美国已经形成一套较为完善的军事科研体系，研究型大学是该体系的重要组成部分。研究型大学与军事科研间的合作关系，呈现以下几方面特点。

（一）管理体制

美国高水平军事科技和军事能力的持续提升，得益于其拥有较为完备的军事科研体制。概括而言，这一体制具有如下特征。

1. 强调政府对军事科学研究的宏观管理职能

美国政府十分重视对军事科研活动的宏观调控，相关部门有专门的机构，对涉及军事和具有战略意义的重大课题进行统一规划和立项，在法律制度的规范和保障下，通过合同的方式，委托给包括大学在内的各类研究机构进行。

1995 年 9 月，克林顿政府还制定了《美国国家安全科学技术战略》,[①] 明确了科学技术在维护所谓“美国国家安全和全球稳定服务方面”的重要性，肯定了科技进步是美国军事能力的基础，着重指出了大学是实现“国家安全科学技术战略”的主要合作者，并进一步强调了联邦政府具有在有关“国家安全”方面的科技投资的责任和义务。

2. 军事研究资助、管理体系的多元化

在美国，对研究型大学学术与军事应用技术研究的支持，并非来自单一的政府部门，“美国联邦 R&D 预算的资助框架属于相互间只存在松散协调关系的状况，每个联邦部门都是在对自己部门目标任务的

---

① 中国国防科技信息中心，《美国国家安全科学技术战略》，张延泉、赵景曾译，中国国防科技信息中心专题报告，1995，第 1—20 页。

追求中来支持研究的”①。在美国联邦政府 R&D 经费预算中，军事研究占有最大比例，2003 年达到了 52.5%。其中，国防部（DOD）是最主要的出资人，其经费比例高达 80.0%以上。此外，掌管核武器研究与开发的能源部（DOE）、美国宇航局（NASA）等部门也对美国的军事研究做出了重要的贡献，并且大力支持大学的科研活动。据统计，2001 联邦政府支持大学的科研经费中，国防部出资为 17.3 亿美元，占总数的 9.5%；能源部出资为 6.6 亿美元，占总数的 3.6%；美国宇航局出资为 7.2 亿美元，占总数的 5.0%②。

美国军事研究体制还具有管理模式多元化的特点。各部门间的管理模式不尽相同，但可根据项目的需要协同进行管理。以美国的航天管理体制为例，美国航天工业是一个以国防部、NASA 等多个部门进行宏观管理，以科研单位、工业界、大学为基础的国私结合、军民结合的综合体系。这一体系的特点是：庞大复杂、相互制约、集中决策、分散实施，充分显示了管理模式的多元化。

3. 合同制管理

美国政府主要通过立法和合同管理的办法对军事研究项目进行管理。军事研究计划层（国防部等）通过详细的项目论证，制订出相应的发展计划，决策层（总统和国会）通过立法及对发展计划进行细致的审查，最终通过国会审批，并通过合同的方式使项目研究工作得以实施。例如 20 世纪 90 年代之前，美国军事部门与项目承担者（包括大学）之间的合同关系的特点是很少采用民用市场中使用的激励手段，而是代之以复杂的法规和条例体系对承担者的行为和产品进行严格的控制，国防部 70%的科研和 90%以上的武器装备的生产都是通过合同

① 美国科学、工程与公共政策委员会：《科学技术和联邦政府——新时代的国家目标》，张京京译，北京科学技术文献出版社，1999，第 46 页。

② National Science Foundation,“Federal Funds for Research and Development Fiscal Years 2000,2001,and 2002,”*National Science Foundation* 50,(2002):Table C-58.

的形式承包给研究型大学和私营军工企业来完成的。[①]

4. 军事科研实验室

二战前，美国大学与军事研究之间一直存在体制、观念等方面的巨大鸿沟。二战期间，政府委托一些高水平研究型大学管理军事科研实验室，并成为“沟通大学科学与军事发展间的组织体系、经费管理体制及文化差异鸿沟的一道桥梁”[②]，为战争做出巨大贡献。这使得战后美国军方决定长期保留和支持大学军事科研实验室，以保持研究型大学参与军事科研的延续性。目前，规模较大的大学军事研究实验室主要有两大类，其一是研究型大学内部的实验室，如约翰·霍普金斯大学的应用物理实验室等。其二是政府所有、研究型大学管理的联邦资助研究发展中心，如 MIT 的林肯实验室和加州理工学院的喷气动力实验室等。该类实验室具有高效率、低成本、互利性的特点，并保持高度军事化的研究方向，其研究目标十分明确，即“服务于国家军事的需要”。在强调基础研究的同时，更多地还涉及军事、核能、航天航空等尖端技术领域所需的应用技术研究。目前，美国总共 39 个隶属不同部门的联邦资助研究发展中心，其中有 18 个是由研究型大学管理的，以部门计算，能源部支持的研究型大学所属联邦资助研究发展中心数目最多，占总数的 55%，其研究经费占总数 75%左右。[③]

（二）研究内容

在美国国防部科学技术计划中，将军事研究按照基础研究、探索

---

① 张宝珍：《美国国防部推行合同型激励机制的历史背景及发展概况》，中国工程技术航天信息网，https://www.docin.com/p-11216517.html，访问日期：2004 年 6 月 13 日。

② U. S. Congress Office of Technology Assessment, “A History of the Department of Defense Federally Funded Research and Development Centers” (U. S. Congress Office of Technology Assessment, June, 1995), p. 3.

③ U. S. Congress Office of Technology Assessment, “A History of the Department of Defense Federally Funded Research and Development Centers” (U. S. Congress Office of Technology Assessment, June, 1995), p. 49.

性发展和先期技术开发三大类进行组织。从研究内容来看，研究型大学参与军事研究主要从事的是基础研究，并进行大量的应用性研究。据统计，在美国的军事科技投资比例中，15%的经费用于基础研究，经费绝大部分由研究型大学获得，而国防部资助大学经费的75%以上，都用于支持基础研究，这充分说明研究型大学在知识创新方面的重要性。[①]

此外，研究型大学还积极参与军方的社会科学研究项目。1948年MIT承担了“列克星敦计划”，为美国军方制定热核武器使用原则，扩展了研究型大学在哲学、社会科学研究方面为美国国家军事服务的新领域。时至今日，研究型大学依旧在这些领域为美国的军事和对外事务提供大量服务。

（三）经费

美国研究型大学参与军事研究，从政府获得了巨额的经费支持。二战前，除了农业、气象学等极少数研究领域外，大学很少获得联邦政府的经费支持。二战爆发后，研究型大学大范围参与军事研究，掀起了联邦政府对大学的投资热潮。二战期间美国科研开支约30亿美元，其中三分之一投在大学。[②] 充足的研究经费，为研究型大学的发展提供了巨大的动力。

冷战又一次为研究型大学的发展提供了良机，政府加大了对研究型大学的经费支持。统一科技政策的制定和《国防教育法》的出台，使得联邦政府对大学的支持得到制度和法律保障，掀起了二战以来政府对大学投资的第二次浪潮。从1958年到1968年，联邦政府对研究型大学科研的资助从10亿美元增长为50亿美元，研究型大学从事基础研究的份额也由原来的三分之一上升为二分之一，经费支出增长了近3倍

---

① Daniel J. Kevles, *Principles and Politics in Federal R&D Policy*, 1945-1990 (Washington, D.C.: United States Government Printing Office, December1989), Prepared.

② 伯顿·克拉克：《研究生教育的科学研究基础》，王承绪译，浙江教育出版社，2001，第270—271页。

(从 4.33 亿美元增长到 10.64 亿美元)①。

整个冷战时期，美国联邦政府在科研上的支出是起伏的，但是对大学军事科研投入总体上是持续增加的。图 2 为冷战期间（1976 年以来）联邦政府各部门对大学科研（不包括军事研究实验室）的投资情况，从中可以看出，DOD、DOE、NASA 等与军事研究密切相关的部门，对大学基础研究的发展提供了重要的经费支持。特别是在早期，来自这些部门的投资在联邦资助经费总数中占有很大比例，一般高达 20%以上。

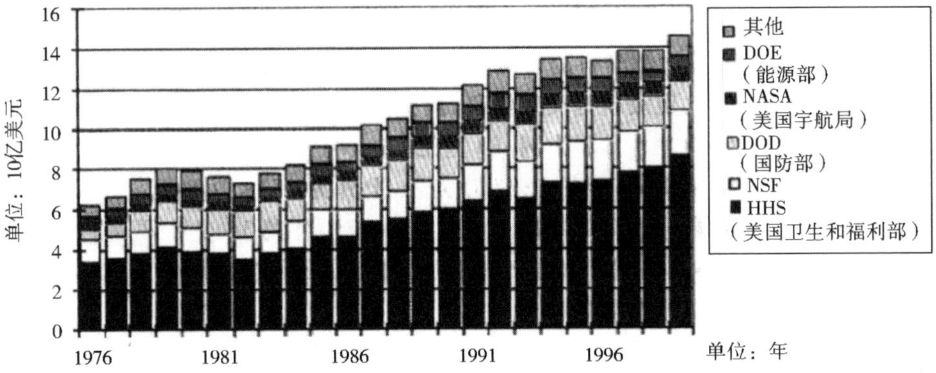

图 2　1976 年以来联邦政府各部门对大学科研投资情况

资料来源：AAAS,"FY 2000 Budget: Federal R&D Funding to Colleges and Universities FY 1976-99 Obligations by agency in billions of constant FY 2000," https://www.aaas.org/.

三、军事研究与美国研究型大学的互动发展

事实表明，美国研究型大学与军事研究间的合作关系，体现出高

① 伯顿·克拉克：《研究生教育的科学研究基础》，王承绪译，浙江教育出版社，2001，第 270—271 页。

度的互动性。所取得的成就，不但为美国军事能力的提升提供了科技保障，也极大地促进了研究型大学自身的发展。

（一）研究型大学为美国军事科技发展做出重大贡献

美国研究型大学是基础研究工作的主要承担者，是美国军事科技发展的重要战略资源。麻省理工学院校长韦斯特（Vest）指出：“我们当前的领先地位源于50年前对科研和高等教育的投资。通过对当前军事设备和国防系统的检查可以发现，他们都源于国防部大范围支持基础研究的结果，而其中的绝大部分源于研究型大学。”①

研究型大学从事军事技术研究，尽管其规模较小，但多为非常必要的关键性技术，对保障美国未来的技术领先和军事实力及经济的发展具有重要影响。

研究型大学是美国军事研究高级人才培养的基地。研究型大学结合其教学、研究和社会服务功能于一身，对培养和提供军事研究所需的人才起到重要作用。当今军事科研更依赖于有组织的、高效的科学团队来进行，研究型大学还为这类学术团队的形成提供了良好的生存环境。

研究型大学参与军事研究，还为美国社会的发展做出了重大贡献。MIT校长韦斯特认为：“自二战以来，国防部为美国科学技术的领先提供了最为重要的支持，除了能为战时的美国提供防御和提高作战能力外，还极大地促进了经济的发展和整个社会的进步。而这些成果，主要是由大学实现的。”②

（二）军事研究促进研究型大学的发展

研究型大学参与军事研究，不但为提升美国军事能力和促进经济、

---

① “Vest makes case for DOD funding,”MIT News, April 16, 1997, accessed June 13, 2004, https://news.mit.edu/1997/dod-fund-0416.

② “Vest makes case for DOD funding,”MIT News, April 16, 1997, accessed June 13, 2004, https://news.mit.edu/1997/dod-fund-0416.

科技发展做出了贡献，还为研究型大学自身的发展创造了有利的条件。

军事科研提高了美国研究型大学的人才培养能力。据统计，1950—1960 年这 10 年间，美国大学授予的博士学位比从前所有年份的总和还要多。20 世纪 60 年代，授予博士学位达 3 万之多，剧增了 3 倍。[①] 当前，军事研究项目依然支持着 8000 多名研究生的教育，这对美国军事和工业界发展都是非常必要的。

军事研究促进了美国研究型大学学科的发展与学术水平的提高。这不单体现为传统的基础学科、工程学科水平的巩固与提高，更表现为交叉学科、新兴学科的涌现，以及哲学、社会科学学科的综合发展等多方面。以斯坦福大学的学科发展为例，20 世纪 60 至 70 年代，是斯坦福大学最重要的崛起期，在此期间，其军事科研经费从 1960 年的 1237 万美元，上升为 4518 万美元，而斯坦福大学在全美大学中排名前五的学科数，由 1957 年的 2 个上升为 1969 年的 16 个，军事研究经费大量增加，与学科建设水平的不断提升有很大的关系。由此，我们可以得出这样的认识，军事研究对研究型大学学科的发展具有重要意义。

军事研究使美国研究型大学获得了巨额的经费支持，提高了其综合办学实力。美国政府对军事研究经费的大量投入，对研究型大学的发展具有极为重要的促进作用。充足的经费提升了研究型大学的综合办学实力，为其聘请高水平师资，购置先进的科研设施提供了有力保障，并加速了美国研究型大学群体的发展。

军事研究提高了美国大学的声望，加速了研究型大学的发展进程。从美国研究型大学发展的历史来看，一些大学正是抓住了参与国防研究的机遇，在服务于国家军事需要的同时，也实现了自身的跨越式发展，一跃成为美国大学的佼佼者。MIT、斯坦福的发展为我们提供了

---

① 伯顿·克拉克：《研究生教育的科学研究基础》，王承绪译，浙江教育出版社，2001，第 270—271 页。

良好的例证，曾任 MIT 校长的格林认为“冷战时期 MIT 参与各项政府资助的研究项目是 MIT 成为世界一流大学的关键因素”，而另一位曾任 MIT 校长的吉利安总结说：“二战中 MIT 参与军事研究这一事件极大地加速了其成为主要研究型大学的发展进程。”①

上述研究充分说明，研究型大学参与军事研究，可以实现提升国家军事实力、保障科学技术进步、促进研究型大学自身发展等多重目标。因此，国家在制定和推行军事科技发展战略，研究型大学在选择自身发展道路时，都应当高度重视研究型大学参与军事研究这一重大课题。

参考文献

［1］克拉克．研究生教育的科学研究基础［M］．王承绪，译．杭州：浙江教育出版社，2001．

［2］沈红．美国研究型大学形成与发展［M］．武汉：华中理工大学出版社，1999．

［3］DANIEL J K. Principles and politics in federal R&D policy, 1945-1990[R]. Washington, D. C. : United States Government Printing Office, 1989.

［4］U. S. Congress Office of Technology Assessment. A history of the department of defense federally funded research and development centers[R]. Washington, D. C. : U. S. Congress Office of Technology Assessment, 1995.

---

① James R. Killian, *The Education of a College President a Memoir* (Cambridge, Massachusetts: The MIT Press, 1985), p. 22.

冷战前期的美国军事机构与大学科学研究*

於　荣

本文所指的军事机构（defense establishment）主要是指那些大多数研发活动与国家安全相关的美国国防部（DOD）、原子能委员会（AEC）和国家航空与航天局（NASA）等机构。这些机构的资助方式和政策，是自第二次世界大战以来在美国科学发展中最大的决定因素。① 军事机构资助大学科学研究起源于第二次世界大战。战前成立的国防研究委员会（后来发展为科学研究与开发办公室）为了做好战争准备动员国家科学力量，开始资助在大学中进行的军事研究与开发合同。到第二次世界大战结束时，由于大学科研和科学家对美国赢得战争做出了巨大贡献，战时的经历使得军方不仅把大学科学界看作是有关武器甚至作战方法新思想的来源，而且看作是可能再次需要为了广泛的任务而动员高级人才的储备。② 在冷战前期，出于维护美国全球霸主地位的需要，美国军方积极与大学建立密切联系，寻求大学科学家对军事科学和技术的支持。同时大学为了获得更多的科研经费，也凭

---

* 本文原载于《理工高教研究》2006 年第 3 期。於荣，浙江师范大学教育科学研究院教授。

① Roger L. Geiger, "Science Universities, and National Defense, 1945-1970," *Osiris*, *2nd series*, No. 7(1992): 26.

② Carl Kaysen, *Can Universities Cooperate with the Defense Establishment?* (New York: Annals of the American Academy of Political and Social Science, 1989).

借自身有利条件参与军事机构的研发活动。在战后约四分之一世纪的冷战前期，军事机构与大学之间的关系共经历了四个不同的阶段。本文的主要目的就是探讨冷战前期美国军事机构与大学之间的关系，分析冷战对美国大学科学研究的影响，以及军事机构对大学科研资助所引发的一些问题与争议。

一、海军研究办公室的黄金年代（1945—1950 年）

对美国各个军事机构来说，它们维持与大学科学的关系有两条原则，一是它们在关键技术方面的直接利益主要考虑合同研究中心和对关键领域部门进行广泛资助。二是保持享有基本的学术研究权利和支持科学家从事基础研究。① 由于海军在传统上奉行的立场是“凡是你能做的，我能做得更好”②，海军研究办公室借鉴二战时期军方利用大学科学家为战争服务的经验，在战后随之而来的冷战中，把主要工作重点放在与大学科学家建立持续的工作关系上。

1945 年秋天海军部组织了一批官员到大学访问，以说服科学家和大学的管理者为海军做研究的好处。为了确保能够合作，海军开出了优厚的条件。第一，海军将愿意资助大学需要的研究，并尊重大学的研究方式。对于研究合同中无法预见结果的问题，通过设计一个全面的大学合同把特殊计划以附加任务订单的方式而得以解决。第二，海军还同意它们资助的研究将可以是非秘密的和可发表的。第三，最主要的是海军允许研究者本人提出研究计划。如果计划被认为是合理而

---

① Carl Kaysen, *Can Universities Cooperate with the Defense Establishment ?* (New York: Annals of the American Academy of Political and Social Science, 1989).

② P. Forman and J. M. Sanchez, *National Military Establishment of Science and Technology Studies in the 20th Century History* , *Dordrecht* (Boston and London: Kluwer Academic Publishers, 1996), p. 223.

有利可图，海军将没有限制或不加干涉地进行资助。海军原先估计大学会反对军方资助研究，但是这种情况从未变成现实。一流研究型大学，如哈佛大学、芝加哥大学、加利福尼亚大学、加州理工学院和麻省理工学院等快速地与海军签订了合同。因而，军事机构资助学术研究的典范形成了。海军的这些努力，使得它以理想的科学研究资助者的身份出现，并总被其他院校当作模范引用。

海军与大学建立的这种关系，使得海军能够依靠文职科学家对研究的内容行使权力。由于拥有充足的资金，海军几乎在战争刚一结束就能够开始资助大量研究。当 1946 年 8 月海军获得授权成立海军研究办公室时，它已经把 2400 万美元投入到合同中。这些合同包括 602 个学术研究计划，涉及 4000 名科学家和研究生。海军研究办公室因而很快成为科学研究部门中的主要资助者。在 20 世纪 40 年代后期，海军研究办公室每年提供给大学研究的资金近 2000 万美元。在这期间，海军研究办公室对它所收到的研究计划的四分之一进行资助。它还努力去资助 200 所研究机构中的 1131 个计划。此外，海军研究办公室与军方的其他机构不同的是，它很少资助大科学，它的多数合同金额是从 1.2 万美元到 4 万美元，期限不足 1 年。作为研究的资助者，海军研究办公室尽可能地使更多的大学申请者获得满意的资助。

麻省理工学院政治科学系公共政策与组织教授、安全研究项目部主任哈维·M. 萨普尔斯基（Harvey M. Sapolsky）指出，从 1946 年到 1950 年是海军研究办公室的“黄金年代”。① 在这期间，海军研究办公室在海军体系中享有相当大的自治权，还能够在缺少国家科学基金会的情况下充当大学科学的保护者。然而，1950 年以后，海军研究办公室不得不应付与海军需要相适应的日益增大的压力。尽管如此，海军

---

① Harvey M. Sapolsky, *Academic Science and the Military: the Years since the Second World War. In The Science in the American Context: New Perspectives* (Washington, D. C.: Smithsonian Institution Press, 1979), p. 386.

研究办公室继续在资助基础学术研究中扮演着重要的角色。海军研究办公室资助的大学研究比詹姆斯·沙龙（James Shannon，1956—1958年任国家卫生研究所所长）时代之前的国家卫生研究所多，比苏联人造卫星上天之前的国家科学基金会多。

早在1946年春，陆军总参谋长艾森豪威尔将军在发表的一份备忘录中提出，科学和技术资源是军事财富，资助教育机构中广泛的研究计划对军方来讲是一种持久的需要。格拉维斯（Groves）将军在该年早期也认为，需要一项广泛的研究计划去支持军方在原子能领域的利益。① 军方在战后积极参与到对核技术和核物理学研究之中。海军研究办公室为了在核物理学领域赶上其他军事机构，它主动与大学科学家建立了联系。海军部在战后两三年的研究经费中，大约百分之四十投给了核物理学。1947年，海军研究办公室要求原子能委员会分担资助它已经开展的核物理学研究计划。在经过一年的再三考虑之后，原子能委员会同意了。因为它认识到联邦政府将要发展军事机构与大学更密切的关系。

当然，战后大学与军事机构之间关系的恢复并不仅仅是由于政府单方面主动的结果。二战期间，大学科学家曾经历过具有充足经费的“大科学”研究，但战争结束后他们并不想回到过去的科学研究状况。科学家们自己主动地开展起了核研究。芝加哥大学联合阿格尼实验室成立了一个新的核研究所。劳伦斯利用曼哈顿工程的经费开始迅速地扩大他的实验室。麻省理工学院利用自己的资金去建立电子学研究实验室。斯坦福大学在特曼获得海军研究办公室大量资助之前，也为创办电子学研究实验室做了大量工作。由拉比领导的美国东部物理学家，成功地赢得了把布鲁克海文国家实验室建在他们自己所在的地区。但

① Roger L. Geiger, “Science Universities, and National Defense, 1945-1970,” *Osiris, 2nd series*, No. 7(1992): 35.

是，要维持这些设施和正在被雇佣的大学科学家将是困难的。因而，大学科学家们为了实现他们希望从事的研究而寻求和利用所需要的资源。到1950年，冷战的形势发生了变化，这时对美国国家安全的威胁导致国防研究机构开始去兑现在大学科学领域的投资。

二、冷战的全面爆发与美国军事能力重建（1950—1957年）

由于德国的分裂和1945年东欧建立起了以苏联为首的政营，冷战在欧洲开始形成。冷战的全面爆发始于1950年朝鲜战争。在美国政府看来，中国共产党的胜利，苏联试爆了第一颗原子弹，特别是朝鲜战争的爆发——促使美国形成一种信念，即相信这个世界是紧密地相互联系的，任何一处的共产主义胜利都会威胁美国的重要利益。① 这就是美国政府所谓的冷战“多米诺骨牌效应”。这些事件同时也激起了美国大规模重建军事能力。伴随这一努力的还有研究的动员。此时考虑建立另一个类似二战时的研究与开发办公室已是不必要的了，因为科学家解决与国防相关的问题的基础结构和与他们联系的网络已经形成。需要的只是把资金和方向投入或扩大到与国家安全最相关的那些活动中去。前面提到的每个实验室都直接受到影响。麻省理工学院的电子学研究实验室通过扩张建立了林肯实验室。斯坦福大学增加了应用电子学研究实验室。在加州大学伯克利分校，劳伦斯把注意力更多地转向军事工程，这一努力很快就带来了利弗莫尔实验室的建立。阿格尼实验室1950年以前在很大程度上致力于核反应堆的开发，现在已愿意适应军事的优先权。只有一直以基础研究为重点的布鲁克海文实验室受此影响最小。

---

① 约翰·W.梅森：《冷战（1945—1991）》，余家驹译，上海译文出版社，2003，第33页。

由于美国政府对重建军事能力的重视，美国的科学研究更加倾向于强调应用研究和技术开发。这种由战后重视基础研究向应用技术研究的转向，在这一时期美国科学研究中表现得非常突出。例如，在战后 10 年中担任通讯兵团（the Signal Corps）总拨款领导人的哈罗德·赞尔（Harold Zahl），1951 年警告那些正在考虑获得他的拨款的人说，“为了确保在技术上领先我们潜在的敌人，研究必须带来并保持我们在科学知识领域的世界领导地位，同时研究也必须与直接的军事努力相联系，因为在军事意义上，研究的成功就在于我们军队手中的武器的表现”。几年以后，当通讯兵团的预算再次吃紧的时候，赞尔的部下指出，通信兵团必须限制自己去资助在技术上有希望成功的研究，而不资助只有纯粹的理论结果的研究。① 帕尔·福尔曼（Paul Forman）认为，在二战结束之后的 15 年里，基础物理研究领域的经费得到巨大增长，主要目的并不是打算增加物理学家的知识，而是要增加美国的实际安全。他指出，旨在促进国家安全而提供给美国物理学家的丰富资源，把大学的物理学与国家安全状态结合在了一起，从而影响了美国物理研究从基础研究趋向应用技术的新方向。②

面对这种研究转向，美国研究系统中一些最重要的领袖对军方主导的研究进行公开的批评。加州理工学院校长李·杜布里杰（Lee Dubridge）希望学术研究能使自己摆脱军方的漠视。麻省理工学院电子实验室主任朱利安·斯特拉顿（Julius Stratton）担心大量的军事研究正在扭曲大学的性质。哈佛大学校长詹姆斯·科南特警告大学研究正

---

① P. Forman and J. M. Sanchez, *National Military Establishment of Science and Technology Studies in the 20th Century History*, *Dordrecht* (Boston and London: Kluwer Academic Publishers, 1996), p. 271.

② P. Forman and J. M. Sanchez, *National Military Establishment of Science and Technology Studies in the 20th Century History*, *Dordrecht* (Boston and London: Kluwer Academic Publishers, 1996), p. 261.

在变得过于计划性。麦勒·塔夫（Merle Tuve）赞同斯特拉顿和科南特的观点，抱怨大学的行为似乎像企业公司一样。阿兰·沃特曼（Alan Waterman）利用刚成立的国家科学基金会（他是首任主席）作为绝佳的论坛，他认为学术研究应该主要由价值中立的（disinterested）、基础的研究组成，而不应该包括对军事目的负有义务的研究。

相反，在大学与军方关系的另一方，军方资助者在资助大学基础研究方面承受着远比他们在二战刚结束时更多的批评。哈威·萨普尔斯基（Harvey Sapolsky）指出，从1950年以来，海军研究办公室一直承受着压力要证明它的资助是与海军的需要相一致的。当查尔斯·E. 威尔逊（Charles E Wilson）就任国防部长时，他不仅讥笑基础（“纯”）研究，而且还尝试减少对它的资助。这期间原子能委员会极大地扩大了在它的国家实验室里的工作，然而给予基础研究的经费只有微不足道的增加。

尽管围绕着学术研究资助出现了某种程度的混乱，但是实际上军事机构科学资助与大学科学发展之间更像是一个共生过程。在二战结束后的最初几年，来自海军研究办公室和原子能委员会提供给学术研究的有益资助，是附加在战时研究体制之上的，例如喷气推进实验室、应用物理实验室和其他类似设施在战后都在继续发挥作用。1950年后军事研究的加速发展把另一层次的体制附加在这样的体制之上——通常应用研究活动的目的更强调有助于国防。这一大堆计划尤其对电子学大为有利，因而在相当短的时间里就使这一领域发生了革命性变革。一般而言，当时的人们认为好像这两类活动——计划性的研究和价值中立的研究彼此是针锋相对的竞争关系，但是真实情况很少是这样。实际上，这两类研究活动是共存共荣的关系。在共生的过程中它们还都受到后一层次体制的影响。总之，朝鲜战争实现了美国科学的动员，并且第一次使大学成为军事企业联合体中的一个合作伙伴。①

三、苏联人造卫星与军事科技竞争的加剧（1958—1964 年）

1957 年 10 月 4 日，苏联把第一颗人造卫星“伴侣号”（Sputnik）送入地球轨道。这一惊人的科学成就使美国陷入了深深的忧虑之中，因为它不仅标志着苏联在导弹技术领域走在了前头，更重要的是其所具有的军事意义。美国敏感地认识到，如果苏联手中有了能把卫星送入轨道的火箭，那么苏联就能用它把核弹头投放到美国的任何地方。一时间，“导弹差距”成为美国上下谈论的热门话题，反省和批评之声不绝于耳。苏联人造卫星的成功发射，标志着冷战进入了一个新阶段，一个强调国内竞争而不是军事冲突的阶段，尽管美苏军事冲突事实上依然存在并还不时伴随着紧张事件的发生。

作为迎接苏联挑战新舞台的科学、教育和太空备受美国人的关注。科学家在国家权力走廊中获得了代表权，并且将基础研究意识形态问题提了出来。除了国家卫生研究所的联邦经费继续猛增外，国家科学基金会是这一新形势的主要受益者，但是军事机构仍扮演着重要角色。国家科学基金会在苏联卫星上天后的最初几年中，向大学增加了 1 亿美元的研究经费，增长超过了 7 倍。然而，军事机构却增加了 2.83 亿美元。此外，虽然计划性研究在冷战时代一直主宰着价值中立的研究，但是基础研究明显受到比以前更多的重视。

在美国对苏联空间技术的领先产生歇斯底里的恐惧背景下，美国国家航空航天局（NASA）在苏联人造卫星发射一年后的 1958 年 10 月成立。被称为“冷战斗士”的肯尼迪总统在 1961 年 1 月就任总统后立

① Stuart W. Leslie, *The Cold War and American Science : the military-industrial-academic complex at MIT and Stanford* (N. Y. :Columbia University Press, 1993), p. 261.

即加强了国家航空航天局的作用。1961 年 1 月底他任命“经验丰富而坚强”的詹姆斯·E. 韦伯（James E. Webb）为国家航空航天局主任。3 月，他把艾森豪威尔政府给该机构的拨款请求增加了 1.25 亿美元。为了使美国摆脱在与苏联空间竞赛中遭受挫折的沮丧气氛，树立美国必胜的信心，肯尼迪总统在 1961 年 5 月向全国承诺，10 年之内将把一位美国人送上月球并使其平安返回地球。美国国会在 7 月之前已经急不可待地给扩大的太空计划增拨了 1.42 亿美元，8 月份又增拨了 4 亿多美元。[①] 作为一个被赋予了巨大使命的新的军事机构，国家航空航天局迫切需要扩大与大学科学的关系。肯尼迪总统的命令，需要增加从行为生理学到行星科学数量庞大的相关主题的知识。此外，这一巨大的工程需要国家总的科学人力的 5%参与到其工作中来。作为大学研究系统的后来者，国家航空航天局不得不去购买它所使用的最高质量的科学。

国家航空航天局与大学科学建立联系的主要手段是“支持大学计划”。这一计划向大学所有与太空相关的科学和工程学领域提供资助——包括用于培养研究生、建设研究设施的费用，用于研究的可自由支配的费用。从 1963 年到 1967 年，国家航空航天局成为大学研究的主要资助者，支持大学计划占了国家航空航天局提供给大学的所有拨款的三分之一——每年接近 4000 万美元（然而却不足国家航空航天局预算的 1%）。这一计划的余额用于与太空计划密切相关的研究与开发。1967 年以后提供给大学的资助几乎全部用于这类计划研究。但是，从 1961 年到 1971 年“支持大学计划”总共把超过 2200 万美元分配给了 170 多所学院和大学。

国家航空航天局的“支持大学计划”是第一个被实施的联邦科学

---

① Margaret W. Rossiter, “Setting Federal Salaries in the Space Age,” *Osiris*, *2nd series*, No. 7(1992):40.

发展计划。在20世纪60年代，共有六个这样的计划旨在通过向高等院校中的第二层次或第三层次的大学提供资助以扩大学术研究的基础。这些经费通常用于援助特定的部门，由此培育有活力的研究中心。类似地，这些中心可以通过高等院校鼓励更多的研究。通过这一计划，国防部把9400万美元分配给了82所高等院校。这些院校几乎都处在较小的联邦研究实施者的中间位置。国家航空航天局和国防部的总拨款占联邦科学发展经费的55%。①

在冷战过程中的20世纪50年代早期，大学从事的基础研究仅仅稍多于应用研究。在苏联人造卫星发射之后的20世纪60年代，用于资助基础研究的费用增加了5.9亿美元，相比之下，用于应用研究的费用仅仅增加了6300万美元。国家科学基金会和国家卫生研究所是造成这种悬殊的主要原因，但是由军事机构所承担的新义务显然在很大程度上加重了这一方向。在资助急剧增长的年代，大学科学家再次处于主导地位，大量急切的资助者寻求他们的服务。然而，当资助经费曲线在20世纪60年代后期达到它的顶点时，这一形势使得大学日益受到计划性资助者，尤其是那些以国防名义行动的计划性资助者的冷淡。

四、国防研究的危机（1965—1970年）

国防研究机构与美国大学之间不断变化的关系反映出研究人员强大的地位，但是这一关系也被不断卷入的越南战争恶化了。当反战迅速地卷入国家政策的全面危机时，对国防研究越来越多的敌视也改变了它在大学校园里的地位。两种不同但彼此强而有力地相互影响着的新情况是这一变化的原因。第一种基本情况是战后以来对基础研究长

① Roger L. Geiger, "Science Universities, and National Defense, 1945-1970," *Osiris, 2nd series*, No. 7(1992): 38.

期充盈的资助，第二种情况是与此同时产生的基础研究的理想化。这两个方面相互作用从而在大学校园中形成了普遍的“象牙塔”心态。克里斯托弗·詹克斯（Christopher Jencks）和大卫·理斯曼（David Riesman）把这种心态看作是“学术革命”的一部分。他们观察到“研究生院已经变成本身具有目的的大学主体。它们甚至憎恨问及它们在教育自己的学生之外，是否为社会提供重要的福利”①。不过，这种态度仍然是潜伏的，除了发生事端外是难以证明的。例如，克拉克·科尔（Clark Keer）因为曾在《大学的功用》一书中指出大学实用的和经济的贡献而受到伯克利愤怒的学生公开污辱。象牙塔情感的爆发也出现在科学领域。20 世纪 60 年代早期当斯坦福大学物理系断绝了与应用物理学和线性加速器实验室的关系时，该系分裂了。尽管如此，20 世纪 60 年代后期引发“象牙塔反叛”（ivory-tower reactions）这一问题的最主要原因是军事研究。

由于越南战争而发生在大学校园里的政治分化，使大学与军方之间的长期关系处于一种新的敌对状态。反战鼓动者抓住近在手边的军事象征物动员其他人去反对战争。预备役军官培训团（ROTC）和军人招募人员或者中央情报局（CIA）是早期攻击的目标。军事研究很快就成为反对那些令人厌恶的美国军国主义的示威目标。当学生行动主义者仔细看着这一隐藏的王国时，他们发现自己的大学拥有不相容的单位——巨大的、秘密的致力于武器开发的实验室。这样，20 世纪 60 年代占主导地位的沉默的象牙塔观点，被用于使军事研究的罪恶理性化。其结果是形成强而有力的根据，认为大学与军事机构的关系存在问题。

1969 年，在反战议员威廉姆·富布赖特（J. William Fulbright）和麦克·曼斯费尔德（Mike Mansfield）的支持下，一项军事授权法案的

---

① Christopher Jencks and David Riesman, *The Academic Revolution* (Chicago: University of Chicago Press, 1968), p. 250.

修正案支持1970财政年度禁止国防部资助研究，除非这一研究与特定的军事职能或活动有直接的或明显的联系。这就是影响巨大的《曼斯费尔德修正案》。虽然在军方内部长期存在着反对给大学以资助的观点，但《曼斯费尔德修正案》在使军方倾向于反对大学资助上具有决定性的意义。国家航空航天局和原子能委员会都感受到了这一影响，它们调整了自己的计划以避免类似的干预。资助学术研究的有利方式的确从国防部的计划中删除了。因而，《曼斯费尔德修正案》标志着大学与军事机构之间四分之一世纪的密切关系的终结。①

五、军事机构资助大学科学研究引发的问题

不同军事机构，特别是国防部的任务是为国防做好准备，这些机构对大学研究和开发的资助既与国防部武器计划中的项目直接相关，又与通过资助基础研究和应用研究以适应当前和未来的防务需要的目标间接相关。大学的功能主要是人才培养、科学研究与社会服务。军事机构与大学之间虽然任务不同，但是它们之间也有着内在的联系。冷战前期，在为国家利益服务的要求下，军事机构与大学之间形成了牢固的联系。在军事机构看来，通过资助大学研究以使自身受益源于这样的事实，即武器日益依赖于技术的最新进步。基础和应用研究对维持美国在相关领域已有的优势地位都是必要的，而与大学建立关系可以以很低的成本提供高质量的研究。不仅如此，大学培养的具有新思想和拥有最新知识和技术的研究生，可以成为未来供应与武器研发相关领域的科学家和工程师及下一代的科学领军人物。军事机构资助大学研究还可以在大学维持一个熟悉国防问题的专家核心，在危机时

---

① Roger L. Geiger, "Science Universities, and National Defense, 1945-1970," *Osiris, 2nd series*, No. 7(1992): 47.

期国防部可以召集这些人员提供帮助，以及对国防部的研究、开发、检测和评估提供政治上的支持。当然，军事机构认为对大学科学研究进行资助对大学本身的发展也非常有利。例如，国防部的一些研究、开发、检测和评估项目可以为大学科学家和工程师提供在其他地方无法得到的前沿技术和科学知识的机会。利用这些机会，科学家可以为基础研究奠定基础，工程师可以帮助构想国家急需解决的一些问题的办法。军事机构的资助还能使大学得到在其他地方无法得到的最先进的设备或设施等好处。①

对大学而言，大学参与国防研发不仅符合国家的最大利益而且也是大学应尽的义务。二战的经验已经证明了大学参与国防研究对国家安全的重要性，大学和科学家的地位因此大大提升并为所取得的成就感到十分荣耀。首先，战后许多大学明确地强调要通过其教师和设备及管理资源的使用直接为社会和国家服务。其次，大学认为参与国防研发工作可以带来广泛的非军事应用，因而有利于民用经济的发展。如 20 世纪 50 年代和 60 年代的半导体和计算机研究就是“军转民”最为显著的案例之一。再次，大学科学家和工程师参与国防部研发项目不仅有助于这些项目本身，而且大学可以获取发展所急需的资金和所缺少的设备，从而有利于大学维持或提升该校的地位与声望。由于以上诸种原因，军事机构与大学之间形成了一种互惠的共生关系，大学成为军事-工业-大学共同体中的一个关键因素。

众所周知，在传统的大学研究理念中，大学是基础研究的基地。学者根据他们自己内在的兴趣和所认为的重要意义自由地选择研究主题。研究取得快速的进步取决于对研究结果的公开讨论和思想的自由交流。这些做法对研究生教育质量的提高非常重要，因而与下一代学

---

① Vera Kistiakowsky, *Military Funding of University Research* (New York: Annals of the American Academy of Political and Social Science, 1989).

者的质量密切相关。从理论上讲，军事机构资助的研究主要是以任务为导向的研究。这些机构资助的研究往往强调的是短期的、应用性的或功利性的目标，并且往往对与国防相关的研究进行严格的安全管制。而大学所从事的基础研究往往追求的是长期的、非实用性的或价值中立的目标。它们之间不可避免地会存在着矛盾。但实际上，在冷战早期大学并不仅仅是消极地接受军事机构的研究资助，许多大学甚至是积极地寻求军事机构的研究资助，因此大学本身很难声称对军事机构资助的研究保持中立。军事机构对大学研究与开发资助所引发的问题常常表现在以下几个方面。①

一是军事机构资助的以任务为导向的研究容易扭曲不同研究领域的平衡。冷战初期的一些危机，如人造卫星事件引起的"导弹差距""材料差距"等，使得联邦政府对科学、工程学、地区研究和外国语等学科进行史无前例的资助，直接影响了这些学科和研究领域的发展。因此军事机构的资助政策不仅影响了不同学科领域的平衡，而且也影响了大学研究的方向和重点。联邦政府偏向资助武器项目导致对基础研究和民用研究的资助不足，大量科学家和工程师参与军事机构的研发工作，使得民营企业的研究基础不断恶化，许多迫切问题无法得到及时解决。

二是秘密研究与安全检查同传统的大学研究理念相冲突。军事机构对大学科学研究的资助既有秘密研究也有非秘密研究。一般而言，军事机构资助的国防研发工作内在地要求考虑安全问题。二战期间和战后大学流行的观点认为大学在教育和研究方面对卓越的要求与秘密研究是相容的，因此许多大学校园内都有一些部门实施秘密研究。但是在 20 世纪 60 年代学生抗议活动中这一观点受到了挑战和非难，一些

---

① Vera Kistiakowsky, *Military Funding of University Research* (New York: Annals of the American Academy of Political and Social Science, 1989).

大学被迫对校内从事的秘密研究做出调整。如麻省理工学院和约翰·霍普金斯大学拥有从事秘密研究的实验室，这些实验室在学生抗议后迁到了校园之外，甚至远离了校园。秘密研究由于限制研究成果的发表和人员之间的交流，不仅被认为与传统的大学研究理念相冲突，而且对从事秘密研究的教师和研究生（特别是外国留学生和访问学者）进行安全检查，把一些人排除在科学研究和学术交流之外，也造成与大学根本性质相矛盾的尴尬局面。因此许多大学管理者和教师都对大学从事秘密研究进行抵制和广泛批评。

三是军事机构资助大学研发给研究生教育和就业带来了不确定性。大学研究资助变化的一个直接后果是研究生财政资助方面也发生了相应的变化，许多为了国防目的的学科成为大学优先发展的重点，这些学科所授予的博士学位数量明显超过其他领域。大学重视这些学科人才的培养很大程度上是因为与国防相关的学科领域容易获得财政资助，而不是根据科学发展的需要和科学研究的根本目的。军事机构对大学研发的资助除了对研究生的论文选题产生直接影响外，还对研究生的未来职业选择也有重要的影响。因为研究生职业选择和方向的起点往往始于他们决定要做的毕业论文的方向和选题。在军事机构资助的领域进行的论文研究自然会导向在武器研究、开发、检测和评估领域的工作。而一旦当国家研究的重点发生改变和军事机构的研发预算减少时，与国防相关的领域的工作机会就会大大减少，因而个人的职业选择将要付出相当大的代价，国家的教育投入也将造成巨大的损失。

总而言之，冷战前期美国军事机构的资助方式和政策直接影响了军事机构与大学之间的关系。一方面，军事机构的科学资助促进了大学研究能力的提高，并且对科学知识的进步做出了重要的贡献；另一方面，军事机构也给大学科学研究带来了众多的问题和争议。尽管围绕着大学与军事机构的伙伴关系一直存在不停的争论，但这些争论的结果往往是使大学更好地适应了这一关系，即忍受大型的、与武器研发相关的实验室或关键领域和部门由军方资助者来控制。因此在这一意义上可以说，冷战驱动的军事机构在冷战前期主导了美国大学科学研究的发展。虽然军事机构与大学之间共同的利益基础在20世纪70年代初减少了，但是双方基于各自的需要都有许多理由继续维持这种伙伴关系。①

参考文献

[1] FORMAN P，SANCHEZ J M. National military establishment of science and technology studies in the 20th century history[M]. Dordrecht，Boston and London：Kluwer Academic Publishers，1996.

[2] GEIGER R L. Science universities，and national defense，1945-1970 [J]. Osiris，2nd series，1992：26-48.

[3] KAYSEN C. Can universities cooperate with the defense establishment? [M]. New York：Annals of the American Academy of Political and Social Science，1989.

[4] KISTIAKOWSKY V. Military funding of university research [J]. Annals of the American Academy of Political and Social Science，1989：141-154.

① Carl Kaysen，*Can Universities Cooperate with the Defense Establishment ?* (New York：Annals of the American Academy of Political and Social Science，1989).

第三编 书评

20 世纪初美国研究型大学发展的社会经济基础*

——评《增进知识：美国研究型大学的发展》

周　钧

1900 年美国大学联合会（AAU）的成立，标志着在美国高等教育结构中产生了一种新的组织形式——研究型大学。作为一种社会组织和自觉群体，它的形成和发展受到学者们的广泛关注。以往有关美国研究型大学的研究成果，大多集中在研究型大学的产生和发展历史、研究型大学的特征、研究型大学与联邦政府的关系、研究型大学在美国高等教育系统中的地位和对美国科学的贡献、研究型大学的经费和物质保障、研究型大学的人力资源等方面。罗杰·盖格（Roger L. Geiger）所著的《增进知识：美国研究型大学的发展》（*To Advance Knowledge: The Growth of American Research Universities, 1900-1940*）一书则不同，罗杰·盖格的研究为我们揭示了美国研究型大学早期发展所依赖的社会经济基础，使我们能够更好地理解研究型大学与私有资本和慈善事业的成功结合，私有资本和慈善事业"促进知识进步和人类福利"的动机，以及对社会效益的追求对研究型大学的发展所起的积极作用。

---

* 本文原载于《高等教育研究》2006 年第 12 期。周钧，北京师范大学教师教育研究中心副研究员，主要研究方向为从事教师教育研究。

一、20 世纪初美国研究型大学发展的经济基础：私有资本

罗杰·盖格从历史的角度对“20 世纪初美国研究型大学发展的经济基础”这一问题进行了研究。以 1862 年《莫里尔法案》的颁布为标志，罗杰·盖格认为，“美国联邦政府的科技政策开始充满实用主义的倾向”。事实上，联邦政府以法律的形式资助大学传授和研究与农业、机械技术相关的分支学科，这意味着政府实用主义的科技目标和政策已经制度化。到 19 世纪末 20 世纪初，这种制度化的目标和政策依然没有改变，联邦政府将大量的经费用于实用性的研究上。罗杰·盖格指出，“这种应用型研究在世俗经济事务中对知识和技术的传播起到了积极的意义，却使得联邦政府远离了基础研究”。这意味着以基础研究为目标的研究型大学失去了联邦政府的经济支持，由此导致研究型大学以多种筹款形式寻求私有资本的资助。

研究型大学具有从事基础研究的传统。[①] 这种传统可以追溯到 1876 年约翰·霍普金斯大学的成立，其首任校长丹尼尔·吉尔曼（Daniel C. Gilman）在就职演说中宣称，“学术研究将是这所大学教师和学术的前进指南和激励器，知识的获取、保存、提炼和整理将是这所大学的主要目标”[②]。罗杰·盖格对 20 世纪初美国高等教育的扩张进行了分析，认为此时研究型大学的发展显现出一种独特性，即从总体上抑制本科教学和服务功能的增长，把资源集中在研究生院的扩大和基础研究上，形成了以高级学习和研究为优先的制度。罗杰·盖格将此变化称为“美国高等教育的一种更为根本的分化”，这种分化以大学能否在高一级水平上探索知识为界限。

---

① 王英杰：《美国高等教育的发展与改革》，北京人民教育出版社，2002，第 63 页。

② 沈红：《美国研究型大学形成与发展》，华中理工大学出版社，1999，第 32 页。

由于这种分化，研究型大学对经费有着更强的依赖。研究型大学所面临的困难是，一方面，学费收入无法满足持续增加的研究费用的需求；另一方面，联邦政府对应用研究领域的支持是以牺牲基础研究为代价的。因此，私有资本成为研究型大学赖以发展的经济基础。正如罗杰·盖格所说的，当时研究型大学进行研究的可行性在很大程度上依赖于外部赞助人的慈善冲动。

从 19 世纪的最后几年到一战时期，美国的经济经历了一个持续发展的过程，新的财富流入社会中富人们的腰包，研究型大学发展所依赖的私有资本得以大量积累，这直接导致了私有资本持有者进行慈善捐赠的扩张之势。

二、20 世纪初美国研究型大学发展的社会基础：私有资本对社会效益的理性追求

对于私有资本支持美国研究型大学的现象，学者们更关注的问题是：二者结合的本质原因是什么？罗杰·盖格的研究为我们揭示出私有资本追求社会效益的渴望及这种渴望的理性化过程，这种理性化的追求使得研究型大学获得大量资助，并得以维持其发展知识的使命。

私有资本持有者对声望、社会效益的渴望是捐助的基本动机，对于教育、研究和大学的捐助一直是慈善捐赠的一个重要方向。事实上，许多研究型大学如约翰·霍普金斯大学、麻省理工学院、斯坦福大学和芝加哥大学等都是在私人基金会的资助下建立的。随着私有资本的大量积累，研究型大学与私有资本的渊源关系进一步发展。

罗杰·盖格在本书中为我们描绘了 20 世纪初私人捐赠的发展变化历程。进入 20 世纪，美国私有资本对社会效益的追求在卡内基和洛克菲勒两位慈善者的带动下开始由“冲动”逐步走向理性。这种理性化的追求首先体现在私有资本资助成立以基础研究为目标的独立的研究

所上，即 1901 年和 1902 年成立的洛克菲勒医学研究所和华盛顿卡内基研究所。其最初的意图是促进知识进步，在美国基础科学的发展中发挥主要作用的卡内基基金会和洛克菲勒基金会分别于 1911 年、1913 年成立，其宗旨是促进知识的发展和传播，促进人类的福利。这标志着私有资本追求社会效益制度化的开始。经过 10 年的研究实践证明，由私有资本建立的独立于大学之外的研究机构无法实现促进知识进步的目标，不可能成为美国科学机构的组织形式和基础研究的家园。于是，从 20 世纪 20 年代开始，这两大基金会改变政策，把目光投向研究型大学，将发展知识的希望寄托在研究型大学上，由此揭开市民社会对研究型大学的基础研究进行捐赠的新篇章，使得基金会与高等教育的双边关系进一步发展。私有资本致力于社会效益的目标与研究型大学获取社会资源用于基础研究的努力历史性地结合到了一起。

私有资本对社会效益的理性化追求进一步体现在慈善机构理念的转化上。从罗杰·盖格对此问题的分析中我们可以归纳为以下方面：第一，慈善与家族利益的分离。慈善捐赠不再追求慈善者的经济利益，而是为了人类的福利。第二，慈善动机的学术化，即促进基础研究和知识进步。第三，慈善捐赠不再是给予弱者的一种施舍，而是使强者更强。它实行集中分配的原则。第四，慈善组织必须在专业人士的领导下才能实现增进知识的目标。这种慈善理念的变化，直接导致捐赠行为的制度化。在这种学术化的慈善动机的推动下，大笔私有资本流向研究型大学的基础研究，集中分配的原则产生了专门化的资助，使得巨额私有资本涌向研究型大学的专门化研究领域。总之，私有资本对高等教育资助的兴趣从广泛化走向专门化，表明基金会从对高等教育整体扩张的支持转向对提高高等教育质量的支持。

三、私有资本的捐赠对研究型大学发展的影响

20 世纪初，美国联邦政府对基础研究的忽视在一定程度上加速了市民社会对基础研究的重视和责任，私有资本与研究型大学的结合形成了基于私有资本的研究体系。

（一）学术化的慈善捐赠动机对研究型大学的影响：促进基础研究

在 20 世纪初至二战以前，研究型大学在基础研究上所做的努力，被一些学者所忽略，还有研究认为，“二战是基础研究在美国研究型大学中发展的起源”①。罗杰·盖格的工作告诉我们，在二战以前，美国研究型大学的基础研究已经趋于成熟。

在 20 世纪初，基础研究在研究型大学中的前景并不乐观。几个专业团体对大学研究的危机进行了调查，奥格（Frederic Ogg）在调查报告的基础上提出大学研究存在四个障碍。其一，缺乏研究人员。其二，教学负担过重，尤其是基础性课程的教学负担减少了教授从事研究的可能性。其三，经费支持不足，使得研究不得不“靠从课桌上掉下来的面包屑而生”。其四，对学者和研究缺乏赏识。②

研究型大学对这些问题的化解得益于慈善捐赠。对促进知识进步的追求，即学术化的慈善捐赠动机，使得大量私有资本涌入研究型大学，基本解决了研究型大学研究财政支持不足的困难。在解决教学负担过重的问题上，研究型大学采取了多种政策，其中之一是带薪休假制度，使教授能定期完全地投身研究，这与基金会的资助是密切相关的。而在解决研究人员力量薄弱的问题上，私有资本更是发挥了很大

---

① 梁彤、李驹：《美国研究型大学及其基础研究》，《清华大学教育研究》2005 年第 2 期。

② Roger L. Geiger, *To Advance Knowledge: The Growth of American Research Universities, 1900-1940* (New York: Oxford University Press, 1986), p. 228.

的作用。基金会采取两种方式资助研究型大学培养研究人员，一种是提供奖学金在美国本土培养博士、博士后和其他研究者；另一种是资助学者赴欧洲大学从事研究。以物理学为例，在 20 世纪 20 年代，世界上最著名的 8 个理论物理中心分布在德国、英国和瑞士，在基金会访问学者计划的资助下，数十名美国物理学家赴欧洲从事研究工作，这些学者为美国理论物理研究赶超欧洲水平发挥了积极的作用。从公众角度来看，第一次世界大战唤醒了他们对科学的热情，而且使人们普遍认识到，作为市民组织的基金会正在承担公共服务的责任，公众对捐赠大学科学研究形成共识。而大学董事会对研究者持不赏识态度的问题早已被作为知名学者的校长所化解。

（二）专门化的慈善捐赠方式对研究型大学的影响：学术学科的崛起

学术学科（academic disciplines）在研究型大学中的地位和意义是不言而喻的。罗杰·盖格的研究使我们看到了私有资本对学术学科发展的重要意义。从 20 世纪 20 年代开始，私有资本更加关注高等教育的质量并由此缩减对整个高等教育的支持。在集中分配原则的指导下，私有资本对学术学科进行专门化资助。以洛克菲勒基金会为例，它在那些拥有强大社会科学和行为科学的院系的大学中建立研究中心，提供资金培养该领域的研究者。该基金会重点资助芝加哥大学的社会学和政治学研究，而且还采取了“自由放任”的资助政策，使得芝加哥大学能将资金用于自己确立的研究方向上。20 世纪 20 年代末，芝加哥大学在世界上成为社会科学研究的领导中心，罗杰·盖格认为，基金会对这一成就做出了积极的贡献。总之，专门化的慈善捐赠加强了研究型大学的学术学科，用罗斯（Wickliffe Rose）的话来说，“使高峰更高”①。

（三）设置教授职位的捐赠对研究型大学的影响：一流科学家的引进

在两次世界大战期间，欧洲科学家移民美国虽说是政治原因所致，但与基金会的捐赠是息息相关的。以普林斯顿大学为例，该校在20世纪20年代获得巨额捐赠，这些捐赠被要求用于设置数学、物理、化学、生物和天文学的研究教授职位。设置教授职位的捐赠使得普林斯顿大学从欧洲招聘来一流的科学家，最典型的例子是爱因斯坦的到来。类似的学术移民在其他研究型大学中也屡见不鲜，例如康奈尔大学引进德拜（Peter Debye），哥伦比亚大学引进费米（Enrico Fermi），霍普金斯大学引进弗兰克（James Franck），这几位物理学家移民美国后先后荣获诺贝尔奖。根据罗杰·盖格的统计，从1933年至1940年，美国先后从欧洲引进了22位著名物理学家。他们的到来使得美国的物理学学科屹立于世界之首。罗杰·盖格总结道，一流科学家的引进使得研究型大学在特定的领域跻身世界学术前沿，强化了美国科学的优势。

（四）工业捐赠对研究型大学的影响：高等教育世俗目标和学术目标之争

关于“商业与研究型大学的关系”是研究型大学早期发展时面临的一个问题。罗杰·盖格以麻省理工学院（MIT）和加州理工学院（Caltech）为案例，揭示了商业与学术联姻对研究型大学的影响。

与其他研究型大学所不同的是，MIT在一战前出现了身份认同危机，即MIT处在为学术目的的基础研究和为工业服务的应用研究的十字路口上。1919年，MIT在基础研究和应用研究之间做出了选择，发起“技术计划”（Technology Plan），旨在与私人企业合作并获取资助。

---

① Roger L. Geiger, *To Advance Knowledge: The Growth of American Research Universities, 1900-1940* (New York: Oxford University Press, 1986), p. 161.

"技术计划"使MIT远离学术目标而转向世俗目标，用罗杰·盖格的话来讲，"MIT从此走上了未知的发展道路"。在这条未知的道路上，MIT在工业应用研究方面虽取得了巨大的成功，却以牺牲基础科学为代价。MIT投身于工业应用研究，逐渐失去上升至学术学科前沿的渴望，在20世纪20年代的整个10年间，MIT仅仅获得两笔基金会的捐赠用于基础研究。一些大型基金会把MIT视为工程学院而不再对其进行资助。"技术计划"的实施最终使得MIT由于缺乏基础研究的经费、缺乏基础学科的人才而在研究型大学中的学术声望下降了，也就是说，MIT在追求高等教育世俗目标的同时，失去了学术目标。罗杰·盖格通过这一案例指出，"如果仅依靠私人工业的自愿支持进行应用研究，它不可能获得一个研究型大学的充足地位"。1930年康普顿（Karl T. Compton）上任MIT校长，其目标是限制应用研究、加强基础研究以挽救MIT正在下降的学术声誉。康普顿通过对学术学科系的重组及其他措施，逐渐恢复了学术学科和基础研究在MIT的身份和地位。

加州理工学院走上了一条与MIT完全不同的道路。罗杰·盖格将加州理工学院的发展理念归纳为：强调基础科学，相信基础研究成果有助于南加利福尼亚的工业发展。加州理工学院通过基金会的支持聘请了几位国家顶尖级的科学家，通过努力使得该学院迅速成为美国一个重要的科研中心，从而使该校在两次世界大战期间加入研究型大学的行列。在追求学术目标的同时，加州理工学院也在履行其世俗目标的责任。在不危及基础研究的同时，学院同私人公司进行密切合作，这种合作常常将基础研究和应用研究融合在一起，达到基础研究和应用研究的"共生"。

通过这两个案例，罗杰·盖格指出，如果研究型大学过于迎合私人工业的要求，将会限制大学的教学和研究，会削弱大学的学术学科力量并损害其学术声誉。只有当私人工业面临着有真正科学意义的问题，并为大学研究者提供资助去探索这些问题时，商业和学术才能共生。

二战以后，私有资本已经难以满足研究型大学日益扩张的需求，研究型大学需要新的和更充裕的资源支持。从联邦政府一方来看，从20世纪30年代中期开始，特别是在布什（Vannevar Bush）《科学——无尽的前沿》（“Science，the Endless Frontier”）报告发表后，联邦政府进一步认识到基础研究是美国科学的引擎，而趋于成熟的研究型大学此时被联邦政府视为美国基础研究的重地。研究型大学和联邦政府的联姻由此展开。罗杰·盖格的另一本著作《研究与知识：二战后的美国研究型大学》为我们揭示了研究型大学、联邦政府和私有资本持有者的多边关系。我们将另文进行述评。

参考文献

[1] GEIGER R L. To advancement knowledge: the growth of American research universities, 1900-1940 [M]. New York: Oxford University Press, 1986.

大学之道及其危机*

——乔纳森·科尔的《大学之道——美国名校的崛起、不可或缺的地位、必须保护的理由》述评·

杨东平

近年来，关于美国研究型大学的译著成为一个出版热点。与国内的大学校长很少著书立说，也很少有独特的办学思想不同，美国常春藤大学的资深校长、教务长是真正的行家里手，职业化的大学管理者，他们的写作基于长期办学实践中产生的问题，无不具有强烈的忧患意识和深刻的理性反思，兼具批判性和前瞻性。如果说哈佛大学原校长博克的《走出象牙塔——现代大学的社会责任》比较公允地探讨了美国大学的教育哲学、面临的基本问题和危机，那么哈佛学院前院长哈瑞·刘易斯的《失去灵魂的卓越——哈佛是如何忘记教育宗旨的》就几乎是一种“声讨”了，他诊断的问题是“大学忘记了什么”。《哈佛规则——捍卫大学之魂》是一个特例，作者理查德·布瑞德利是媒体人，他对 2001 年出任哈佛大学第 27 任校长萨默斯备受争议的治校经历的揭露，使这所著名学府与权术、野心、性、内讧、阴谋诡计这样的词汇挂钩。

这些著作引起中国学者的极大兴趣，主要是由于在高等教育高速发展的进程中，中国大学同样面临失去灵魂、迷失方向的危险，而且

---

* 本文原载于《江苏高教》2014 年第 4 期。杨东平，北京理工大学教育研究院教授，国家教育咨询委员会委员，国家教育考试指导委员会委员。

可能危机更甚。与此同时，美国研究型大学面临危机的信息，又助长了一种肤浅的沾沾自喜：原来美国也不怎么样。在日渐上升的民族主义气氛中，究竟是否需要继续向美国高等教育学习，正在或明或暗地成为一个问题。

在众多关于美国研究型大学的译著中，最新的一部是曾担任哥伦比亚大学教务长 15 年之久的乔纳森·科尔教授的新作，名为《大学之道——美国名校的崛起、不可或缺的地位、必须保护的理由》。[①] 从其超长的副标题不难看到作者的抱负和此书的使命。本文将对此书提出的一些问题讨论。

一、学术自由：研究型大学核心价值的形成

《大学之道——美国名校的崛起、不可或缺的地位、必须保护的理由》的核心概念，是大学的学术自由。科尔教授说“大学没有多少必须绝对坚持的原则，学术自由却是其中之一。如果我们不能维护这项核心价值，那么我们就会危害美国的大学在科学、艺术及实际上所有探究领域的全球优势地位。每当学术自由遭到攻击，我们就必须挺身而出充满勇气并且毫不妥协地捍卫之。因为探究的自由，正是大学存在的理由”。他写此书的动机，是因为又一次到了需要挺身而出的时刻。

美国研究型大学发展演变的历史——从英国修道院式的古典大学，到德国教学与科研并重的研究型大学，以及这一传统在美国的发扬光大，我们已经熟知。乔纳森·科尔教授所揭示的，是推动这种转变的社会力量，实现这一转变所需的价值观和社会结构等，这些是我们所

---

① 乔纳森·科尔：《大学之道——美国名校的崛起、不可或缺的地位、必须保护的理由》，冯国平译，人民文学出版社，2014。

陌生的。那是伴随美国成为“知识社会”，科学共同体开始凝聚，大学学术自由的价值和制度不断构建、生长的复杂历史。在这个过程中有一些不可忽视的关键因素。科尔教授认为，1933 年阿道夫· 希特勒掌权成为德国总理，是美国研究型大学崛起的决定性转折点：德国反犹致使爱因斯坦等一大批各界精英流向美国。从 1933 年到 1941 年，移居美国的物理学家达一百多名，相当于 1933 年之前德国物理学家人数的约四分之一，理论物理学家的大约一半。这一过程直接促成了德国大学模式在美国的落地生根。

这种关键因素还包括美国教师协会和美国社会学学会等专业组织发挥的重要作用，以及包括杜威、赫钦斯、科南特等一大批优秀人物发挥的关键作用。作为学术自由最坚定的倡导者，1929 年 30 岁时被任命为芝加哥大学校长的赫钦斯是一个标杆性人物。他认为大学存在的唯一理由是“它们必须是批判的中心”，“大学是为造福社会而设立并起作用的场所，前提是它是一个独立思考的中心……大学教育就是为你能想象的、你能汇集的最好的人提供的最高层次的一种持续的苏格拉底式对话，这些对话涉及最重要的问题，而你必须全力去做的，就是保证这些人的思考和表达的自由”。

特别值得关注的是，美国研究型大学的内在机理和核心价值凝聚的时期，也是美国社会层面改革深入发展的时期。影响这一变革的主流社会思潮，即进步主义，它在 20 世纪初因杜威倡导的进步主义教育运动而闻名于世。但是，进步主义并不是单一、清晰的价值，“进步主义者是一个多种人、运动的混合，受到美国和欧洲思想中几种传统的影响”。其意义在于，具有各种不同意识形态的进步主义者却享有许多相同的“社会话语”，例如倾向于赞成自由探究和学术自由，反垄断主义，强调社会联系和人的社会属性，关于社会效率，等等。由是，知识界逐渐形成了自己的共同语言和价值观，直至开始进行全球性思考。

两次世界大战导致大科学的兴起和国家任务导向的科研模式的形

成，大学与工业界、私人基金会和政府之间形成新的“关系矩阵”，构建了大学与政府、企业界和社会的全新关系。其结果，“到了 20 世纪 30 年代末，成就伟大的美国研究型大学的绝大多数关键要素已经到位。这一新模式是高等教育领域英国、德国和具有鲜明美国特色的结构和做法的混合体”。直至今日，美国研究型大学的领先地位无出其右，不仅产出了最多、最重要的学术大家和研究成果，而且形成了一整套深入人心的价值理念和治理模式，即所谓的“大学之道”。科尔教授将研究型大学文化和组织的核心理念归纳为这样互相关联的 12 项价值：普遍主义、有组织的怀疑主义、创造新知识、思想的自由公开传播、无私利性、自由探索和学术自由、国际共同体、同行评议制度、为“共同”利益工作、权威治校、学术传承、学术共同体的活力。

学术自由和美国研究型大学崛起的历史成为一个鲜活的案例，说明文明的演进是某种社会发展、社会结构、多种社会力量和个人独特作用等合力的结果，包括偶然性的作用。对比美国研究型大学犹如大树年轮般如此细密而富有质感的生长，我们不难意识到在 20 世纪上半叶，学术自由和现代大学在中国的生长，以及学术土壤和学术共同体的形成，是一个多么单薄而仓促的过程。

二、大学科学研究的三种类型

关于美国研究型大学为什么对国家是不可或缺的，为什么必须对其进行保护，科尔教授的论证就是它成为人类社会发现和创新的主要来源。一个世纪以来美国研究型大学做出的持续提高人类生活水平和生活质量的新发现，将“研究高深学问”这样的宗旨应用化，凸显了当代大学承担的这一社会使命——创新。创新与学术自由成为当代大学使命和价值的一体两面。为了实现社会创新、知识创新和科技创新的使命，必须实行学术自由，因为没有人能够独断真理。转换到人力资源的视角，科尔教授的认知十分奇特而发人深省。他认为将大学教授的研究比喻为蜜蜂酿蜜是完全不正确的，因为90%的重要发现和高水平的研究成果来自极少数的优秀教授。那么，为什么仍然要维系庞大的教授队伍？原因是你无法早期预知谁是最优秀的人才！这揭示了学术环境与拔尖人才重要的相生和互动关系，只有形成足够优良、开放自由的学术生态，才能吸引优秀人才的到来，只有在一个优秀人才的群体中，才能构筑一个尽可能高的学术金字塔。作为比较，国内的做法却大相径庭。我们也渴盼优秀人才和世界性的成果，却相信可以通过伯乐相马式的“人才工程”，通过强大的行政力量，在早期将他们一网打尽！

通过对美国大学科学研究功能发展演变的回溯，乔纳森·科尔揭示了大学三种基本的学术研究类型。

（一）好奇心驱动的科研

传统的大学科学研究，最重要的动力和源泉是科学家的好奇心和兴趣。数百年来，人们对作为一种“志业”的科学研究，形成了确定的认识。这种对真理的探索是由满足人类自我挑战的好奇心所驱动的。它使得大学教育成为一种磨砺理性、发展智力的过程。与此相连，大学的精神文化状态、知识分子的生活方式，本质上是非功利的。这些智力或精神活动所产生的造福社会的功利价值，则是一种副产品，例如居里夫妇对镭的发现。

19世纪下半叶，科学促进社会经济的价值日益彰显，大学开始了由边缘向社会中心的移动。关于现代大学的功能和使命、学术自由的边界、政府和国家力量干预的限度等，成为高等教育哲学探讨的主题。德国柏林大学的创始人、身兼教育家和官员的洪堡，早在这一过程发端之初就意识到其对大学的潜在威胁。他强调大学、科学与国家和政治的本质区别，认为科学的目的在于探索纯粹的学问，而非满足实际的社会需要，国家应当尊重科学活动的特性，不试图将大学的活动纳入政府的行为系统。因为，只有“当科学似乎多少忘记生活时，它常常才会为生活带来至善的福祉”；[①] 而大学如果实现了其自身的目标，“同时也就实现了，而且是在更高层次实现了国家的目标，由此而来的收效之大和影响之广，远非国家之力所及”[②]。这是关于大学与国家、社会关系的经典界说。

（二）大科学时代国家任务导向的科研

进入 20 世纪之后，尤其是两次世界大战，实际地改变了古典大学的科研传统，形成了由国家任务驱动的科学研究。围绕武器研制的需要，由政府主导和资助，多学科科学家、工程师乃至企业参与和合作完成的重大研究项目，最著名的是美国原子弹的研制，所谓的“曼哈顿工程”。其他，包括雷达的发现、弹道导弹、无线电控制信管、自动控制系统等，包括数学家参与密码破译工作，以及青霉素的发现，“科学研究在一批学者、工程师和军方领导人良好的组织与领导下，在国家层次的巨大规模上进行，被证明是可行的——并激发了美国公众的想象力。它导致大科学的诞生，出现了‘任务导向的科学研究’及国家创新计划”。这一模式在战后研究型大学的发展中起到了重大作用，伴随日益激烈的国家竞争，国家大规模资助甚至主导大学的科研，成为一种宏观现实。跨学科的团队合作、产学研合作成为科学研究重要的组织方式。

那么，在国家竞争和知识爆炸的大科学时代，由科学家的好奇心驱动的研究，仍然是有价值的和需要坚守的吗？国家与大学的边界需要做一个怎样的重新确认？它有时被表述为基础研究和应用研究之别，但这显然不是问题的实质，需要重新回溯大学的基本价值。芝加哥大学前校长、安德鲁·梅隆基金会主席唐·兰德尔认为，“把知识当作工

---

① 陈洪捷：《德国古典大学观及其对中国的影响》，北京大学出版社，2006，第 32 页。

② 陈洪捷：《德国古典大学观及其对中国的影响》，北京大学出版社，2006，第 35 页。

具的观点肯定是不够的……这种观点也将不足以作为一个民主社会的基础……任何社会的终极基础应该是人类的想象力，让其得到最大程度的磨炼，并使其最忠实的伴侣——好奇心——与之相随”。

政府同样面临全新的挑战：在科学变得日益重要和日益复杂的时代，如何形成国家对科技正确的干预、形成国家的科技战略？学术自由的价值在一个新的层面上展开了，只有学术共同体内的自由是不够的，而需要建立一种使科学家、工程师和社会科学家能够将日益复杂和深奥的科学问题向总统、国会议员、联邦法官提供咨询的机制。如果它不能成为国家政治制度、决策机制的有机部分，那么科学的利益和国家安全都将受到伤害。美国是在这方面做得最好的国家之一。早在 1950 年国家科学基金会创建之初，美国就设立了总统科学顾问，这一机制仍在不断发展完善之中。

今天，面对从外层空间到海底、从转基因工程到克隆技术这样爆炸式的科学发展，已经没有一个科学家和官员能够自称是通晓全局的“内行”，构建这一民主决策的机制变得更为艰巨和前所未有的重要。比较而言，中国通过五年计划或十年规划，在国家层面对科学发展的干预是最为强硬和全面的。近年来，越来越多的有国际教育背景的华人科学家呼吁停止这种科学规划，因为这种基于计划经济体制的“计划学术”，其特点是武断而自以为是，因为其本质是对行政权力负责的。

（三）由市场和商业化驱动的科研

在个人兴趣和国家干预之外，一种更为强劲的驱动来自企业和市场。在后工业时代主要由跨国公司主导的全球性竞争中，迅速发展的电子信息技术、生物医学、航空航天等学科造就了巨大的商业利润，它给大学带来巨大的经济利益，在大学成为创新源泉和创业基地的同时，也造成了大学生态、功能和价值令人不安的深刻改变。

这一变化是与新自由主义、新公共管理的浪潮相互推动的。新自由主义倾向于降低国家的教育成本，减少财政拨款，强调高等教育对国家经济活动的效用，鼓励大学通过市场竞争获得活力。它带来了大学学科结构和科研范式的变化。大学的服务对象由传统的政府机构更多地转向新技术领域；可直接转化为应用价值的科学研究如微电子、基因工程、生物技术、免疫学等，基础研究与应用研究的界限日益模糊，科学与技术、发现与应用、实验室与市场之间的距离日益缩小。学术研究的市场化，导致学术自治的体制逐渐失去了自己的自主性，科研人员花更多时间申请经费，大学教授的角色正在变为创业者、知识产权拥有者，成为“大学资本家”，他们对资助方的忠诚显然比对学术自身更多。与此同时，预算的责任和权力下放，使每一个学术单位变成财政单位；绩效管理、全面质量管理、平衡记分卡成为流行的管理模式。

高等教育的变化集中到一点——“学术的中心已经从文理学科转向创业的边缘”。对科学实用价值的片面强调，利益导向的科研对大学学术生态、学科发展的直接影响，使具有巨大商业价值的生物医学、通信技术等学科获得大量资助且快速发展；而大学最为宝贵的非功利性的人文、社会科学、艺术等学科则逐渐萎缩和边缘化。同时，这意味着对学生和教学的削弱，大学和教授花在本科教学上的时间、精力和资源更少。

哈佛大学原校长德里克·博克在《市场中的大学》中表明，忧虑研究型大学正在进行一个“浮士德式的交易”，商业化会导致大学将其精力集中在次要功能上，从而可能颠覆大学的基本理念，改变学术共同体的性质，离散大学共识。这种由市场和商业化驱动的科学研究，在 2000 年之后被正式命名为“学术资本主义”。

斯特劳和莱斯利在《学术资本主义：政策和创业型大学》一书中，将“学术资本主义”定义为“高校及教师为确保外部资金的市场活动或具有市场特点的活动”[1]。它与“企业家的大学”“企业大学”、学术创业主义这样的词语相连接和替代，透露了大学被改造的前景。于是，“高等教育市场化的底线”这样的命题出现了。人们在担心和讨论大学与市场的边界究竟何在，这种区分还是重要的吗？学术团体应当是利他主义，而非利己主义的联盟，教授是寻求真理的人而非企业家，学生是追随者，而不是满足自身爱好的消费者；这样的价值观仍然应当坚守吗？作为学术共同体的大学的“瓦解”，是可以接受的吗？或者，大学的学术共同体，如何与学术资本主义共生或和解？

这一变化同样具有全球化和共时性的特点。这很可能是已经有数百年历史的大学所经历的最为幽暗、诡异的病变，隐秘地决定着大学未来的命运。在仍处于发展中状态的中国大学，这种市场化、商业化的发展态势清晰无遗，由于学术自由和人文主义的根基不深，其对大学功能、品质、价值的冲击和异化影响更甚。问题是，面对强大的全球化进程和市场力量，我们似乎正在失去制衡和矫正的力量。

三、“后 9·11 时代”的学术自由

雄踞巅峰、环球四顾的美国研究型大学从没有放松过警惕，他们一直在追问是否做到了最好，是否丢失了什么，我们的敌人在哪里？科尔教授深刻地指出，敌人是我们自己，大学面临的真正危险，是对学术自由的侵蚀，是对政府功能的界定，是“我们自己不能在美国促进高等教育和自由探究”。

对学术自由的伤害，不仅来自国家干预和“学术资本主义”；在 2001 年“9·11 ”事件之后，又增加了一个全新的因素——反对恐怖

---

① 希拉·斯劳特、拉里·莱斯利：《学术资本主义：政治、政策和创业型大学》，北京大学出版社，2008，第 8 页。

主义。后工业社会的特征，在全球化、信息化、知识经济之外，增加了“恐怖主义”的标识；“后 9·11 时代”则成为一个划时代的标识，划分了后工业社会的不同阶段。

1950 年代麦卡锡主义时期的“红色惊恐”对学术自由的迫害，是美国一段挥之不去的惨痛经历，这一历史今天似乎正在重演。对自由探究的攻击被称为是一种“文化战争”，在日趋高涨的反恐斗争中极大地显性化。2006 年通过的《爱国者法案》，明确“放松”了对个人隐私的保护，对外国留学生实行限制性的签证政策，对大学学生、教师、图书馆、出版交流的各种监管越来越强，对科研项目的资助和科学家的干预是直接的。同样受到干预的是大学的文科课程和学者，尤其是涉及中东、伊斯兰教的内容，甚至有学生组织试图限制课堂对多元观点和异见的讨论。出于对恐怖主义的恐惧，国会的各种委员会、大学的理事和董事、捐助者、各种倡导团体向大学施压，要求它在各种规范和价值观上退让。2007 年由保卫学术自由的大学学者组成的“捍卫大学特设委员会”发表声明称，“对思想进行意识形态的或政治立场的测试，这些攻击威胁到了民主社会中的学术自由和高等教育的核心使命”。书中提供的调查结果令人震惊，“社会科学家在今天感受到的对学术自由的威胁，和麦卡锡时代的同样多，如果不是更多的话”。

与冷战时期东西方的意识形态对抗不同，反恐作为一种崭新的意识形态，植根于人类文明的冲突和危机。在这一全新的背景下，知识分子对学术自由、言论自由、公民自由的坚守不仅十分重要，而且别具一种悲壮的意味。因为这似乎是一场看不见终点的抗争，是没有人能够置身其外的整个文明社会深沉的噩梦。

四、国际竞争：对中国大学的诊断

出于美国研究型大学的危机感，科尔教授的一个重要关注是美国有竞争对手吗？答案很明确：没有。在比较研究的视界，问题转换为曾经辉煌一时的欧洲大学到底怎么了？中国是潜在的挑战者吗？他对法国、德国和中国大学体制存在的问题做了鞭辟入里、发人深省的揭示，对中国大学参与国际竞争提出了一些重要的建议。科尔教授近年来两次访问中国，对中国高等教育的发展赞誉有加，对南京在短时间内建成仙林大学园区感慨不已。这使我担心，如同许多国外学者，他们锐利的目光在观察中国时，是否会失真和变形？但从他对中国研究型大学的具体建议看，他的观察仍然是敏锐和聚焦的。

科尔教授提出了中国在创建世界一流大学时应该考虑的 12 个问题。其中最重要的就是“中国需要对自由探究和学术自由价值有更深的承诺”。他说“目前尚不清楚中国人是否真正认识到，如果他们希望杰出的学者和科学家具有创造性，就得给予这些人极大的自治和自由”。这是一个真问题。尽管 2010 年国家颁布的教育改革《规划纲要》提出了“完善中国特色现代大学制度”“逐步取消实际存在的行政级别和行政化管理模式”的要求，但依然是一种宣示和愿景。研究型大学的校长是作为副部级干部来配置的，大学的资源和科学研究主要是由国家来配置和规划的。20 世纪 40 年代清华大学梅贻琦校长提出的大楼和大师之辨，已经成为大学治理的老生常谈；然而，我们至今还是只见大楼不见大师，“钱学森之问”仍然是一个有待破解的“天问”。

科尔教授的另外一些建议也切中时弊，例如，需要将一些文科看成大学至关重要的部分，否则将难以实现一流大学的宏大目标；需要为本科生制定一个开放的、结果导向的、满足社会需要的课程体系，从小培养学生进行独立思考、愿意对权威提出质疑的能力；等等。其中有一个建议深得我心：需要解决研究型大学和中国科学院分治的问题。这是国内尚未引起足够重视的重大议题。与法国和德国类似，中国在大学之外建立了一个与大学争夺资源和人才的科学院系统，它已经被证明是一种缺乏效率的落后体制。建立于 1949 年 11 月的中国科学院是移植苏联体制的产物，源自欧陆的陈旧传统。这一改革曾多次被提及，可惜由于部门利益的羁绊，至今仍然没有提到必要的议事日程。

回到书名《大学之道——美国名校的崛起、不可或缺的地位、必须保护的理由》，我们对科尔教授的深意有了更多的了解。大学精神的衰微是一个世界性的话题，大学的危机庶几也是国家的危机、文明的危机。研究型大学作为人类文明最伟大的产物，需要在未来岁月继续实现其使命，获得可持续的发展。问题是如何保护、靠谁来保护？制衡的力量何在？

基于对人类命运的信心，提出问题、正视问题，就是解决问题的开始。置身"后 9·11 时代"扑朔迷离、异数丛生的社会发展中，我们能够清晰认识的是无论对美国还是中国，敌人就是我们自己。我们需要从历史的智慧中领悟和恪守大学之道，认识大学与国家、大学与社会、学术与政治、学术与商业的边界，构建新的"关系矩阵"。在科学革命兴起之时，洪堡就意识到大学的危机，并提出了具有远见卓识的教益。他说："大学独立和学术自由并不是为了特权、摆脱贫困和公民责任、形成贵族阶层，而是献身学术的先决条件。教授与学者应处于政治和社会环境的彼岸，科学的自由作为精神上的内心自由，即这种彼岸的自由。从而为国家和社会保存一支矫正的力量，制衡那些在政治上和社会上形成优势力量的东西，将社会引向健康的方向。"①

记得在美国"9·11"悲剧发生之后，有一段言论，令人至今难忘，说只要美国的数千所大学不倒、几百所国家实验室健在，美国就会屹立不倒，仍然是一个伟大的、强大的国家。能不能这样认识：探究的自由，既是大学存在的理由，也是大学继续生存下去的条件？

---

① 肖海涛：《一种经典的大学理念——洪堡的大学理念考察》，《深圳大学学报（人文社会科学版）》2000 年第 8 期。

参考文献

[1] 陈洪捷. 德国古典大学观及其对中国的影响 [M]. 北京：北京大学出版社，2006.

后　　记

美国研究型大学肇始于1876年创建的约翰·霍普金斯大学。第二次世界大战后，美国高等教育通过系统化的理念创新、组织变革与制度再造，促进了美国高等学校的转型发展，带动了一批精英型机构的群体性崛起，以不可阻挡的后发优势超越了英国和欧陆的大学，将美国大学从系统的边缘转型升级为系统的中心。其中，科研体制对美国研究型大学的崛起具有重要的推动作用。

为了便于研究者掌握美国研究型大学科研机制的现状和走向，提高相关文献阅览的效率，故从众多同类文献和研究成果中围绕设定的主题，甄选若干有代表性和见地的论文及译文汇编为《研究型大学的崛起与科研体制》一集。在汇编作者的稿件时，编者根据出版社的参考文献著录规则对注释和参考文献进行了编校，以及在个别文字上作了稍许的处理。

作为本书的编者，对参与本书的各位作者的学术奉献心存感念，深表谢意！借此次编辑之机，得以反复阅读各位老师的大作，领略各位学者的学术风采，使我深受教益。感谢北京师范大学张斌贤老师在编辑此书过程中给予我的指导和帮助！

最后，感谢河北大学出版社对出版本书给予的大力支持，编辑们为本书的出版做了大量的工作，在此一并表示感谢！

王凤玉

2021年5月30日